STEPHEN MITFORD GOODSON

GESCHICHTE DER ZENTRALBANKEN
und die Versklavung der Menschheit

Stephen Mitford Goodson
(1948-2018)

Stephen Goodson war ein südafrikanischer Bankier, Schriftsteller und Politiker, der die Partei für die Abschaffung der Einkommenssteuer und des Wuchers in Südafrika anführte. Bei den Parlamentswahlen 2014 kandidierte er für die Ubuntu-Partei.

Geschichte der Zentralbanken und die Versklavung der Menschheit

*A History of Central Banking
and the enslavement of mankind.*

Black House Publishing Ltd - 2014

Aus dem Englischen übersetzt und veröffentlicht von
OMNIA VERITAS LTD

www.omnia-veritas.com

© Omnia Veritas Ltd - 2022

Alle Rechte vorbehalten. Kein Teil dieses Werkes darf ohne die vorherige schriftliche Genehmigung der *Urheberrechtsinhaber* in irgendeiner Form vervielfältigt werden. Ein Verstoß gegen diese Rechte kann einen Verstoß gegen das Urheberrecht darstellen.

Dieses Buch ist Knut Hamsun gewidmet, das Licht und die Hoffnung auf eine natürliche Weltordnung.

VORWORT 13
EINFÜHRUNG 16
KAPITEL I 19

WIE DER WUCHER DAS RÖMISCHE REICH ZERSTÖRTE 19
Die Kupferzeit (753-267 v. Chr.) 20
Das Silberne Zeitalter (267-27 v. Chr.) 22
Die Rolle der Juden beim Zusammenbruch 25
Julius Cäsar 26
Das Goldene Zeitalter (27 v. Chr. bis 476 n. Chr.) 31
Die Rolle der Kirche bei Niedergang und Fall 33
Die Folgen 34

KAPITEL II 37

DIE GEHEIMEN URSPRÜNGE DER BANK OF ENGLAND 37
Das alte England 37
Erste Migration und Vertreibung der Juden 38
Das glorreiche Mittelalter 42
Das Ende eines goldenen Zeitalters 47
Cromwell und der englische Bürgerkrieg 49
Der Königsmord an König Karl I. 52
Die zweite jüdische Einwanderung 54
Die Gründung der Bank of England 59
Krieg und Schuldknechtschaft in Permanenz 64
Verstaatlichung 69

KAPITEL III 71

DIE BOURBONEN, NAPOLEON UND DIE BANK VON FRANKREICH 71
Napoleon, der Währungsreformer 76
Die Staatsbank des französischen Kaiserreichs 78
Die Leistungen der französischen Staatsbank 86

KAPITEL IV 89

EIN JAHRHUNDERT DES KAMPFES (1815-1918): DIE ROTHSCHILDS
GEGEN DAS VOLK 89
Zentralbanken in den Vereinigten Staaten 89
Die Gründung der Federal Reserve Bank of the United States . 109
Die Staatsbank des Russischen Reiches 114
Wie die Rothschilds die Sowjetunion erschufen und kontrollierten 123
Die Verantwortung der Rothschilds für den Burenkrieg. 133
Commonwealth Bank von Australien 138
Der Erste Weltkrieg 141

KAPITEL V 149

DIE WELTWIRTSCHAFTSKRISE 149
  Die Bank für Internationalen Zahlungsausgleich......... 151
  Die US-Notenbank 155
  Clifford Hugh Douglas......... 171
  Irving Norton Fisher 174

KAPITEL VI 181

AUFSTIEG UND FALL DES STAATLICHEN BANKENSYSTEMS (1932-1945) 181
  Die Reichsbank: Die Staatsbank des nationalsozialistischen Deutschlands......... 181
  "Das Gemeinwohl vor sich selbst - Geist des Programms Die Abschaffung der Sklaverei - Das Herzstück des Nationalsozialismus. 186
  Die Leistungen des deutschen Staatsbankensystems 198
  Entwicklungen in der Nachkriegszeit 203
  Faschistisches Italien 204
  Die Staatsbank von Italien 205
  Die Staatsbank von Japan 207
  Wirtschaftsindizes für Japan 1931-1941 209
  Wie Japan in den Zweiten Weltkrieg hineingezogen wurde 212
  Entwicklungen in der Nachkriegszeit 214

KAPITEL VII 216

MODERNE FORMEN DES STAATLICHEN BANKWESENS 216
  Die Bank von North Dakota 216
  Die Staaten von Guernsey 219
  Die Zentralbank von Libyen 221

KAPITEL VIII 227

DIE BANKENKRISE UND DER ENDGÜLTIGE NIEDERGANG DER ZIVILISATION 227
  Historischer Überblick......... 227
  Die Bankenkrise 2007 230
  Causatum 234
  Die Große Depression des 21. Jahrhunderts 236

ANHANG 244

DIE MEINUNG VON MATTHEW JOHNSON 246
  Roma......... 248
  England......... 250
  Ukraine und Polen 254
  Vereinigte Staaten......... 257

> *Russland...260*
> *Die Meinung von Tom Sunic.......................................275*

BIBLIOGRAPHIE 283

ANDERE TITEL 293

Und Sie werden die amerikanische Geschichte nie verstehen,
noch die Geschichte des Westens in den letzten 2000 Jahren.
es sei denn, Sie schauen sich ein oder zwei Themen an; nämlich Hinterwäldler und Zermürbung.
Das eine oder das andere oder BEIDE. Ich würde sagen, beides.

Ezra Pound

VORWORT

Der Inhalt dieses Buches ist umstritten und kann heftige Reaktionen hervorrufen, daher stimme ich nicht mit allen darin geäußerten Meinungen überein.

Wie kann ein so scheinbar trockenes Thema wie die Geschichte des Zentralbankwesens und des Geldsystems solche Reaktionen hervorrufen? Man fragt sich, warum manche dieses Buch als Ketzerei abtun und behaupten, Stephen Goodson habe die Grenzen einer akzeptablen historischen Debatte überschritten.

Goodson verfügt über die nötige Qualifikation und Erfahrung, um ein Thema zu präsentieren, mit dem er sich seit Jahren beschäftigt und das er als nicht geschäftsführender Direktor der südafrikanischen Zentralbank aus erster Hand erfahren hat.

Ich verfüge nicht über das nötige Fachwissen, um Goodsons Schlussfolgerungen zu bestätigen, aber ich weiß, dass der Nerv, den er in Bezug auf die Macht der Banken und das von ihnen geschaffene Geldsystem trifft, ein wesentlicher Bestandteil der unmenschlichen Unterschiede in der Verteilung des Reichtums innerhalb eines Landes sowie zwischen allen Ländern ist.

Deshalb haben meine Partei und ich mehrere Jahre lang dafür plädiert, dass Südafrika seine Zentralbank und sein Währungssystem reformieren muss, auch wenn dies bedeutet, dass unser Land nicht den unfairen globalen Standards entspricht. Wirtschafts- und Bankbücher gelten oft als abstrus. Ihre Leser kommen hauptsächlich aus der akademischen Welt und der Wirtschaft. Dieses

Buch ist eine bemerkenswerte Ausnahme. Dieses Dokument bietet nicht nur einen umfassenden Überblick über die Geschichte der Wirtschaft in drei Jahrtausenden, sondern auch einen Einblick, wie das Problem des Wuchers die schrittweise Versklavung der Menschheit seit den Anfängen ihrer zivilisierten Existenz ermöglicht hat.

Einige werden schockiert sein, wenn sie feststellen, dass die Zentralbanken auf der ganzen Welt, einschließlich unserer eigenen südafrikanischen Zentralbank, nicht dem öffentlichen Interesse dienen, sondern ausschließlich zum Nutzen privater Bankinstitute handeln. Dies untergräbt nicht nur unsere Souveränität, sondern beraubt uns auch der Möglichkeit, eine öffentlich ausgegebene und schuldenfreie Währung, die somit dem souveränen Volk gehört, als unser eigenes Tauschmittel für Waren und Dienstleistungen zu verwenden.

Stattdessen sind wir in unserem Land, wie in vielen anderen Ländern auch, auf privates Geld angewiesen, das durch Schulden des privaten Bankensektors erzeugt wird. Die Umstellung von Banknoten auf staatliche Banknoten würde es unseren Bürgern ermöglichen, ein Leben in Würde, Wohlstand und Nachhaltigkeit zu führen. Aber eine solche einfache Reform wäre eine echte Revolution, die schwieriger zu erreichen wäre als alle anderen Reformen oder sozialen Veränderungen, die es bisher gab.

Obwohl Südafrika 1994 nach außen hin den Weg der Freiheit wiedererlangt hat, hat die Mehrheit der Bevölkerung - mit Ausnahme einer kleinen Minderheit schwarzer und weißer Unternehmer - im Innern weder von den Vorteilen noch vom Wohlstand profitiert und, was noch wichtiger ist, ihr latentes Potenzial nicht ausgeschöpft, was hauptsächlich auf unser fehlerhaftes Währungssystem zurückzuführen ist. Wenn wir wirkliche Freiheit erreichen wollen, ist es zwingend erforderlich, dass die Währungsreform mit der gleichen Entschlossenheit und Intensität durchgeführt wird, die in den Jahren des Kampfes für die politische Reform eingesetzt wurde. Dies erfordert jedoch ein Verständnis des komplexen Problems, wie Geld geschaffen wird, wem es gehört und wessen Interessen es dient.

In diesem Buch analysiert Goodson nicht nur mehrere erfolgreiche Versuche verschiedener Staaten, das private Bankensystem abzuschaffen, sondern stellt auch ein Konzept vor, das viele unserer sozialen Probleme wie mangelndes Wirtschaftswachstum, hohe Arbeitslosigkeit und rückläufige öffentliche Dienstleistungen angeht.

Dieses Buch ist zwar ausgesprochen kontrovers, aber es regt zum Nachdenken an und sollte von den Südafrikanern als Inspirationsquelle für politisches Handeln gelesen werden.

In seiner Rede vor der American Press Association am 27. April 1961 sagte Präsident John F. Kennedy: "Ohne Debatte, ohne Kritik kann keine Regierung und kein Land Erfolg haben, und keine Republik kann überleben. Aus diesem Grund machte der athenische Gesetzgeber Solon es zu einem Verbrechen, wenn ein Bürger die Kontroverse scheut.

Prinz Mangosuthu Buthelezi Abgeordneter.
Vorsitzender der Inkatha Freedom Party,
Republik Südafrika.

26. Juni 2013

EINFÜHRUNG

Die Geschichte ist das wichtigste Fach in jedem Bildungssystem und übertrifft die Natur- und Geisteswissenschaften an Bedeutung. In ihrem Inneren birgt sie die Kultur, die Traditionen, den Glauben, das Ethos und die *Daseinsberechtigung*, die für den Fortbestand eines jeden Volkes notwendig sind. Wenn die Geschichte durch Verfälschungen und Auslassungen kompromittiert wird, die oft von Außenstehenden aufgezwungen werden, dann verfällt die Zivilisation und bricht schließlich zusammen, wie wir am langsamen Zerfall der westlichen Zivilisation seit 1945 sehen können. Ähnlich äußerte sich George Orwell in seinem Werk *1984*, als er schrieb: "Der wirksamste Weg, ein Volk zu zerstören, ist, sein eigenes Geschichtsverständnis zu leugnen und auszulöschen".

Winston Churchill sagte einmal, je weiter man in der Geschichte zurückgeht, desto klarer und deutlicher werden die Dinge. Mit dieser Technik hofft der Autor, die Zweifel des Lesers an seiner Analyse und Exegese der Ereignisse der modernen Geschichte zu zerstreuen, wenn nicht sogar ganz zu beseitigen.

Damit eine Nation/Staat/Gesellschaft/Gemeinschaft die volle Souveränität ihrer Unabhängigkeit bei der Führung ihrer Angelegenheiten bewahren kann, muss die absolute Kontrolle über die Mittel, die sie zum Austausch von Waren und Dienstleistungen einsetzt, bei den Organen liegen, die das Volk vertreten, und darf niemals an Privatpersonen oder Interessengruppen delegiert werden.

Im Laufe der Geschichte waren Zeiten, in denen der Staat die Kontrolle über die Ausgabe von Geld ausübte, stets gleichbedeutend mit einer Ära des Wohlstands, des Friedens, der kulturellen Bereicherung, der Vollbeschäftigung und der Null-Inflation. Wenn jedoch private Banker die Kontrolle über die Geldschöpfung an sich reißen, sind die unvermeidlichen Folgen wiederkehrende Zyklen von Armut und Wohlstand, Arbeitslosigkeit, galoppierende Inflation und ein gigantischer und eskalierender Prozess der Übertragung von Reichtum und politischer Macht in die Hände der kleinen Clique, die dieses ausbeuterische Geldsystem kontrolliert.

Wenn diese Zentralbanker in der Vergangenheit auf den Widerstand von Nationen gestoßen sind, die die Wiederherstellung eines ehrlichen Geldsystems anstrebten, haben diese parasitären Banker immer einen "patriotischen" Krieg provoziert, um ihren vielgeschmähten "Feind" zu besiegen. Dies ist seit mindestens 300 Jahren der rote Faden aller Kriege.

Dieses Buch gibt einen Überblick darüber, wie Privatbankiers seit jeher das Geldsystem missbraucht haben, sei es in Form von Edelmetallmünzen, Banknoten, Schecks oder elektronischem Geld, indem sie zinstragende Schulden aus dem Nichts schufen, um sich ein Maximum an Macht anzueignen. Außerdem wird ein Überblick über die Gesellschaften und Zivilisationen der Antike und der Neuzeit gegeben, die in einem Umfeld ohne Wucher blühten.

Die Lösung ist einfach und offensichtlich. Wenn wir unsere Freiheit zurückgewinnen und unsere Souveränität angesichts der Versklavung durch die Privatbankiers bewahren wollen, müssen wir ihr Mindestreservesystem und das von den Zentralbanken gebildete Netzwerk auflösen, sonst werden wir selbst zerstört und zur

Vergessenheit verurteilt.

> Stephen Mitford Goodson, Juni 2013.

KAPITEL I

WIE DER WUCHER DAS RÖMISCHE REICH ZERSTÖRTE

Da das Geld von Natur aus unfruchtbar ist, ist es eine Absurdität und eine Perversion seiner ursprünglichen Funktion, die darin besteht, zum Austausch und nicht zur Vermehrung zu dienen. ..... Männer, die sich Banker nennen, sind zu hassen, denn sie bereichern sich, ohne etwas zu tun.

- Aristoteles, *Die Politik*

Das Geldsystem der römischen Epoche (753 v. Chr. - 565 v. Chr.) lässt sich in drei verschiedene Perioden unterteilen, in denen Maßeinheiten aus drei verschiedenen Metallen als Tauschmittel für Waren und Dienstleistungen verwendet wurden. Obwohl es Beweise dafür gibt, dass der moderne Mensch (*Homo sapiens sapiens*) das Gebiet von Rom bereits vor 14.000 Jahren besiedelt hat (Neandertaler lebten dort 140.000 Jahre lang), ist traditionell bekannt, dass Rom als Stadt von Romulus und Remus im Jahr 753 v. Chr. in der Nähe des Palatinhügels gegründet wurde, einer Region, die auch als Latium bekannt ist. Der Legende nach wurde Romulus (der seinen Bruder Remus tötete) ihr erster Herrscher, teilte seinen Thron aber später mit Titus Tatius, dem Herrscher der Sabiner.

Um 600 v. Chr. kam Latium unter etruskische Kontrolle. Diese Herrschaft dauerte an, bis der letzte König, Tarquin der Erhabene, im Jahr 509 v. Chr. vertrieben und die Römische Republik gegründet wurde. Die Etrusker, ein Volk arischen Ursprungs, schufen eine der fortschrittlichsten Zivilisationen ihrer Zeit und bauten in Rom Straßen, Tempel und viele öffentliche Gebäude.

Die erste Währung, die in Rom verwendet wurde, waren Rinder. Es war kein echtes Geld, sondern ein Tauschsystem. Viele Naturvölker nutzten Rinder als Tauschmittel. Nach der Legende von Herkules und dem Augiasstall stellten die dort gehaltenen Rinder, mehr als 1000 Stück, den Schatz des Königs Augean dar.

Die Kupferzeit (753-267 v. Chr.)

Im Laufe der Zeit übernahmen die Römer die Praxis, anstelle von Rindern unregelmäßige Blöcke aus Kupfer oder Bronze zu verwenden. Diese Blöcke wurden *aes rude* (Rohmetall) genannt und mussten für jede Transaktion gewogen werden.

Mit dem zunehmenden Handel wurde Rom zu einer der wohlhabendsten Städte der antiken Welt. Dieser Wohlstand beruhte auf nicht monetarisiertem Kupfer und später auf Bronze, deren Wert nach einem festen Einheitssystem in Gewicht gemessen wurde. Sie wurden vom römischen Schatzamt in Form von 1,6 kg schweren Barren mit der vollen Garantie des Staates ausgegeben und wurden als *aes signatum* (gestempeltes Metall) bezeichnet, da sie ein Regierungssiegel trugen, das eine Kuh, einen Adler, einen Elefanten oder ein anderes Bild darstellte. Manchmal wurden sie in Form einer Jakobsmuschel hergestellt. Im Jahr 289 v. Chr. wurden diese Barren durch scheibenförmige Bronzemünzen ersetzt, die *aes grave* (Schwermetall) genannt wurden. Sie stellten das nationale Motto dar "wurden vom Staat in Umlauf gebracht, und jedes Stück, ob selten oder nicht, besaß nur den Wert des Symbols, unter dem es registriert war".[1] Diese Münzprägung basierte also auf dem Gesetz und nicht auf dem Metallgehalt (auch wenn dieser standardisiert war und die Münzen selbst einen inneren Wert hatten, anders als die meisten Münzen heute). Dies kann als ein frühes Beispiel für den erfolgreichen Einsatz von Fiat-Geld angesehen werden.

Obwohl Fiat-Geld in einigen Kreisen, z. B. von Anhängern des österreichischen Ökonomen Ludwig von Mises,[2] stark kritisiert wird, ist es kein Problem, solange es von der Regierung und nicht von privaten Bankiers ausgegeben wird und vor Fälschungen geschützt ist. Andererseits hat nicht-treuhänderisches Geld den Nachteil, dass diejenigen, die die Preise für Gold und Silber festlegen, d.h. private Bankiers, die Wirtschaft des Landes kontrollieren können.

Römische Bronzemünzen *Aes Grave* -241-235 v. Chr.

---

[1] David Astle, *The Babylonian Woe*, Omnia Veritas Ltd, 2015. Dieses System hat viele Ähnlichkeiten mit dem der *Pelonore* oder Eisenbarren, die von den Spartanern als Grundlage ihres Geldsystems verwendet wurden.

[2] Ludwig von Mises (1881-1973) war ein führender Vertreter der österreichischen Schule der Wirtschaftswissenschaften und ein starker Befürworter des Goldstandards.

Bis 300 v. Chr. wuchs der private und öffentliche Reichtum der Römer in nie gekanntem Maße. Dies lässt sich am Gebietsgewinn messen. Nach dem Ende des Zweiten Lateinischen Krieges im Jahr 338 v. Chr. und der Niederlage der Etrusker vergrößerte die Römische Republik ihre Fläche von 5.525 km2 auf 26.805 km2, d. h. auf 20% der italienischen Halbinsel. Mit dieser territorialen Ausdehnung wuchs die Bevölkerung von etwa 750.000 auf eine Million, wobei 150.000 Menschen in Rom selbst lebten.

Es wurde eine Partnerschaft zwischen dem Senat und dem Volk gegründet, die als *Senatus Populusque Romanus* (SPQR, Senat und Volk von Rom) bekannt wurde. Die politischen Führer waren für ihre Sparsamkeit und Ehrlichkeit bekannt. Die Tauschmittel wurden entsprechend dem Bevölkerungswachstum und dem Handel streng reguliert, so dass es keine Inflation gab.

Das *nexum*, die Schuldknechtschaft, bei der ein freier Mann seine Dienste als Sicherheit für ein Darlehen plus Zinsen anbot und bei Nichtzahlung die Schuld in Form von Arbeit zu begleichen war, wurde nach dem plebejischen Aufstand durch die *lex Poetilia* [3] im Jahr 326 v. Chr. abgeschafft.

Das Silberne Zeitalter (267-27 v. Chr.)

Das traditionelle Geldsystem wurde 267 v. Chr. zerstört,

---

[3] Eine schonungslose Anklageschrift über die schädlichen Auswirkungen des Wuchers auf die Bevölkerung vor der Verkündung der *lex Poetilia* findet sich in Titus Live, *The History of Rome*, Book II, englische Übersetzung, William Heinemann Ltd, London, 1919.

als die patrizische Elite das Privileg erhielt, Silbermünzen zu prägen. Diese Veränderung wurde durch einen Patrizier symbolisiert, der zum Tempel der Juno Moneta (von der sich der Begriff Münzprägung ableitet) ging, um einen Beutel voller silberner *Denare* in das Fünffache ihres ursprünglichen Wertes umzuwandeln, indem er die Münzen einfach zu einem neuen Wert prägte. Auf diese Weise hat er eine beträchtliche Differenz auf sein eigenes Konto überwiesen.

Die erste römische Silbermünze wurde *Drachme* genannt und basierte auf einer Münze, die auf der südlichen griechischen Halbinsel verwendet wurde. Er wurde später durch eine kleinere und leichtere Version, den *Denar*, ersetzt. Es gab auch einen halben *Denar*, den so genannten *Quinarius*, und ein Viertelstück, den so genannten *Sesterz*. Dieses System wurde später durch den *Victoriatus* ersetzt, *der* etwas leichter als der *Denar* war und wahrscheinlich geschaffen wurde, um den Handel zwischen Rom und seinen griechischen Nachbarn zu erleichtern.

Auf der italienischen Halbinsel gab es nur sehr wenig Silber, so dass die römische Armee expandieren musste, um andere Gebiete zu erobern, die über Silber verfügten. Die römischen Bauern, die der Republik die Selbstversorgung mit Lebensmitteln ermöglicht hatten, wurden in großer Zahl in die Armee eingezogen. Die landwirtschaftliche Produktion, insbesondere der Maisanbau, ging zurück, und an die Stelle der bäuerlichen Betriebe traten *Latifundien,* große Ländereien, die von Sklaven gehalten wurden. Auch der Weizen musste aus Nordafrika importiert werden.

Silberne *Denar-Münze der* Römischen Republik, mit (links) der Göttin Juno Moneta und (rechts) einem siegreichen Boxer.

Die Spannungen zwischen Rom und seinen italischen Verbündeten in Bezug auf die Gewährung des Bürgerrechts und die Emanzipation führten zum Marskrieg (90-89 v. Chr.). Dieser Mangel an Emanzipation hatte zur Zersplitterung der römischen Gesellschaft und zur Entfremdung der Arbeiter geführt, die wie Vieh behandelt wurden und daher keine Verantwortung oder Verpflichtung gegenüber dem Staat hatten. Erst im Zweiten Punischen Krieg (-218 -201 v. Chr.) durften sie in der Armee dienen. Hier haben wir das klassische Beispiel einer monetarisierten Gesellschaft. Die Republik wurde geschwächt und die Willkür nahm zu. Die Piraterie war zu einem großen Problem geworden, mit Überfällen an der Küste, Plünderungen von Dörfern und Entführungen von Reisenden. Die Gewalt wurde endemisch und Gangster und Terroristen operierten in Rom, da es keine Polizei gab, die für Recht und Ordnung sorgte. Dies sind die unvermeidlichen Folgen einer Gesellschaft, in der Geld zur ultimativen Ethik geworden ist.

Politische Intrigen waren auch unter der Elite weit verbreitet. Die wirtschaftliche Entbehrung führte zu Unzufriedenheit unter den Armen, die zunehmend zu Sklaven aus Nordafrika wurden, was zu sozialen Aufständen führte. Dies gipfelte in dem von Spartacus angeführten Aufstand von 73-71 v. Chr. (der erste und zweite Aufstand fanden 135-132 v. Chr. und 104-100 v. Chr. statt).

Die Rolle der Juden beim Zusammenbruch

Die ersten bekannten Juden, die 161 v. Chr. in Rom eintrafen, waren Jehuda und Makkabäer. Diese römischen Juden arbeiteten als Handwerker, Kaufleute und Hausierer. Sie praktizierten auch den Geldverleih. Sie lebten in getrennten Gemeinschaften in bestimmten Stadtvierteln. Sie regierten sich selbst nach ihren eigenen Gesetzen und waren vom Militärdienst befreit.

Im Jahr 139 v. Chr. wurden diejenigen, die keine römischen Bürger waren, von Prätor Hispano wegen Proselytenmacherei ausgewiesen, kehrten aber bald zurück. Im Jahr 19 n. Chr. wies Kaiser Tiberius 4.000 Juden, die in verschiedene Skandale verwickelt waren, durch ein *senatus consultum* aus, aber keine dieser Ausweisungen wurde ordnungsgemäß durchgeführt, und ihre weitere Präsenz, insbesondere als Wucherer, sollte eine wichtige Rolle beim Niedergang und Zusammenbruch des Römischen Reiches spielen.

Vertreibung der Juden aus Rom durch Kaiser Hadrian im Jahr 35 n. Chr., dargestellt in einem Manuskript aus dem 15. Jahrhundert in der Bibliothèque de l'Arsenal in Paris.

Julius Cäsar

Julius Caesar (100-44 v. Chr.) wurde am 12. Juli 100 v. Chr. in eine aristokratische Familie geboren. Er war groß, hellhäutig und arbeitete kurzzeitig als Anwalt, bevor er ein brillanter Feldherr wurde, der zwischen 59 und 52 v. Chr. Gallien (Frankreich) eroberte. 48 v. Chr. besiegte er Pompejus den Großen bei Pharsalus und wurde so zum unangefochtenen Führer der römischen Republik. Bei seiner Rückkehr nach Italien im September 45 v. Chr. fand Caesar die Straßen und ganze Städte voller Obdachloser vor, die von Wucherern und Monopolisten aus ihren Häusern und Ländereien vertrieben worden waren. 300.000 Menschen mussten täglich in der öffentlichen Kornkammer verpflegt werden. Der Wucher mit all seinen katastrophalen Folgen blühte.[4]

---

[4] "Die kaiserliche Demokratie, die die ganze Welt unter ihrer Herrschaft hatte, von den Senatoren mit illustren Namen bis zum einfachsten Bauern, von Julius Cäsar bis zum einfachsten Ladenbesitzer in den Seitenstraßen Roms, sie alle waren einer kleinen Gruppe von Wucherern ausgeliefert." Zitiert in G. Ferrero, *Greatness and Decline of the Roman Empire*, Vol. vi, William Heinemann Ltd, London, 1908, S. 223.

Das Forum Romanum wurde 54 v. Chr. von Julius Caesar in Auftrag gegeben und 46 v. Chr. ihm gewidmet. Es war das Zentrum des antiken Roms, wo Caesar am 15. März 44 v. Chr. sein unglückliches Ende fand.

Die wichtigsten Wucherer, meist Juden[5], verlangten Zinsen von bis zu 48% pro Jahr. Wie der Philosoph Seneca (4 v. Chr. - 65 n. Chr.) in *De Superstitione* feststellte: "Die Bräuche dieses verbrecherischen Volkes haben eine solche Macht erlangt, dass sie nun in allen Ländern aufgenommen wurden. Die Eroberten geben

---

[5] Cicero, Marcus Tullius: "Beruhige dich! Beruhige dich! Ich will nicht, dass mir jemand außer den Richtern zuhört. Die Juden haben mir genug Ärger bereitet, wie so vielen Menschen. Ich habe nicht die Absicht, ihnen noch mehr Schwierigkeiten zu bereiten. Zitiert in W. Grimstad, *Antizion*, Noontide Press, Torrance, Kalifornien, 1985, 29. Cicero war der Verteidiger im Prozess gegen Flaccus, einen römischen Beamten, der sich in die Goldtransporte eingemischt hatte, die die Juden zu ihrem (damals wie heute) in Jerusalem gelegenen internationalen Hauptquartier bringen wollten. Cicero selbst war nicht irgendjemand, und dass jemand von seinem Format "leise sprechen" musste, zeigt, dass er sich in der Gegenwart eines mächtigen und gefährlichen Einflussbereichs befand. In diesem Fall fragt man sich, wer die wahren Verfolger waren.

den Eroberern Recht".

Zu dieser Zeit gab es zwei große politische Parteien: die *Optimaten*, die sich um den Adel, den Senat und die wenigen Privilegierten scharten, und die *Populares*, die die einfachen Bürger vertraten. Caesar übernahm sofort die Führung der letzteren.

Cäsar war sich der Übel des Wuchers bewusst und kannte die Mittel, ihm entgegenzuwirken. "Er verstand die tiefe Wahrheit, dass Geld ein nationales Mittel ist, das per Gesetz für einen nationalen Zweck geschaffen wurde, und dass es keiner Gemeinde von Menschen erlaubt sein sollte, es aus dem Verkehr zu ziehen, um Panik zu verursachen, damit Spekulanten ihre Zinssätze erhöhen oder nach solchen Krisenzeiten Eigentum zu Schleuderpreisen aufkaufen können." [6]

Er führte die folgenden Sozialreformen ein:

1) Die Rückzahlung von Immobiliendarlehen erfolgte auf der Grundlage der niedrigsten bekannten Bewertung vor dem Bürgerkrieg. (49-45 V. CHR.)

2) Es wurden mehrere Amnestien für die Zahlung von Pachtgebühren gewährt.

3) Eine große Zahl armer Bürger und Veteranen erhielt Grundstücke.

4) 80.000 armen Familien wurde kostenloser Wohnraum zur Verfügung gestellt.

5) Der Sold der Soldaten wurde von 123 auf 225

---

[6] T. E. Watson, *Sketches from Roman History*, The Barnes Review, Washington, DC, 2011 (erstmals veröffentlicht 1908), S. 84-85.

Denare erhöht.

6) Die Maissteuer wurde geregelt.

7) Die Gemeinden in den Provinzen sind emanzipiert.

8) Die Verwirrung über den Kalender wurde dadurch gelöst, dass seine Länge auf 3651/4 Tage ab dem [1]. Januar 44 v. Chr. festgelegt wurde.

Die Währungsreformen waren wie folgt:

1) Die Staatsverschuldung wurde sofort um 25% reduziert.

2) Die Kontrolle über die Münzprägung wurde von den Patriziern (Wucherern) auf die Regierung übertragen.

3) Münzen mit geringem Wert wurden als Tauschmittel ausgegeben.

4) Es wurde festgelegt, dass die Zinssätze 1% pro Monat nicht überschreiten durften.

5) Es wurde verfügt, dass keine Zinsen auf andere Zinsen erhoben werden dürfen und dass die gesamten aufgelaufenen Zinsen niemals den Betrag des ursprünglich aufgenommenen Kapitals übersteigen dürfen. (die *in duplum*-Regel)

6) Die Sklaverei wurde als Mittel zur Bezahlung von Schulden abgeschafft.

7) Die Aristokraten waren gezwungen, ihr Kapital zu nutzen, anstatt es zu horten.

GESCHICHTE DER ZENTRALBANKEN

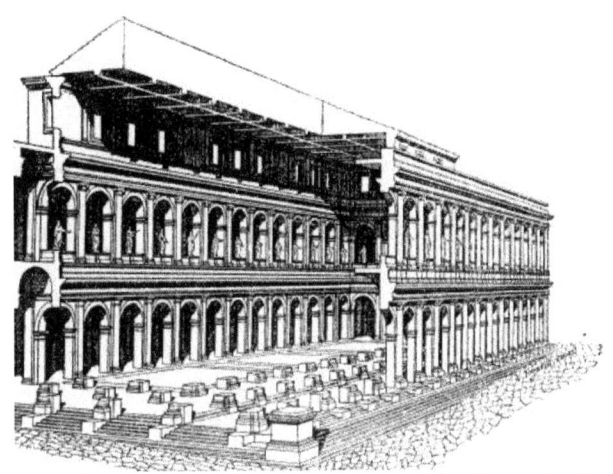

Die Basilica Julia war der römische Justizpalast auf dem Forum, der 46 v. Chr. Julius Caesar gewidmet wurde.

Diese Maßnahmen verärgerten die Aristokraten und Plutokraten, deren "Lebensunterhalt" stark beschnitten wurde. Also verschworen sie sich, um Cäsar, den Helden des Volkes, zu ermorden. An jenem schicksalhaften Morgen des 15. März 44 v. Chr., kaum vier Jahre nachdem er mit allen Vollmachten ausgestattet worden war, betrat er das Senatsgebäude unbewaffnet und verzichtete auf die militärische Bewachung, mit der er sich normalerweise umgab. Umgeben von 60 Verschwörern wurde er mit 23 Messerstichen getötet.

Das Goldene Zeitalter (27 v. Chr. bis 476 n. Chr.)

Im Jahr 27 v. Chr., kurz nach dem Tod (und der Vergöttlichung) Caesars, führten die Römer den Goldstandard ein, eine Entscheidung, die sich auf die finanzielle Stabilität des Reiches auswirken und direkt zu seinem Untergang beitragen sollte. Früher, zur Zeit der Römischen Republik, wurden Goldmünzen nur dann ausgegeben, wenn es unbedingt notwendig war, wie etwa während des Zweiten Punischen Krieges oder des Sylla-Feldzugs. In Europa gab es nur wenige Goldminen, außer in entlegenen Gebieten wie Wales, Transsylvanien und Spanien. Daher konnte der größte Teil der Versorgung nur aus dem Osten gesichert werden. Dies erforderte eine große und kostspielige Armee, die in ständigen Konflikten an den Grenzen des Reiches eingesetzt wurde.

Die Goldmünze wurde *Aureus* genannt. Auch der silberne *Denar war* im Umlauf, ebenso wie verschiedene Kupfermünzen: der *Sesterz*, der Dupondius und das *As*.

Der Mangel an Gold oder Marktgeld führte häufig zu Deflationsperioden, weil die Tauschmittel nicht in Umlauf waren. Im Jahr 13 v. Chr. wurde beschlossen, das Gewicht des Golddenars von 122 auf 72 Körner zu reduzieren. Dies blieb bis 310 n. Chr. die Norm. Dennoch gelangten weiterhin Metalle als Bezahlung für Luxusgüter, religiöse Abgaben und wucherische Rückzahlungen in den Osten. Darüber hinaus führte der Verschleiß durch intensive Nutzung dazu, dass über einen Zeitraum von 100 Jahren ein Drittel aller im Umlauf befindlichen Metallmünzen verloren ging.

Da Gold wie eine Ware behandelt wurde, wurde seine Entwertung nicht geduldet. Kaiser Konstantin (275 - 337 n. Chr.) verhängte persönlich die Todesstrafe für Fälschungen und den Scheiterhaufen für Minenbetreiber, die sich der Fälschung schuldig gemacht hatten. Geldwechsler, die einen falschen Goldbesant (*Solidus*) nicht anzeigten, wurden sofort ausgepeitscht, versklavt und verbannt. Diese Maßnahmen waren für den Besant wirksam, der 70 Körner wog und damit etwas schwerer war als der 1025 noch im Umlauf befindliche Besant, der

68 Körner wog.

Im Jahr 313 wurde das Christentum durch das Edikt von Mailand toleriert, und ab 380 wurde es von Kaiser Theodosius I. (347-395 n. Chr.) als offizielle Religion eingeführt. Eines der Merkmale der kaiserlichen Ära war die soziale Ungerechtigkeit und die Zerschlagung des Mittelstandes durch übermäßige Besteuerung. Der römische Unternehmer war kein Kaufmann, sondern ein Ausplünderer der Provinzen, da das Heimatland eine schwache industrielle Basis hatte und nicht in der Lage war, die notwendigen Produkte herzustellen. Mit der fortschreitenden Monetarisierung der Gesellschaft, bei der die Reichen das Volk schmarotzen, wurde der einfache Bürger zu einer Art Sklave. Die Abschaffung des Geschworenensystems war ein Symptom für den Rückgang des Respekts und der Bedeutung, die dem einfachen Mann in der römischen Gesellschaft entgegengebracht wurden.

Von Kaiser Alexander Severus 222-235 n. Chr. geprägte Goldmünze.

Die Rolle der Kirche bei Niedergang und Fall

Die von Kaiser Konstantin erlassene Steuer, nach der ein Zehntel aller Einkünfte an die christliche Kirche abgeführt werden sollte, beschleunigte den Untergang des Reiches. Im Laufe der Zeit besaß die Kirche zwischen einem Drittel und der Hälfte des gesamten Grundbesitzes und Vermögens. Diese Konzentration des Reichtums führte zu einer Verknappung der metallischen Währung. Es gab zwar Geld, aber es wurde nicht für die Verteilung oder den Umlauf von Waren und Dienstleistungen verwendet. Anstatt die Erlöse aus dem Zehnten durch Investitionen in der Gemeinde oder durch wohltätige Zwecke wie den Bau von Krankenhäusern, Schulen und Bibliotheken wiederzuverwenden, wurden riesige Goldvorräte hinter den dicken (30,5 Meter hohen) Mauern der befestigten Stadt Konstantinopel und des Vatikans in Rom konzentriert.

In seinen letzten Jahren im 5. und 6. Jahrhundert war das Römische Reich zu einem parasitären Organismus geworden, der abwechselnd Phasen der Inflation und der Deflation durchlebte. Der wirtschaftliche Ruin des Landes ging dem politischen Zusammenbruch voraus. Es gab keine industrielle Produktion mehr, fast alle Lebensmittel mussten importiert werden und Wucher wurde in einem noch nie dagewesenen Ausmaß praktiziert. Der Reichtum des Reiches, der sich nicht in den Händen der Kirche befand, wurde von 2000 römischen Familien kontrolliert. Der Rest der Bevölkerung lebte in Armut.

Die Folgen

Der Zusammenbruch der westlichen Reichshälfte im Jahr 476 nach wiederholten Einfällen von Goten und Vandalen löste ein dunkles Zeitalter aus. Es folgte eine jahrhundertelange deflationäre Krise. Nach Angaben der US-Silberkommission von 1876 betrug der Wert der Metallwährung des Römischen Reiches auf dem Höhepunkt seiner Macht 1,8 Milliarden Dollar, am Ende des finsteren Zeitalters jedoch nur noch 200 Millionen Dollar. Die landwirtschaftliche Produktion war auf die bloße Subsistenz reduziert worden. Die Schiffe verschwanden, weil es keinen Handel mehr gab. Der Handel stagnierte. Die Künste und Wissenschaften gingen verloren und die Domäne des Bauzements verschwand.

Die Hauptfaktoren für den Niedergang des Römischen Reiches waren die Konzentration des Reichtums[7], das Fehlen von Bergbaubecken für die industrielle Produktion und die massive Einfuhr von nicht-weißen Sklaven, die zur genetischen Degradierung der Nation führte. Im Laufe des Jahrhunderts[IV] war die Zahl der Sklaven aufgrund der sinkenden Fruchtbarkeit der römischen Frauen fünfmal höher als die der Bürger. Der wichtigste wirtschaftliche Grund war die fehlende Verfügbarkeit von erschwinglichem Geld und die falsche Vorstellung, dass Geld eine Ware sei.

Aus wirtschaftlicher Sicht lautet die Lehre aus dem

---

[7] "Als die Regierung des alten Ägyptens zusammenbrach, verfügten 4% der Bevölkerung über den gesamten Reichtum. Als die babylonische Zivilisation zusammenbrach, verfügten 3% der Bevölkerung über den gesamten Reichtum. Als das alte Persien zerstört wurde, verfügten 2% der Bevölkerung über den gesamten Reichtum. Als das antike Griechenland in den Ruin stürzte, verfügte ein halbes Prozent der Bevölkerung über den gesamten Reichtum. Als das Römische Reich zusammenbrach, verfügten zweitausend Menschen über den gesamten Reichtum der zivilisierten Welt. Es folgte das Mittelalter, aus dem die Welt erst herauskam, als der Reichtum nicht mehr so konzentriert war. Heute kontrolliert weniger als 1% der Bevölkerung 90% des Reichtums der Vereinigten Staaten. - Zitiert von R. Maguire, in "Money Made Mysterious", American Mercury magazine, New York, 1958, 98. (*American Mercury* wurde 1924 von H. L. Mencken gegründet.

Untergang Roms also, dass ein unehrliches Wirtschaftssystem unweigerlich zu den Kräften des Zerfalls beiträgt. Keine Gesellschaft kann ein ungerechtes Wirtschaftssystem überleben. Für das Funktionieren und Gedeihen einer Gesellschaft ist es unabdingbar, dass die Tauschmittel von der rechtlichen Autorität des Staates als ständigem Vertreter des Volkes schulden- und zinsfrei ausgegeben werden.

KAPITEL II

DIE GEHEIMEN URSPRÜNGE DER BANK VON ENGLAND

... alle großen Ereignisse sind verzerrt worden, die meisten wichtigen Ursachen wurden verschwiegen ... Wenn die Geschichte Englands jemals von jemandem geschrieben wird, der über das nötige Wissen und den Mut verfügt, wird die Welt in Erstaunen versetzt werden.
 - Benjamin Disraeli, Premierminister von Großbritannien.

Das alte England

Der König Offa herrschte von 757 bis 791 n. Chr. über das Königreich Mercy[8], das im Norden von den Flüssen Trent und Mersey, im Süden vom Themse-Tal, im Westen von Wales und im Osten von East Anglia und Essex begrenzt wurde.

Offa war ein weiser und fähiger Verwalter und ein großmütiger Führer. Er führte das erste Geldsystem in England ein. Aufgrund der Goldknappheit verwendete er Silbermetall für die Prägung von Münzen und als Mittel zur Aufbewahrung von Reichtum. Die Standardtauscheinheit war das Pfund Silber, das in 240 Pence unterteilt war. Der Pence wurde mit einem Stern versehen (vom altenglischen *stearra*), von dem sich der Begriff Sterling ableitet. Im Jahr 787 führte König Offa ein Gesetz ein, das den Wucher verbot, d. h. die Erhebung von Zinsen für geliehenes Geld, ein Konzept,

---

[8] Latinisierung von Mierce.

das auf heidnische Zeiten zurückging. Die Gesetze gegen den Wucher wurden von König Alfred (865-899) verschärft, der die Konfiszierung des Eigentums der Wucherer anordnete, während Eduard der Bekenner (1042-1066) im Jahr 1050 nicht nur die Konfiszierung ihres Eigentums, sondern auch die Ächtung der Wucherer und ihre lebenslange Verbannung anordnete.

Erste Migration und Vertreibung der Juden

Die Juden kamen im Jahr 1066 nach England, am Vorabend des Sieges von Wilhelm dem Eroberer über König Harold II. bei Hastings am 14. Oktober. Diese Juden kamen aus Rouen, 120 Kilometer von den Klippen der Normandie entfernt, wo Wilhelm der Eroberer als Wilhelm der Bastard unehelich geboren worden war. Obwohl aus den historischen Aufzeichnungen nicht hervorgeht, dass sie die Idee einer militärischen Invasion Englands gefördert haben, haben diese Juden sie zumindest finanziert. Für diese Unterstützung wurden sie reichlich belohnt, da sie unter königlichem Schutz Wucher betreiben durften.[9]

Die Folgen für das englische Volk waren katastrophal. Durch die Erhebung eines jährlichen Zinssatzes von 33% auf an Adlige verpfändete Grundstücke und von 300% auf gewerbliche Grundstücke oder Arbeitergüter befand sich innerhalb von zwei Generationen ein Viertel des gesamten englischen Bodens in den Händen jüdischer Wucherer. Bei seinem Tod im Jahr 1186 wurde Aaron von Lincoln zum reichsten Mann Englands erklärt, und

---

[9] S. M. Goodson, Lob des mittelalterlichen Englands, *Spearhead*, Juli 2005.

es wird geschätzt, dass sein Vermögen das von König Heinrich II. überstieg.[10] Andererseits untergruben die jüdischen Einwanderer die Ethik der Zünfte und verärgerten die englischen Kaufleute, indem sie eine große Vielfalt von Waren unter einem Dach verkauften. Sie spielten auch eine wichtige Rolle beim Schneiden von Silbermünzen und deren Umschmelzen zu Barren für die Verzinnung.

Dr. William Cunningham, der berühmte Wirtschaftswissenschaftler, vergleicht "die Tätigkeit der Juden in England seit dem elften Jahrhundert mit einem Schwamm, der den gesamten Reichtum des Landes aufsaugt und so jede wirtschaftliche Entwicklung behindert". Interessant ist auch, dass die Regierung schon damals alles getan hat, um die Juden zu einem ehrlichen Handel und damit zur Assimilierung mit der übrigen Bevölkerung zu bewegen, jedoch ohne das geringste positive Ergebnis.[11]

Zu Beginn des 13. Jahrhunderts liefen viele Adlige Gefahr, ihre Ländereien durch Wucher und Steuern zu verlieren. Im Jahr 1207 wurde eine enorme Summe von 60.000 Pfund an Steuern von der christlichen Bevölkerung eingezogen. Auch Juden zahlten Steuern, allerdings zu einem geringeren Satz und auf ein weit unterschätztes Vermögen und Einkommen.[12] Adlige, die

---

[10] R. Chazan, *The Jews of Medieval Western Christendom 1000-1500*, Cambridge University Press, New York, 2006, S. 159.

[11] W. Cunningham, *The Growth of English Industry and Commerce during the Early and Middle Ages*, Cambridge University Press, 3ª Ausgabe 1896, S. 201.

[12] Ursprung der Magna Carta, *El Observador de Occidente*, 19. Mai 2013.

bei jüdischen Wucherern, aber auch beim König und seinen Bevollmächtigten Kredite aufnahmen, waren verpflichtet, ihre Hypotheken in den Schatzregistern einzutragen. Sobald ein Adliger in finanzielle Schwierigkeiten geriet, kaufte der König dem Geldverleiher die Schulden ab und behielt das Land. König Johannes (1199-1216) war "völlig unverantwortlich" in der Ausübung dieser unehrlichen und verderblichen Politik und war außerdem "zügellos, inkompetent und völlig unter der Kontrolle seiner Juden".[13]

König Johann von England unterzeichnet die Magna Carta in Runnymede im Jahr 1215. in Runnymede im Jahr 1215.

Im Jahr 1215 revoltierten die Adligen und zwangen König Johann, am 15. Juni 1215 die Magna Carta zu unterzeichnen. Dieses Dokument enthält 61 Klauseln, die sich auf die Einführung verschiedener verfassungsmäßiger und gesetzlicher Rechte beziehen, aber sein Hauptziel war die Abschaffung des Jochs der jüdischen Geldverleiher und die Abschaffung des

---

[13] Ebd.

Wuchers und der privilegierten Stellung der Juden. Am 19. Oktober 1216 starb König Johann und wurde von seinem neunjährigen Sohn Heinrich III. abgelöst, der von 1219 bis 1272 regierte. Seine Regierungszeit war vielversprechender als die seines Vaters, und im folgenden Jahr wurden 19 der die Juden betreffenden Klauseln aufgehoben. Sein Erbe Edward I. (1272-1307) erkannte jedoch bald, dass Juden in der englischen Gesellschaft keinen Platz hatten[14] und dass er den

---

[14] Der Ritualmord an vorpubertären christlichen Kindern war die entscheidende Schwelle, die zur Vertreibung der Juden führte. Beim Passahfest wurde ein Kind gefangen genommen und verblutete. Sein Blut wurde mit ungesäuertem Teig vermischt, gebacken und dann als rabbinisches Gebäck gegessen. Der erste bekannte Fall ereignete sich 1144 und der berühmteste von allen war der von Little St. Hugh in Lincoln im Jahr 1255. König Heinrich III. ordnete persönlich eine gerichtliche Untersuchung an, zu der auch eine gerichtsmedizinische Untersuchung durch Richter gehörte. 91 Juden wurden wegen ihrer Beteiligung an diesem grausamen Mord verhaftet, bei dem das Opfer gefoltert, gekreuzigt, ausgeblutet und in eine Grube geworfen wurde. Einzelheiten des Prozesses sind in den Close Rolls of the Realm und den Patent Rolls in den National Archives on Henry III in Kew, Richmond, Surrey, TW9 4DU verzeichnet. Geoffrey Chaucer schrieb ein Gedicht zum Gedenken an die Ermordung des kleinen Hugh in The Abbess's Tale, einem Teil der *Canterbury Tales*. Die Brüder Grimm schrieben *Der Judenstein* über den Ritualmord an dem dreijährigen Andreas (Anderl) Oxner in Rinn, Österreich, im Jahr 1492. In *My Irrelevant Defence: Meditations Inside Gaol and Out on Jewish Ritual Murder*, The I.F.L. Printing and Publishing Co, London, 1938, S. 57, erklärt Arnold Leese, dass solche Ritualmorde noch im 20. Jahrhundert praktiziert wurden. Im Februar 2007 schrieb der israelische Professor Ariel Toaff, Sohn des ehemaligen Oberrabbiners von Rom, Elio Toaff, das Buch *Pasque di sangue: Ebrei d'Europa e omicidi rituali* (*Pessach des Blutes: Die Juden Europas und ihre Ritualmorde*), in dem er die Häufigkeit der Ritualmorde im mittelalterlichen Italien bestätigt. Für eine Diskussion seiner Arbeit siehe Israel Shamirs *The Bloody Passovers of Dr. Toaff* www.israelshamir.net/English/Eng11.htm.

Verlust des Throns riskieren würde, wenn er keine Maßnahmen ergreifen würde. In den Jahren 1233 und 1275 wurden die Statuten des Judentums erlassen, die alle Formen des Wuchers abschafften. Da viele dieser Juden ihren Lebensunterhalt nicht mehr "verdienen" konnten, erließ König Edward am 18. Juli 1290 ein Dekret, das die gesamte jüdische Bevölkerung von 16.511 Personen zwang, England für immer zu verlassen. Dies war [15]eine von mehr als hundert Vertreibungen, die im Laufe der europäischen Geschichte stattfanden. Diese Ankündigung wurde im ganzen Land mit großer Freude aufgenommen. Im Gegensatz zur modernen Praxis der ethnischen Säuberung konnten die Juden, nachdem sie eine Steuer in Höhe von 1/15 des Wertes ihres Eigentums und 1/10 ihres Bargeldes entrichtet hatten, mit all ihrem Besitz ausreisen. Jeder Jude, der nach dem 1 November 1290 (Allerheiligen) im Königreich blieb, riskierte seine Hinrichtung.

Das glorreiche Mittelalter

Mit dem Verbot von Geldverleihern und der Abschaffung des Wuchers[16] wurden die Steuern auf ein moderates Niveau gesenkt, und die Staatsverschuldung

---

[15] D. Astle, *The Tallies, A Tangled Tale and The Beginning and the Ending*, Selbstverlag in Toronto, 1997, S. 40 und 43. Astle erklärt, dass sich einige dieser Juden in der Schweiz niederließen und die drei ursprünglichen Kantone Uri, Schwyz und Ob sowie ein Jahr später Niwalden gründeten.

[16] Im Jahr 1364 ermächtigte Edward III. die Stadt London, eine *Ordinatio contro Usurarios zu* erlassen, und 1390 wurde ein weiteres Gesetz verabschiedet.

hörte auf zu existieren, da der zinslose Zählstab[17] für die Staatsausgaben verwendet wurde. Dieses alte Finanzinstrument, das den Sarazenen und wahrscheinlich auch den Chinesen bekannt war, leitet sich vom lateinischen Wort *tallia ab*, was so viel wie Stock bedeutet. Der Zählstock wurde aus dem Zweig der Hasel, der Weide oder des Buchsbaums hergestellt, da diese Hölzer leicht zu teilen waren. Sie waren in der Regel 20,3 cm lang (der Abstand zwischen Zeigefinger und Daumen) und 1,3 cm breit, konnten aber auch bis zu 2,44 m lang sein. Die Werte wurden durch die Größe der in das Holz gemachten Schnitte angegeben. 1.000 Pfund wurden durch einen handtellergroßen Schnitt markiert, 100 Pfund durch die Breite des kleinen Fingers, 1 Pfund durch die Breite eines aufgequollenen Gerstenkorns, Schillinge wurden durch noch kleinere Schnitte markiert und Pennys durch Einschnitte angezeigt. Auf den flachen Seiten wurde der Zahlungsempfänger vermerkt. Wenn alle Details auf dem Stock markiert waren, wurde er unten geteilt, so dass auf einer Seite ein Knoten oder eine Markierung blieb, in die ein Loch gebohrt werden konnte. Dieser so genannte Kontrapunkt oder Quittung wurde an einem Stab in der Schatzkammer aufbewahrt. Der flache Streifen (ohne den Stumpf) wurde dem Empfänger übergeben. Da kein Holzstück dem anderen glich, war es unmöglich, einen Zählstab zu schmieden. Diese Zahlungsmittel wurden erstmals während der Herrschaft Heinrichs II. (1100-1135) eingeführt und waren bis 1783 in Umlauf. [18] In der Zeit von 1290 bis

---

[17] D. Astle, op. cit. S. 12-17.

[18] In einem Akt höchster Ironie wurden am 16. Oktober 1834 Stapel zerbrochener Zählstäbe zum Beheizen des Unterhauses verwendet.

1485 erreichten die Vereine jedoch ihren Höhepunkt als wichtigstes Mittel der Staatsfinanzierung. Die Clubs wurden nicht nur zur Bezahlung von Staatsbediensteten, sondern auch zur Finanzierung wichtiger Infrastrukturen wie dem Bau der Londoner Stadtmauer, öffentlicher Gebäude und Häfen verwendet. Die genaue Anzahl der im Umlauf befindlichen Keulen ist nicht bekannt, aber 1694 waren noch 17 Millionen Pfund im Umlauf. Dies war eine stolze Summe, da der Jahreshaushalt des Königs selten 2,5 Millionen Pfund überstieg und ein Bauer einen Penny pro Tag verdiente.

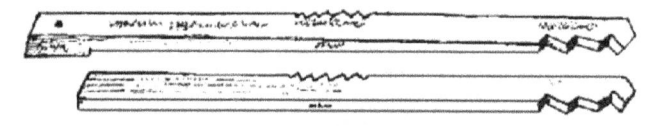

Mittelalterliche Buchführungsstöcke aus dem 15.

Mit einem angemessenen Steuersatz,[19] ohne öffentliche Schulden und ohne Zinszahlungen erlebte England eine Zeit beispiellosen Wachstums und Wohlstands. Der durchschnittliche Landwirt arbeitete nur 14 Wochen im Jahr und hatte 160 bis 180 Tage Urlaub. Lord

---

Das daraus resultierende Feuer war so stark, dass es unkontrollierbar wurde und den gesamten Komplex, mit Ausnahme der Westminster Hall und des St. Stephen's Cloister, zerstörte. Als das Unterhaus wieder aufgebaut wurde, erhielt der Mosaikboden am Eingang die Form eines riesigen Davidsterns (wahrscheinlich unter dem Einfluss von Rothschild).

[19] G. M. Trevelyan schreibt in seinem Werk *English Social History, A Survey of Six Centuries Chaucer to Queen Victoria*, Longmans Green and Co. London, 1948, dass England "ein Land war, in dem die Menschen keine Besteuerung duldeten", S. 63, und dass "die Hartnäckigkeit, keine Steuern zu zahlen, ein Merkmal der Engländer jener Zeit war", S. 107.

Leverhulme,[20] ein Schriftsteller der damaligen Zeit, sagte: "Die Männer des 15. Jahrhunderts wurden sehr gut bezahlt", und zwar so gut, dass die Kaufkraft, die durch ihre Löhne und ihren Lebensstandard garantiert wurde, erst im 19. Ein Landwirt konnte für das Wohlergehen und alle Bedürfnisse seiner Familie sorgen. Die Bauern waren gut gekleidet in Wollkleidung und hatten reichlich Fleisch und Brot.

Da die Bauern nur 14 Wochen im Jahr arbeiten mussten, nutzten viele von ihnen ihre freie Zeit, um die prächtigen Kathedralen Englands zu bauen. Das York Minster wurde 1472 fertiggestellt und besitzt die größte Glasmalereifläche der Welt.

Houston Stewart Chamberlain, der deutsch-englische Philosoph, bestätigt diese Lebensbedingungen in seinen *"Foundations" aus dem 19:*

"Jahrhundert, als die germanischen Völker

---

[20] R. K. Hoskins, *War Cycles - Peace Cycles*, The Virginian Publishing Company, Lynchburg, Virginia, 1985, S. 54.

begannen, ihre neue Welt aufzubauen, waren die Bauern in ganz Europa freie Menschen, die eine viel sicherere Existenz hatten als heute; *Miteigentum*[21] war die Regel, so dass zum Beispiel England - heute ein Ort des Feudalismus zugunsten der Grundherren - bereits im fünfzehnten Jahrhundert ein Land war, das sich vollständig in den Händen von Tausenden von Bauern befand, die nicht nur die rechtmäßigen Eigentümer ihres Landes waren, sondern auch gleichwertige Rechte über Weiden und Wälder besaßen."[22]

In ihrer Freizeit stellten viele Handwerker ihre Talente für den Bau einiger der prächtigsten Kathedralen Englands zur Verfügung und untermauerten damit einen der Grundgedanken der westlichen Zivilisation: Ohne Muße ist das Gedeihen von Kultur unmöglich. George Macauley Trevelyan, ein englischer Historiker, beschreibt diese Errungenschaften wie folgt:

"Die kontinuierliche, aber sich ständig verändernde Tradition der kirchlichen Architektur setzte sich majestätisch fort und füllte England mit wunderbaren Gebäuden, die weder von der Antike noch von der Moderne erreicht wurden. .... In den neuen Kirchen brach das Licht nicht mehr durch, sondern durchflutete die Räume durch die Glasmalereien, deren Herstellungsgeheimnis noch mehr verloren gegangen ist als der Zauber dieser

---

[21] *Der Copyhold* war eine in England einzigartige Form des Landbesitzes, die ihren Ursprung im System der Leibeigenschaft hatte.

[22] H. S. Chamberlain, *The Foundations of the Nineteenth Century*, The Bodley Head, London, 1912, Bd. II, S. 354-355.

Architektur."[23]

Obwohl König Heinrich VIII. (1509-1547) die Wuchergesetze 1509 lockerte, wurden sie später von seinem Sohn König Eduard VI. (1547-1553) durch ein Gesetz von 1552 aufgehoben, in dessen Präambel es hieß, dass "Wucher nach dem Wort Gottes als ein höchst abscheuliches und verabscheuungswürdiges Laster gänzlich verboten ist...".

Das Ende eines goldenen Zeitalters

Merrie England (fröhliches England) im 15. Jahrhundert - Feiern des Maifeiertags mit einem Tanz um den Mast.

Im 17. Jahrhundert fand dieses goldene Zeitalter ein

---

[23] G. M. Trevelyan, op. cit. S. 51.

tragisches Ende. Eine große Zahl von Juden, die 1492 von Isabella I. von Kastilien und Ferdinand II. von Aragon[24] wegen ihrer wiederholten Wucher- und unlauteren Handelspraktiken aus Spanien vertrieben worden waren, fand in Holland Zuflucht. Obwohl die Niederländer zu dieser Zeit eine bedeutende Seemacht waren, wollten die in Amsterdam ansässigen jüdischen Wucherer unbedingt nach England zurückkehren, wo ihre Aussichten auf eine Ausweitung ihres Geldverleih-Imperiums vielversprechender waren.

Während der Herrschaft von Königin Elisabeth I. (1558-1603) ließ sich eine kleine Anzahl marranisch-spanischer Juden, die zu einer heuchlerischen Form des Christentums konvertiert waren, in London nieder. Viele von ihnen übten den Beruf des Goldschmieds aus, indem sie sich bereit erklärten, Golddepots zu halten und anschließend das Zehnfache des gehaltenen Goldes in Form von Inhaberscheinen, d. h. verzinslichen Darlehen, auszugeben. Diese Einnahmen, Vorläufer des betrügerischen Mindestreserve-Bankensystems, wurden zunächst zu einem Zinssatz von 8% pro Jahr an die Krone oder das Schatzamt verliehen, doch laut Samuel Pepys,[25] Chronist und Sekretär der Admiralität, stiegen die Zinssätze auf 20% und sogar 30% pro Jahr.[26] Die von den Händlern gezahlten Zinssätze lagen oft über 33% pro Jahr, obwohl der gesetzliche Zinssatz nur 6% pro Jahr

---

[24] Das Alhambra-Dekret, auch bekannt als das Edikt der Vertreibung.

[25] A. M. Andreades, *History of the Bank of England*, P. S. King & Son Ltd, London, 1935, S. 35. Pepys beschreibt diese exorbitanten Zinssätze als eine "schreckliche Schande".

[26] Ibid, S. 24. Der Autor konsultierte auch Isaac Disraelis *Usurers of the Seventeenth Century*.

betrug. Arbeitnehmer und Arme trugen die Last dieser exorbitanten Zinssätze, da sie 60%, 70% oder sogar 80% pro Jahr zahlen mussten.[27] Laut Michael Godfrey, dem Autor von *A Short Account of the Bank of England*, gingen durch[28] die Konkurse der Goldschmiede und das Verschwinden ihrer Angestellten zwischen zwei und drei Millionen Pfund verloren.[29]

Cromwell und der englische Bürgerkrieg

Im Jahr 1534 wurde die anglikanische Kirche durch den Act of Supremacy von König Heinrich VIII. als offizielle Religion Englands eingeführt. Im 16. und 17. Jahrhundert gewann der puritanische Glaube, der auf den Lehren von John Wycliffe und John Calvin beruh[30] immer mehr Anhänger. Die Puritaner betrachteten die Bibel als das wahre Gesetz Gottes und legten den Schwerpunkt auf Bibellesen, Gebet und Predigt sowie auf die Vereinfachung des Sakramentenrituals.

Der Stuart-König Karl I. (1625-1649), der die Vormachtstellung der anglikanischen Kirche

---

[27] Ebd., S. 24.

[28] Ebd., S. 47.

[29] Ebd., 24-25.

[30] A. H. M. Ramsay, *The Nameless War*, Britons Publishing Co, London, 1952, S. 11, kürzlich neu aufgelegt von Omnia Veritas Ltd. Auf Englisch erhältlich unter dem Titel: *La guerra innominada - el poder judío contra las naciones*. Calvin stammte aus Frankreich, wo sein Name Cauin, eine Variante von Cohen, buchstabiert wurde. Bei einem Treffen der B'nai B'rith in Paris, über das die *katholische Zeitung La Gazette Catholique* im Februar 1936 berichtete, wurde bekannt gegeben, dass er jüdischer Herkunft war.

aufrechterhalten wollte, geriet in einen heftigen Konflikt mit den Puritanern, die große Anstrengungen unternahmen, die Bevölkerung zu missionieren. Nach der Ermordung von Karls Freund und vertrauenswürdigem Berater, dem Herzog von Buckingham, im Jahr 1628 wurde Karl zunehmend isoliert.

Die wachsende religiöse Spaltung bot den jüdischen Verschwörern eine perfekte Gelegenheit, dies auszunutzen. Israel Disraeli, der Vater von Premierminister Benjamin Disraeli, schrieb in seinem Buch *The Life and Reign of Charles I*: "Die Nation war geschickt in Sabbatarians auf der einen und Sabbatbrecher auf der anderen Seite aufgeteilt."[31]

Im Jahr 1640 organisierte einer der Anführer der jüdischen Untergrundgemeinde, Fernandez Carvajal, ein Kaufmann und Spion, der auch als "Großer Jude" bekannt war, eine bewaffnete Miliz mit etwa 10 000 Mitgliedern, die dazu diente, die Bevölkerung Londons einzuschüchtern und zu verwirren. Außerdem wurde eine große Anzahl von Broschüren und Faltblättern verteilt.[32]

Der Bürgerkrieg zwischen den Royalisten (Anglikanern) und den Roundheads (Puritanern) dauerte von 1642 bis 1648. Die Roundheads mit ihrer "letzten Musterarmee" waren siegreich und forderten rund 190.000 Opfer, 3,8% der Bevölkerung. Der Anführer der Roundheads war Olivier Cromwell (1599-1658), dessen "Armee des späten Modells" nicht nur von dem Geschäftsmann und

---

[31] Ebd., S. 11.

[32] Ebd., S. 12-13.

professionellen Agitator Fernandez Carvajal ausgerüstet und ausgebildet wurde, sondern auch von den jüdischen Wucherern von Amsterdam finanziert wurde. Der Anführer der holländischen Juden, Manasseh Ben Israel, wandte sich[33] an Cromwell mit der Bitte, den Juden die Rückkehr nach England zu gestatten, als Gegenleistung für die von ihm so großzügig gewährten finanziellen Vergünstigungen.[34]

Ein Pamphlet aus dem Jahr 1650 mit der Darstellung von **Oliver Cromwell** als Monarch von England.

---

[33] Ebd., S. 13.

[34] A. M. Andreades, a. a. O., S. 30.

Der Königsmord an König Karl I.

Cromwells Perfidie zeigt sich in seiner Korrespondenz mit der Mülheimer Synagoge in Deutschland.

16. Juni 1647,

Von Olivier Cromwell bis Ebenezer Pratt

"Als Gegenleistung für eine finanzielle Unterstützung werde ich die Wiederzulassung von Juden in England gestatten, was jedoch unmöglich ist, solange Karl lebt. Karl kann nicht ohne ein Gerichtsverfahren hingerichtet werden, für das es derzeit keine Gründe gibt. Ich schlage daher vor, dass Charles getötet wird, aber ich will nichts mit den Vorkehrungen für die Bereitstellung eines Mörders zu tun haben, obwohl ich bereit bin, ihm bei seiner Flucht zu helfen.

Hier ist die Antwort auf dieses Schreiben:

12. Juli 1647,

An Olivier Cromwell, von Ebenezer Pratt

"Er wird finanzielle Hilfe leisten, sobald Karl entthront ist und die Juden wieder zugelassen werden. Ein Attentat ist zu gefährlich. Wir müssen Charles die Flucht ermöglichen: Seine Gefangennahme wird einen Prozess und eine Hinrichtung ermöglichen. Unsere Unterstützung wird wichtig sein, aber es ist nicht notwendig, die Bedingungen vor Beginn des Prozesses zu besprechen.[35]

König Karl wurde in Holmby House in Northamptonshire inhaftiert. Am 4. Juni 1647 wurde er von 500 Revolutionären ergriffen und konnte dann auf die Isle of Wight fliehen, wo er später verhaftet wurde. Am 5. Dezember 1648 beschloss das Unterhaus, dass "die vom König gemachten Zugeständnisse zufriedenstellend waren und zu einer Einigung führen könnten".[36]

Die Hinrichtung von König Karl I. in einem zeitgenössischen Kupferstich

---

[35] A. H.M. Ramsay, op. cit. S. 14-15. Aus einem Brief, der am 3. September 1921 in *Plain English* veröffentlicht wurde: "Die Weisen von Zion gibt es schon viel länger, als bekannt ist. Mein Freund L. D. Van Valckert aus Amsterdam schickte mir kürzlich einen Brief mit zwei Auszügen, die in der Synagoge von Mülheim gefunden wurden. Der Band, der sie enthält, ging während der napoleonischen Kriege verloren und ist kürzlich in die Hände von Herrn Van Valckert gelangt. Sie sind in deutscher Sprache verfasst und enthalten Zitate aus Briefen, die bei den Behörden der Mülheimer Synagoge eingegangen sind.

[36] Ebd., S. 16.

Cromwell führte daraufhin mit Hilfe von Colonel Pryde eine Säuberung des Unterhauses durch, bis nur noch ein Rumpfparlament von 50 Mitgliedern übrig war, die dann passiv für den Prozess gegen den König stimmten. Kein einziger englischer Jurist wollte eine Anklageschrift gegen den König verfassen. Letztere wurde schließlich von einem niederländischen Juden, Isaac Dorislaus, gegründet. Der König wurde gezwungen, an dem manipulierten Prozess vor dem Obersten Gerichtshof teilzunehmen, dessen Mitglieder zu zwei Dritteln aus Gleichmachern der Armee bestanden[37]. Karl weigerte sich zu plädieren, wurde jedoch für schuldig befunden und am 29. Januar 1649 hingerichtet. Als sich der Konvoi dem Schafott näherte, rief ein großer Teil der Menge "Gott schütze den König! ("Nach der Hinrichtung ging ein Schrei des Entsetzens durch die Stadt.

Die zweite jüdische Einwanderung

Vom 7. bis 18. Dezember 1655 hielt Cromwell, der sich selbst als Lord Protector bezeichnete, eine Konferenz in Whitehall, London, ab, um die Zustimmung zu einer weiteren groß angelegten Einwanderung von Juden zu erhalten. Obwohl auf der Konferenz viele Anhänger Cromwells anwesend waren, herrschte unter den Delegierten, bei denen es sich zumeist um Priester, Anwälte und Kaufleute handelte, ein breiter Konsens darüber, dass die Juden nicht nach England zurückkehren durften.[38] Im Oktober 1656 erhielten die ersten Juden die

---

[37] Informeller Zusammenschluss von Agitatoren und Pamphletisten, Vorläufer der Jakobiner und Bolschewiki.

[38] H. S. A. Henriques, The Jews and English Law IV, *The Jewish*

Erlaubnis, heimlich in England zu landen, trotz der Proteste des Unterausschusses des Staatsrats, der erklärt hatte, dass diese Juden "eine ernste Bedrohung für den Staat und die christliche Religion" darstellten.[39] "Alle Kaufleute waren ausnahmslos gegen die Wiederzulassung der Juden. Sie erklärten, dass die Einwanderer dem Land schaden würden und dass ihre Aufnahme die Ausländer auf Kosten der Engländer bereichern würde.[40]

Cromwell starb am 3. September 1658 und wurde von seinem Sohn Richard abgelöst, der neun Monate lang regierte. Der Sohn von Karl I., Karl II. (1660-1685), bestieg den Thron seines ermordeten Vaters erneut. Obwohl er der letzte englische Monarch war, der Münzen (in Form von Geldscheinen) prägte, beging er zwei fatale politische Fehler. Im 1 de August 1663 erließ er das euphemistisch als Encouragement of Trade Act bezeichnete Gesetz, das "die Ausfuhr aller Gold- und Silbermünzen und -barren ins Ausland, frei von allen Beschränkungen und Vorschriften jeglicher Art" erlaubte.[41] Während der Debatte über den Gesetzesentwurf bemerkte der Earl of Anglesey in weiser Voraussicht, "dass es für den Frieden des Reiches gefährlich sei, einer Handvoll unzufriedener und streitsüchtiger Superreicher ausgeliefert zu sein, die mit unseren eigenen Münz- und Goldreserven eine Bank (ein

---

Quarterly Review, Vol. 14, No. 4, July 1902, pp. 653-697.

[39] A. H. M. Ramsay, op. cit. S. 16-17.

[40] A. M. Hyamson, *A History of the Jews in England*, Methuen, 1928, zitiert in A. N. Field, *All These Things*, Omni Publications, Hawthorne, California, 1936, S. 215.

[41] D. Astle, op. cit. S. 44.

Hortungsorgan) gründen, die Meere überqueren und uns in Geldnot bringen könnten, wenn es nicht (mehr) in der Macht des Königs läge, dies zu verhindern".[42]

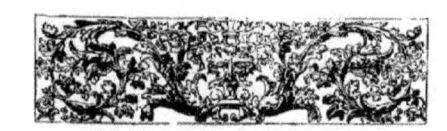

> TO THE
> **Parliament, The Supream Court of**
> ENGLAND,
> *And to the* **Right Honourable** *the Councell of State*, Menaſſeh Ben Iſrael, *prayes God to give Health, and all Happineſſe:*
>
> IT is not one cauſe alone (moſt renowned Fathers) which uſeth to move thoſe, who deſire by their Meditations to benefit Mankind, and to make them come forth in publique, to dedicate their Books to great Men; for ſome, and thoſe the moſt, are incited by Covetouſneſſe, that they may get money by ſo doing, or ſome peece of Plate of gold, or Silver; ſometimes alſo that they may obtaine their Votes, and ſuffrages to get ſome place for themſelves, or their friends. But ſome are moved thereto by meere and pure friendſhip, that ſo they may publickly teſtifie that love and affection, which they bear them, whoſe names they prefixe to their Books; let the one, and the other, pleaſe themſelves, according as they delight in the reaſon of the Dedication, whether it be good or bad; for my part, I beſt like them, who do it upon this ground, that they may not commend themſelves, or theirs, but what is for publick good.
>
> As for me (moſt renowned Fathers) in my dedicating
> A 2   this
>
> (3)

Von Menasseh ben Israel herausgegebenes Pamphlet zur Förderung der Wiederzulassung von Juden in England.

---

[42] A. Del Mar, *The History of Money in America from the Earliest Times to the Establishment of the Constitution*, Omni Publications, Hawthorne, Kalifornien, 1966, (zuerst veröffentlicht 1899), S. 66.

Drei Jahre später gestattete er durch ein Gesetz zur Förderung des Münzwesens Privatpersonen, d. h. Bankiers und Goldschmieden, die Münzen des Königreichs in der Königlichen Münze zu prägen und so das beträchtliche Privileg der Seigniorage (die Differenz zwischen dem Nennwert der Münzen und den Kosten ihrer Herstellung) als Einkommen zu ihrem alleinigen Nutzen zu erwerben. Außerdem konnten sie so die Geldmenge nach Belieben erhöhen oder verringern und damit die Preise nach Belieben anheben oder senken, zum großen Nachteil der übrigen Bevölkerung.

Die Herrschaft seines Bruders, Jakob II. (1685-1688), dauerte nur drei Jahre. Er war das Opfer skrupelloser Pamphlete und Propaganda, vor allem aus Holland. Eine von Prinz Wilhelm von Oranien initiierte Militärexpedition entthronte ihn schließlich. Obwohl James' Armee zahlenmäßig überlegen war, wurde er von einem Angriff abgehalten, nachdem John Churchill, der erste Herzog von Marlborough, plötzlich desertiert war. Laut der *Jüdischen Enzyklopädie* erhielt Churchill später von dem holländischen Juden Salomon von Medina eine Rente von 6.000 Pfund als Belohnung für seinen Verrat. [43] Mit dieser hohen Summe, dem "Blutgeld", konnte Churchill den Bau von Blenheim Palace in Angriff nehmen, der bei seinem Tod im Jahr 1722 fertig gestellt wurde.

Der Feldzug von Wilhelm von Oranien wurde, wie auch der von Wilhelm dem Eroberer im Jahr 1066, von jüdischen Bankiers finanziert. Als Gegenleistung für ihre Unterstützung trat Wilhelm III. (1689-1702) das königliche Vorrecht, die Währung Englands schulden-

---

[43] A. H. M. Ramsay, a. a. O., S. 18.

und zinsfrei auszugeben, an ein Konsortium ab, das als "Governor and Company of the Bank of England" bekannt wurde. A. N. Field fasst in seinem Buch *All these Things* die Ereignisse dieser Zeit wie folgt zusammen:

> "Dreiunddreißig Jahre nachdem Cromwell die Juden nach England zurückkehren ließ, kam ein holländischer Prinz aus Amsterdam, umgeben von einer Schar von Juden aus diesem Finanzzentrum. Nachdem er seinen Schwager [Jakob II.] aus dem Königreich vertrieben hatte, willigte er gnädigerweise ein, sich auf den englischen Thron zu setzen. Die natürliche Folge dieses Ereignisses war die Einführung der Staatsverschuldung durch die sechs Jahre später erfolgte Gründung der Bank of England, deren Aufgabe es war, der Krone Geld zu leihen. Bevor die Juden kamen, hatte England auf seine eigene Weise gelebt. Der Geldverleiher war damals im Amt, und die Situation, in der sich die Nation nun befindet, kann nicht besser beschrieben werden als mit den Worten Shakespeares, als er dem sterbenden John of Gaunt in prophetischer Vision diese Worte in den Mund legte:
>
> *Dieses Heimatland so vieler lieber Seelen,*
> *dieses liebe, liebe Heimatland, das für seinen*
> *Ruhm in der Welt geschätzt wird,*
> *Sie ist jetzt gechartert, ich sterbe bei ihrer*
> *Erklärung,*
> *Wie ein Lehnsgut oder ein elender Bauernhof*
> *Dieses England, das in einer triumphalen See*
> *verwickelt ist,*
> *Dessen felsiges Ufer den neidischen Ansturm*
> *abwehrt*
> *Vom nassen Neptun, er ist jetzt in Schmach*

*verstrickt
Durch Tintenflecken und verrottete
Pergamente! Dieses England, das einst andere
versklavte, hat seine eigene Knechtschaft
schändlich vollendet!*
- Richard II, Akt II, Szene I

"Die Geschichte der zweiten Ansiedlung der Juden in England ist nur eine lange Spur von Verpflichtungen, die auf Pergament geschrieben sind und die Nation mit Schulden fesseln. Jede Phase des Aufstiegs der Juden in den Angelegenheiten der Nation war durch die Zunahme und Vermehrung der Schulden gekennzeichnet."[44]

Die Gründung der Bank of England

Die Notwendigkeit einer privaten Zentralbank wurde von einem pensionierten Piraten,[45] William Paterson, angesprochen, als er 1693 ein Pamphlet mit dem Titel *A Brief Account of the Intended Bank of England schrieb*.[46] Am [47]Donnerstag, dem 21. Juni 1694, wurde eine Zeichnungsliste für die Bank eröffnet, die mit einem Anfangskapital von 1.200.000 £ ausgestattet war. Am folgenden Montag war dieser Betrag vollständig

---

[44] A. N. Field, a. a. O., S. 218.

[45] A. M. Andreades, op. cit. S. 60. Damals galt der Beruf des Seeräubers noch nicht als unehrenhaft.

[46] Ebd., S. 66.

[47] W. G. Simpson, *Welchen Weg geht der westliche Mensch?* Yeoman Press, Cooperstown, New York, 1978, S. 621.

gezeichnet.

Der offensichtliche Zweck der Bank bestand darin, König Wilhelm unbegrenzte Geldsummen zu einem Jahreszins von 8% zu leihen, um ihm die Fortsetzung des Krieges und insbesondere den Konflikt mit Ludwig XIV. von Frankreich zu ermöglichen, in dessen Land noch kein Wucher herrschte.[48] Auf diese Weise erhielt die Bank von der Krone Zinsen in Höhe von 100.000 Pfund pro Jahr, wobei die zusätzlichen 4.000 Pfund die Verwaltungsgebühr darstellten. Die Bank erwarb auch das Recht, ungedeckte Goldnoten im Wert von 1.200.000 £ auszugeben.

Vor der Registrierung wurde die Charta der Bank von Barrister Levinz sorgfältig geprüft, um sie mit dem verborgenen Zweck der Bank in Einklang zu bringen, nämlich das englische Volk auf ewig ausbluten zu lassen, indem die Schaffung einer nationalen Währung aus dem Nichts durch die Erhebung von Zinsen ermöglicht wurde. All dieses Falschgeld sollte mit Zinseszins zurückgezahlt werden. Levinz war ein Jude aus Amsterdam, der als Rechtsanwalt tätig war.[49]

Der Widerstand gegen die Gründung der Bank war groß. Er kam vor allem von den Goldschmieden und Geldverleihern, die der Meinung waren, dass dies ihren wucherischen Bankgeschäften in Form von Teilreserven auf der Grundlage der von ihnen ausgegebenen Goldscheine ein Ende setzen würde. Grundbesitzer und

---

[48] F. J. Irsigler, *On the Seventh Day They Created Inflation*, Wynberg, Kapstadt, Südafrika, 1980, S. 5.

[49] J. E. T. Rogers, *The First Nine Years of The Bank of England*, Clarendon Press, Oxford, 1887, S. 4.

der Landadel befürchteten einen Anstieg der Zinssätze, da die Bank die Geldmenge des Landes kontrollieren würde. Es wurde behauptet, dass die Bank bestimmte Händler begünstigt, indem sie ihnen Vorzugszinsen gewährt. Die größte Befürchtung war, dass "die Bank zu mächtig werden und so zum Eckpfeiler des Welthandels werden könnte".[50] Leider ist genau das passiert, denn die Bank of England wurde zum Vorbild für alle anderen Zentralbanken, die folgten.

Die Gründung der **Bank of England wurde** durch einen Act of Parliament mit dem Titel "An Act for securing to their Majesties several rates and duties on the tonnage of ships and vessels..." beschlossen.

Zu dieser Zeit bestand das Unterhaus aus 514 Mitgliedern, die sich in 243 Tories, 241 Whigs und 28 Mitglieder unbekannter Zugehörigkeit aufteilten.[51] Etwa zwei Drittel der Mitglieder waren Provinzherren und 20% von ihnen waren als Analphabeten bekannt. Der Gesetzesentwurf wurde im Juli 1694, mitten im Sommer,

---

[50] A. M. Andreades, op. cit. S. 69.

[51] Informationsbüro des Unterhauses, London.

debattiert, als die Vertreter der Landbevölkerung mit der Ernte beschäftigt waren.[52] An jenem schicksalhaften Tag, Freitag, dem 27. Juli 1694, als die Gründungsurkunde verabschiedet wurde, waren nur 42 Mitglieder anwesend, allesamt Whigs - denn die Tories waren dagegen -, die alle für das Gesetz stimmten. (Dies wirft die Frage auf, was damals ein Quorum darstellte).

Im Titel des Gesetzes wurde das Projekt der Bank of England nicht erwähnt, das zwei Drittel der Zeit in unverständlichen, d.h. für den Laien unverständlichen Worten beschrieben oder besser gesagt, versteckt wurde.

Der Eröffnungssatz der Akte beginnt: "Wilhelm und Maria, König und Königin von England, Schottland, Frankreich und Irland, von Gottes Gnaden, Verteidiger des Glaubens, usw., denen alle, die sie vertreten, willkommen sind. Alle, die sie vertreten, sind herzlich willkommen. Der dritte Satz, der 242 Wörter enthält, beginnt: "In der Erwägung, dass in und durch ein bestimmtes Gesetz, das kürzlich im Parlament gemacht wurde, mit dem Titel "Ein Gesetz zur Gewährung von verschiedenen Zöllen und Abgaben an Ihre Majestäten nach der Tonnage von Schiffen und Schiffen, und auf Bier, gegorenen Getränken und anderen Flüssigkeiten, um bestimmte Belohnungen und Vorteile in dem besagten Gesetz festzulegen, die besagten Personen bereitwillig die Summe von 150.000 Pfund Sterling

---

[52] Ein ähnliches Gesetz wurde am 23. Dezember 1913 für die in Privatbesitz befindliche US-Notenbank Federal Reserve verabschiedet, als nur noch wenige Mitglieder anwesend waren, da die meisten nach Hause gegangen waren, um Weihnachten zu feiern. H. S. Kenan, *The Federal Reserve Bank*, The Noontide Press, Los Angeles, 1966, S. 19-20.

vorschießen werden, um den Krieg mit Frankreich fortzusetzen, wird unter anderem verordnet..."[53]

Zahltag der Dividende der Bank of England,
Holzstich, um 1800

Der Großteil der ersten zwei Drittel des Gesetzes befasst sich mit der Notwendigkeit, eine komplizierte Reihe neuer Zölle, Abgaben und Steuern auf Schiffe, Bier, gegorene Getränke und andere Spirituosen einzuführen. Der wahre Grund für die Einführung all dieser Steuern war, dass sie notwendig waren, um die Zinsen für alle zukünftigen Staatsanleihen zu bezahlen. Bald darauf wurden weitere Steuern eingeführt: die Grundsteuer, die Papiersteuer, die Kopfsteuer, die Salzsteuer, die Stempelsteuer und die Fenstersteuer, die die Herd- oder Kaminsteuer ersetzte. Weitere Steuern waren die

---

[53] D. Astle, op. cit. S. 55.

Hausierersteuer, die Kutschensteuer, die Geburts-, Heirats- und Sterbesteuer sowie die Junggesellensteuer. Die am stärksten konfiskatorische Steuer war jedoch die mit einem Satz von 20% indexierte Einkommensteuer. Sie wurde[54] nicht nur von den Unternehmen, sondern auch von den Landwirten erhoben.[55]

Krieg und Schuldknechtschaft in Permanenz

Von nun an würde ein Gesellschaftsmodell entstehen, in dem unnötige Kriege geführt werden, um gleichzeitig die Staatsverschuldung und die Gewinne der Wucherer zu erhöhen. Bezeichnenderweise wurden die meisten dieser Kriege gegen Länder geführt, die ein zinsloses Bankensystem eingeführt hatten, wie dies bei den amerikanischen Kolonien und Napoleons Frankreich der Fall war. Dieses Muster der Stärkung des Wuchersystems der Banken durch Gewalt ist in der Neuzeit weit verbreitet und wird durch die Niederlagen des kaiserlichen Russlands im Ersten Weltkrieg, Deutschlands, Italiens und Japans im Zweiten Weltkrieg und zuletzt in Libyen im Jahr 2011 veranschaulicht. Alle diese Länder verfügten über ein staatliches Bankensystem, das den Reichtum ihrer jeweiligen Nationen gerecht verteilte und ihren Völkern einen wesentlich höheren Lebensstandard ermöglichte als ihre heutigen Konkurrenten.

Im Jahr 1696, zwei Jahre nach ihrer Gründung, hatte die Bank of England Banknoten im Wert von 1.750.000 £ in Umlauf gebracht, bei einer Goldreserve von nur 2%, was

---

[54] A. M. Andreades, op. cit. S. 55.

[55] J. E. T. Rogers, op. cit. S. 106-107.

einem Wert von 36.000 £ entsprach.[56] Im Mai 1707 wurde die Union zwischen Schottland und England geschlossen, was vor allem durch die Notwendigkeit begründet war, die Kontrolle über die Königliche Münze in Edinburgh zu übernehmen, was 1709 geschah.

Im Jahr 1720, nach dem Ende des Spanischen Erbfolgekriegs (1701-1714), belief sich die Staatsverschuldung auf 30 Millionen Pfund, und allein der Krieg kostete 50 Millionen Pfund.[57] Nach dem Amerikanischen Unabhängigkeitskrieg (1775-1783), der ausgelöst wurde, nachdem die Kolonisten gezwungen waren, ihre schuldenfreie Währung durch englisches Geld zu ersetzen, was zu einer Arbeitslosigkeit von 50% der arbeitenden Bevölkerung führte, stieg die Staatsverschuldung auf 176 Millionen Pfund.

Laut Sir John Harold Clapham, der 1944 das Buch *The Bank of England: A History 1694-1914* verfasste, hatten Salomon de Medina y dos da Costa, Fonseca, Henriquez, Mendez, Nunez, Rodriguez, Salvador und Teixeira de Mattos, allesamt sephardische Juden, im Jahr 1722 die Mehrheit der Bankaktien erworben.

Im Jahr 1786 versuchte Premierminister William Pitt der Jüngere, die Staatsverschuldung durch einen Tilgungsfonds zu beseitigen, der jährlich 1 Million Pfund an Zinsen einbrachte, die er vollständig zur Schuldentilgung verwendete.[58] Dieser Prozess wurde jedoch bald wieder aufgegeben, da zur Finanzierung des

---

[56] F. J. Irsigler, op. cit. S. 5.

[57] A. M. Andreades, a. a. O., S. 119.

[58] W. D. Bowman, *The Story of the Bank of England*, Herbert Jenkins Ltd, London, 1937, S. 291.

Krieges gegen Napoleon ein enormer Anstieg der Kreditaufnahme erforderlich war. Um die wachsende Zinslast zu begleichen, wurde 1797 ein System der gestaffelten Einkommenssteuer eingeführt, das 1815 70 Millionen Pfund pro Jahr einbrachte.[59]

Der Krieg gegen Frankreich dauerte von 1792 bis 1815. Der Hauptzweck dieses unnötigen Blutvergießens bestand darin, das von Napoleon eingeführte schulden- und zinsfreie Finanzsystem zu zerstören. (Siehe Kapitel III) Während dieser Zeit führte England von 1812 bis 1814 auch einen Krieg gegen die Vereinigten Staaten. Dieser Krieg wurde, wie auch der Krieg gegen Frankreich, von England auf Antrag des Bankiers Mayer Amschel Rothschild (richtiger Name Bauer) angezettelt, nachdem der US-Kongress sich geweigert hatte, die Charta[60] der von Rothschild kontrollierten Bank of the United States, die von 1791 bis 1811 Amerikas Zentralbank war, zu verlängern.[61] Nathan Rothschild sagte 1815: "Gebt mir die Kontrolle über die Währung einer Nation und es ist mir egal, wer die Gesetze macht". Die Minderheit, die das System versteht, wird so sehr an seinen Vorteilen interessiert oder so sehr von seinen Gunstbezeugungen abhängig sein, dass es niemals Widerstand von Mitgliedern dieser sozialen Schicht

---

[59] A. M. Andreades, op. cit. S. 162.

[60] 100% der Aktien der Bank befanden sich im Besitz der Rothschilds und ihrer Teilhaber.

[61] 1836 schloss Präsident Andrew Jackson die Second Bank of the United States, indem er alle staatlichen Einlagen abzog. Im Jahr 1816 wurde sie durch eine 20-jährige Satzung gegründet. Die Rothschilds und ihre Partner besaßen 80% der Anteile und die US-Regierung den Rest.

geben wird." Der britische Premierminister Spencer Perceval (1809-1812) versuchte, diesen völlig aussichtslosen Krieg zu beenden, wurde jedoch am 11. Mai 1812 in der Lobby des Unterhauses von John Bellingham, einem von Rothschild beauftragten Extremisten, ermordet.[62]

Bis 1815 war die Staatsverschuldung auf 885 Millionen Pfund angestiegen. Dieser völlig unnötige Krieg kostete das Leben von etwa drei Millionen Soldaten und einer Million Zivilisten. Die Zerstörung der von Napoleon gegründeten Staatsbank kostete das britische Volk 831 Millionen Pfund[63], von denen 1914 noch 2,5 Milliarden Pfund unbezahlt waren. Das Kapital von 504 Millionen Pfund hatte sich dank der Magie des Zinseszinses im Laufe der Zeit verfünffacht.

William Cobbet (1763-1835), ein scharfsinniger Parlamentarier, der die Bauernschaft vertrat, sah, was vor sich ging und schrieb

"Ich begann, die Parlamentsakte zu studieren, mit der die Bank of England gegründet worden war. Die Investoren wussten, was sie taten. Ihr Ziel war es,

---

[62] www.tomatobubble.com/fh1.html Verbotene Geschichte der NWO (1765-1816). Neben seiner Ernennung zum Premierminister am 4. Oktober 1809 übte Percival auch das Amt des Schatzkanzlers aus, zu dem er am 28. März 1807 ernannt worden war. Er war daher mit den Feinheiten der Hochfinanz bestens vertraut. Während seiner Amtszeit war sein Finanzminister John Charles Herries, ein persönlicher Freund und geheimer Informant von Nathan Rothschild. Siehe N. Ferguson, *The House of Rothschild, Money's Prophets 1798-1848*, Vol. 1, Penguin Books, London, 1999, S. 86 (Professor Ferguson ist ein Insider, der an der Bilderberg-Konferenz in Chantilly, Virginia, USA, teilnahm).

[63] W. D. Bowman, op. cit. S. 290.

das ganze Land in Etappen zu verpfänden ... Land ... Häuser ... Eigentum ... Arbeit. Ihr Plan brachte hervor, was die Welt noch nie gekannt hatte: Elend inmitten von Überfluss".[64]

Im Jahr 1800 schlug der Parlamentsabgeordnete Sir William Pultney die Gründung einer Nationalbank vor, nachdem er die Bank "heftig angegriffen" hatte.[65] Im Jahr 1824 legte ein anderer Abgeordneter, David Ricardo, einen detaillierten Plan[66] zur Umwandlung der Bank of England in eine Nationalbank vor. Beide Versuche scheiterten. Die Angelegenheiten der Bank von England blieben geheim, und erst 1833, 139 Jahre später, wurde dem Parlament mit dem Gesetz von 1833 eine bereinigte Fassung ihrer Aktivitäten vorgelegt.[67]

Bei Ausbruch des Ersten Weltkriegs im Jahr 1914 belief sich die Staatsverschuldung auf 650 Millionen Pfund.[68]

---

[64] W. Cobbett, *The Political Register*, Bd. XVIII, Nr. 1, London, 14. Juli 1810.

[65] Ebd., S. 207.

[66] W. D. Bowman, op. cit. 228 und A. M. Andreades, op. cit. S. 417-427.

[67] A. M. Andreades, op. cit. S. xii und S. 261.

[68] Wenige Tage nach der Kriegserklärung Großbritanniens, am 4. August 1914, wurden als Notmaßnahme 300 Millionen Bradbury-Pfund in 10-Pfund- und 1-Pfund-Noten schulden- und zinsfrei ausgegeben. Diese wurden bald durch Kriegsanleihen ersetzt. Der Nobelpreisträger Professor Frederick Soddy erläuterte die betrügerische Art und Weise, in der diese Kredite aufgenommen wurden: "Die Bank of England gab ein Rundschreiben heraus, in dem sie anbot, das für den Kauf der Kriegsanleihen benötigte Geld zu 3% zu verleihen, wofür der Steuerzahler 4% Zinsen zu zahlen hatte. So erhielt die Bank für jedes vom Steuerzahler geliehene Pfund 15 Pence

Bis zum 31. März 1919 stieg er auf 7,434 Mrd. Pfund[69] an, von denen 3 Mrd. Pfund noch 95 Jahre später zu einem Zinssatz von 3,5% pro Jahr gezahlt werden mussten. Im Jahr 1919 wurden 40% aller Haushaltsausgaben für Zinszahlungen aufgewendet. Während des Zweiten Weltkriegs stieg die Staatsverschuldung um fast 300%, von 7,1 Mrd. £ im Jahr 1939 auf 20,1 Mrd. £ im Jahr 1945. Im Juni 2014 lag es bei 1,3 Billionen Pfund.[70] man jedoch alle Verbindlichkeiten zusammen, einschließlich der Renten des öffentlichen und privaten Sektors, so belaufen sich diese auf über 5 Billionen Pfund.

Verstaatlichung

Am 14. Februar 1946 verstaatlichte die Labour-Regierung die Bank of England. Die Aktionäre erhielten Schatzwechsel im Wert von 11.015.100 £, die nach 20 Jahren rückzahlbar sind. Diese Verstaatlichung, mit der die Bank unter öffentliche Kontrolle gestellt werden sollte, änderte nichts am privaten Mindestreserve-Bankensystem und wurde nur zu Propagandazwecken durchgeführt, da sie Teil des Programms der Labour Party zur Verstaatlichung bestimmter Finanz- und Industriesektoren war.

Am 6. April 1974 registrierte die Bank of England die

---

und der falsche Zeichner 5 Pence. Die Bank ging kein Risiko ein, da sie die neue Zeichnung als Sicherheit für ihr Darlehen behielt, bis die Schuld getilgt war. F. Soddy, *Wealth, Virtual Wealth and Debt*, G. Allen & Unwin, London, 1933, S. 255.

[69] A. N. Field, op. cit. S. 164-165.

[70] www.nationaldebtclocks.com/unitedkingdom.htm

Bank of England Nominees Limited mit der Firmennummer 1307478, eine hundertprozentige Tochtergesellschaft, deren 100 Aktien zu je 1 £ von privaten Aktionären gehalten wurden, von denen 50% verkauft wurden. Einige vermuten, dass diese Neuordnung des Managements der Bank eine umgekehrte Vereinnahmung durch private Aktionäre darstellt. In Anbetracht der Tatsache, dass bestimmte Aspekte der Tätigkeit der Bank of England durch die Königliche Charta, Abschnitt 27(9), sowie durch den Companies Act 1976 und den Official Secrets Act 1989 geschützt sind und daher keiner öffentlichen Kontrolle oder gar parlamentarischen Überprüfung mehr unterliegen, könnte diese Annahme durchaus begründet sein.

KAPITEL III

DIE BOURBONEN, NAPOLEON UND DIE BANK VON FRANKREICH

Die tödlichen Tatsachen, die hier enthüllt wurden, haben mich dazu gebracht, mich zu fragen, warum dieses Monster, die Interessen, noch nicht die gesamte Menschheit verschlungen hat.

- Napoleon Bonaparte,
der eine interessante Tabelle untersucht.

Als die Bank of England 1694 gegründet wurde, bestand eines ihrer Hauptziele darin, Mittel für die Fortführung der Feindseligkeiten gegen Frankreich bereitzustellen. Zu dieser Zeit war Frankreich die führende Weltmacht. Sowohl in Bezug auf die Seestärke als auch auf den territorialen Besitz. Vier Jahre zuvor hatte die französische Flotte in der Schlacht von Beachy Head bei Eastbourne (England) die englische Flotte vernichtend geschlagen, indem sie zwölf Schiffe versenkte, während zwanzig weitere von ihren englischen Besatzungen versenkt wurden.[71]

Ab dem 7. Juni 1654 wurde Frankreich von seinem ruhmreichsten Monarchen, Ludwig XIV. dem Sonnenkönig, regiert. Louis war über die Machenschaften der Bankiers gut informiert. Als er entdeckte, dass sein Finanzminister Nicolas Fouquet ein

---

[71] In der Schlacht von Trafalgar am 21. Oktober 1805 verloren die Franzosen ein Schiff.

Vertreter dessen war, was man heute als Geldmacht bezeichnet, und als er unwiderlegbare Beweise dafür erhielt, "dass er das in ihn gesetzte Vertrauen durch Misswirtschaft mit öffentlichen Geldern und durch ungeheuerliche Korruption missbraucht hatte", ließ er ihn verhaften. Fouquet wurde vor Gericht gestellt, verurteilt und für den Rest seines Lebens unter Hausarrest in der unzugänglichen Festung Pignerol gestellt.[72]

Der Spanische Erbfolgekrieg (1702-1714) war der größte militärische Konflikt seit den Kreuzzügen. Sie begann, nachdem Ludwig seine Absicht erklärt hatte, seinen Enkel Philipp, Herzog von Anjou, auf den spanischen Thron zu setzen. Sollte dies gelingen, würde ein riesiges spanisch-französisches Imperium entstehen, das eine direkte Bedrohung für die Bank of England und ihre Vertreterin, die Regierung Großbritanniens, darstellen würde. Da die Engländer in der Lage waren, Geld aus dem Nichts zu schaffen, konnten sie eine große Flotte aufbauen und sich die Loyalität der Feinde Frankreichs erkaufen, indem sie sie mit hohen Summen bestachen.

Ludwig hielt sich neun Jahre lang, bis seine Erben unter merkwürdigen Umständen zu sterben begannen. Am 13. April 1711 starb sein Sohn Louis, der Grand Dauphin, an den Pocken, obwohl er bereits als Kind an der Krankheit erkrankt war. Am 12. Februar 1712 starb die Frau seines Enkels, des Herzogs von Burgund, an Fieber. Wenige Tage später, am 18. Februar 1712, starb ihr Mann an den Pocken aus unbekannter Ursache. Einige Wochen später

---

[72] W. G. Simpson, *Welcher Weg zum westlichen Menschen?* Yeoman Press, Cooperstown, New York, 1978, 230.

erkrankten die beiden Urenkel des Königs an Scharlach. Der fünfjährige Herzog der Bretagne starb am 18. März 1712. Sein dreijähriger Bruder, der Herzog von Anjou, überlebte wie durch ein Wunder, nachdem der König angeordnet hatte, ihn einzusperren und mit einem Gegengift zu behandeln.

Nach diesen Tragödien wurde der König dazu überredet, die Feindseligkeiten einzustellen und in Verhandlungen einzutreten. Im März und April 1713 wurde in Utrecht ein Vertrag unterzeichnet, der Frankreich die weitgehende Beibehaltung seiner Vorkriegsgrenzen ermöglichte. Danach starben die französischen Thronfolger nicht mehr, was jedoch nicht verhinderte, dass der andere Enkel Ludwigs, der Herzog von Berry, der Regent des künftigen Ludwig XV. war, an einem ungewöhnlichen "Reitunfall" starb.[73]

Der Sonnenkönig starb im 1 September 1715 eines natürlichen Todes, von Trauer geplagt.

Die Fähigkeit der Engländer, riesige Geldsummen zu kontrollieren, war den Franzosen nicht entgangen, die erkannten, dass der Krieg nicht aus Mangel an finanziellen Krediten gewonnen worden war. Im [1] Mai 1716 erhielt der Schotte John Law die Genehmigung zur Eröffnung einer Privatbank, der Banque Générale. Sie wurde nach dem Vorbild der Bank of England gegründet und war befugt, Banknoten auszugeben und diese in Gold umzutauschen.[74]

---

[73] N. Starikov, *Rubelverstaatlichung - der Weg zur Freiheit Russlands*, St. Petersburg, Piter, 2013, 57-58.

[74] Diese Fakten sind besser bekannt als die "Mississippi

Der Regent Ludwigs XV., Philipp II., Herzog von Orléans, erkannte, dass die Regierung durch das Bankwesen ihre Ausgaben bestreiten konnte, und so wurde 1718 die erste französische Zentralbank, die Banque Royale, gegründet.

Die Übernahme des Paradigmas der Bank of England, das auf der Fähigkeit zur Geldschöpfung *ex nihilo* beruht, ermöglichte es der französischen Wirtschaft, sich bald wieder zu erholen und zu florieren. Diese Zeit des Wohlstands war jedoch nur von kurzer Dauer. Im Januar 1720 nahm die französische Regierung einen Rekordkredit von 100 Millionen *Pfund* auf. Im folgenden Monat verbreitete sich das Gerücht, dass die Bank Schwierigkeiten beim Umtausch ihrer Banknoten in Goldmünzen hatte, und es kam zu einer "furchtbaren Panik".[75] Die Quelle dieses Gerüchts ist nicht bekannt, aber am wahrscheinlichsten ist, dass es die Bank of England war, die ihren gefährlichen Konkurrenten vernichten wollte.[76]

Es gab mehrere Versuche, die Royal Bank zu retten. Ein Dekret vom 11. März 1720 verbot die Verwendung von Münzen ab dem 1. Mai. Als diese Maßnahme die drohende Katastrophe nicht aufhalten konnte, wurde am 22. Mai 1720 ein Dekret erlassen, mit dem der Wert der Banknoten um 50% gesenkt wurde. Ein drittes Dekret vom 10. Oktober 1720 verfügte, dass die Banknoten ab dem 1. November aus dem Verkehr gezogen und gegen

---

Company Affäre".

[75] N. Starikov, op. cit, 59.

[76] In Kapitel IV wird beschrieben, wie die Bank of England die Bargeldwährung des revolutionären Frankreichs zerstörte.

staatliche Banknoten, die um 50% ihres Wertes abgewertet waren, umgetauscht werden sollten. Im November 1720 wurde die Royal Bank für bankrott erklärt, und ihr Gründer, der Comptroller General of Finance, John Law, floh im folgenden Monat aus dem Land. Für die Bank of England war der Untergang der Royal Bank ein absoluter Triumph.

Ludwig XIV., der Sonnenkönig, war den Bankiers gegenüber immer misstrauisch. Seine Unfähigkeit, seine Armeen und seine Flotte zu finanzieren, führte zu seiner Niederlage im Spanischen Erbfolgekrieg (1702-1714).

Napoleon, der Währungsreformer

Napoleon, der von 1804 bis 1815 Kaiser von Frankreich war, war sich stets bewusst, dass die Geldmächte immer im Verborgenen bleiben und nur durch Agenten handeln, die sich oft nicht bewusst sind, welche Ziele sie verfolgen. Er erkannte, dass die internationale Finanzwelt hinter allen ausländischen Feinden, allen Monarchen und allen politischen Parteien, einschließlich der Jakobiner[77], lauerte und erklärte bei einer Gelegenheit: "Die Hand, die gibt, steht über der Hand, die empfängt". Finanziers haben kein Vaterland, sie sind unpatriotisch und unanständig: ihr einziges Ziel ist der Profit.[78] Er hatte sehr klare Vorstellungen davon, wie er die französische Wirtschaft führen wollte. Er definierte sein System als eines, das die Ressourcen des Staates, einschließlich seiner Finanzen, zum Wohle seines Volkes und zur größeren Ehre Gottes nutzt. Sein System begünstigte die Aufrechterhaltung der geistigen Vorherrschaft über die materiellen Werte, der Nation über die Parteipolitik, des Patriotismus über die kosmopolitische Gier, der Loyalität über den despotischen Terror.[79]

---

[77] Die Jakobiner waren ursprünglich Mitglieder einer extrem linken revolutionären politischen Bewegung, die das Prinzip einer zentralisierten Republik vertrat. Während der Revolution errichteten sie die Schreckensherrschaft. Der Club Jacobin befand sich in der Rue St. Jacques in Paris.

[78] R. McNair Wilson, *Monarchy or Money Power*, Eyre & Spottiswoode, London, 1934, S. 92. Omnia Veritas Ltd, www.omnia-veritas.com

[79] Dies ähnelt dem Motto des Vichy-Frankreichs: "*Arbeit, Familie, Heimat*".

Napoleon gründet die Banque de France, 18. November 1800

Die Grundlage der Wirtschaft sollte die Landwirtschaft sein: "denn sie ist die Seele des Volkes... die Grundlage des Königreichs". Dann kam die Industrie:[80]" Schließlich gab es den Außenhandel, der ausschließlich aus den Überschüssen der Landwirtschaft und der Industrie bestand.[81] Seiner Meinung nach "muss der Außenhandel im Dienste der Landwirtschaft und der nationalen Industrie stehen, letztere darf ihm niemals untergeordnet werden".[82] Napoleons oberstes Ziel war es, nicht nur die

---

[80] R. McNair Wilson, op. cit. S. 97.

[81] Ebd. S. 97.

[82] Ebd. S. 97.

finanzielle Unabhängigkeit, sondern auch die Selbstversorgung bei der Produktion von Gütern, die im ganzen Land verbraucht werden, sicherzustellen.

Napoleon erlaubte dem Staat unter keinen Umständen, Kredite für laufende Ausgaben aufzunehmen, weder für zivile noch für militärische Zwecke. Zum Thema Schulden erklärte er:

> "Ich musste nur darüber nachdenken, was Kredite tun könnten, um ihre Gefahr zu erkennen. Deshalb wollte ich nie etwas mit ihnen zu tun haben und war immer strikt gegen ihre Verwendung. Manche sagen, ich habe keinen Kredit aufgenommen, weil ich keinen Kredit hatte und niemanden finden konnte, der mir einen Kredit geben wollte. Es zeugt von einer sehr begrenzten Menschenkenntnis und einer völligen Unkenntnis der finanziellen Methoden, wenn sich diese Leute einbilden, dass ich niemanden finden könnte, dem ich etwas leihen könnte. Es war einfach nicht Teil meines Systems.[83]

Die Staatsbank des französischen Kaiserreichs

Die erste Initiative Napoleons nach seinem Amtsantritt als Erster Konsul am 9. November 1799 war die Gründung der Banque de France am 18. Januar 1800 als Aktiengesellschaft, die am 20. Februar desselben Jahres ihre Tätigkeit aufnahm. Diese Bank ersetzte die 15 privaten, hauptsächlich jüdischen Banken, die von 1789 bis 1799 stark in die Ereignisse im Vorfeld der Französischen Revolution verwickelt gewesen waren.

---

[83] Ebd. S. 96.

[84]Diese Banken hatten der französischen Krone so hohe Kreditzinsen berechnet, dass die französische Krone vor 1789 mehr als 50% ihrer Ausgaben für deren Rückzahlung aufwenden musste.

Die Bank wurde mit einem Aktienkapital von 30 Millionen Francs gegründet, das in 30.000 Aktien zu je 1.000 Francs aufgeteilt war, von denen ein Teil von Napoleon, seiner Familie und Mitgliedern seines Gefolges gezeichnet wurde.[85] Die Ausschüttung an die Aktionäre war zunächst auf 6% pro Jahr begrenzt, wurde aber 1806 auf zwei Drittel des Gewinns der Bank erhöht, wobei das verbleibende Drittel den Rücklagen zugeführt wurde. Die zweihundert größten Anteilseigner wählten die 15 Regenten oder Direktoren, die einen Teil des Generaldirektoriums der Bank bildeten, sowie drei Zensoren oder Inspektoren, die die Verwaltung der Bank überwachten.

Der Verwaltungsrat wählte seinerseits einen Zentralausschuss, der aus drei Mitgliedern bestand, von denen eines der Präsident war.[86] Napoleon ernennt sich selbst zum Präsidenten der Bank und erklärt, dass "die Bank nicht nur den Aktionären, sondern auch dem Staat

---

[84] C. Quigley, *Tragedy and Hope, A History of the World in Our Time*, The Macmillan Company, New York, 1966, S. 515.

[85] www.banque-france.fr/en/banque-de-france/history/the-milestones/1800-creation-of-the-banque-de-france.html

[86] Eine Geschichte des Bankwesens in allen führenden Nationen; einschließlich der Vereinigten Staaten, Russlands, Hollands, der skandinavischen Nationen, Kanadas, Chinas und Japans; zusammengestellt von 13 Autoren. Herausgegeben vom Herausgeber des *Journal of Commerce and Commercial Bulletin*, New York, 1896, Bd. 3 (Frankreich, Italien, Spanien, Portugal, Kanada).

gehört, da dieser ihr das Privileg der Geldausgabe erteilt hat. Ich möchte, dass die Bank ausreichend in den Händen des Staates ist, aber nicht zu sehr.[87]

Am 14. April 1803 hob Napoleon durch ein vom Parlament verabschiedetes Gesetz das Recht der beiden konkurrierenden Banken, der *Caisse d'Escompte de Commerce* und des *Comptoir Commercial*, auf, Banknoten auszugeben. So kommentierte er damals:

„Haben Sie mir nicht gesagt, dass es zur Erhaltung des Kredits notwendig ist, dass künstliches Geld, wie das von der Banque de France geschaffene, aus einer einzigen Quelle ausgegeben wird? Ich bin mit dieser Idee einverstanden. Eine Bank kann leichter kontrolliert werden als viele, sowohl von der Regierung als auch von den Bürgern. Im Ernstfall sehe ich keinen Vorteil in einem solchen Wettbewerb".[88]

Am 22. April 1806 wurde ein neues Gesetz verabschiedet, das die drei Mitglieder des Zentralkomitees durch einen Gouverneur und zwei Abgeordnete ersetzte.[89] Diese Ernennungen wurden von Napoleon persönlich gebilligt. Mit dem neuen Gesetz wurde das Kapital der Bank auf 90 Millionen Franken erhöht. Napoleon misstraute den Bankiers so sehr, dass er die Geschäfte des Schatzamtes überwachte, um zu verhindern, dass die Geheimnisse seiner Geldpolitik an die Öffentlichkeit gelangten und von Spekulanten

---

[87] Encyclopaedia Britannica, 1964, Bd. 3, S. 132.

[88] Der Herausgeber von *The Journal of Commerce and Commercial Bulletin*, op. cit.

[89] Ebd.

ausgenutzt wurden. Er war somit sein eigener Bankier und kontrollierte sowohl die Schöpfung als auch die Verteilung von Geld und Kredit, sehr zum Leidwesen der internationalen Bankiers, insbesondere der Rothschilds, die von den kontinentalen Marktoperationen praktisch ausgeschlossen waren. Napoleon machte den Franc zur stabilsten Währung in Europa. Nachdem Frankreich den Anleihemarkt der Londoner City verlassen hatte, legte sich ein Nebel der Depression über die Bruderschaft der Bankiers und Wucherer. Bezeichnenderweise begann die englische Presse, Kritik an Napoleon zu üben. Ihm wurde vorgeworfen, die Bedingungen des Vertrags von Amiens, der am 25. März 1802 zwischen England und Frankreich unterzeichnet worden war, nicht eingehalten zu haben. Die Beziehungen wurden angespannt, als Napoleon sich weigerte, ein Handelsabkommen zu unterzeichnen, um den "Freihandel" auszuweiten und die heutige Globalisierung zu ermöglichen, was ihn zwang, die Autarkie und den Isolationismus seiner Kontinentalpolitik zu reduzieren.

England finanzierte daraufhin unter der Leitung seiner internationalen Bankiers Österreich, Preußen, Russland, Spanien und Schweden und erklärte Frankreich sofort den Krieg.[90] Die Koalitionstruppen umfassten über 600.000 Mann.[91] Napoleon konnte nicht einmal ein Drittel dieser Zahl aufbringen, so dass er auf Bankkredite

---

[90] Laut der *Encyclopaedia Britannica*, 1964, Band 19, S. 573, haben die Rothschilds während der napoleonischen Kriege 100 Millionen Pfund für die verschiedenen europäischen Regierungen "aufgebracht".

[91] Dies war die erste von sechs verschiedenen bewaffneten Koalitionen.

zurückgreifen musste, um seine Truppen zu bewaffnen und zu versorgen. Am 20. Dezember 1803 kam er den Kriegstreibern zuvor und verkaufte Louisiana für 3 Millionen Pfund an die Vereinigten Staaten. Es folgte eine kurze Zeit des Friedens und des Wohlstands. Doch 1806 zog eine neue Koalition aus England, Russland und Preußen, angeführt von Preußen, in den Krieg. Obwohl er sie am 14. Oktober 1806 bei Jena besiegte, war Napoleon gezwungen, in den folgenden neun Jahren eine Reihe unnötiger Kriege zu führen, um Frankreich und sein neues Wirtschaftssystem zu schützen. Er verhängte die Kontinentalsperre, um den britischen Außenhandel abzuschneiden, da er wusste, dass die Briten nicht in der Lage waren, ihre Importe zu bezahlen und gleichzeitig ihre Verbündeten zu finanzieren.

Vertrag von Tilsit - Napoleon und Zar Alexander I. unterzeichnen den Vertrag auf einem Floß auf dem Fluss Niemen.

Im Vertrag von Tilsit, der am 7. Juli 1807 auf einem Floß in der Mitte des Flusses Niemen in Ostpreußen unterzeichnet wurde, schlossen Napoleon und Zar Alexander I. ein Bündnis, das sie zu den Herren des europäischen Kontinents machte. Alexander stimmte zu, sich Napoleons Kontinentalsperre gegen Großbritannien anzuschließen und sich gegenseitig bei Streitigkeiten mit anderen Nationen, insbesondere dem britischen Empire, zu unterstützen. Zu dieser Zeit waren Frankreich und Russland die einzigen beiden Länder in Europa, die nicht dem Wuchersystem unterlagen und daher nicht bei den Rothschilds verschuldet waren. Sie waren somit die einzigen beiden freien und unabhängigen Nationen. Einige Jahre später begann Russland jedoch, die Blockade zu durchbrechen. Diese Maßnahme beruhte auf der Tatsache, dass Russland, das hauptsächlich Rohstoffe produzierte, nur über geringe Industriekapazitäten verfügte und bei der Einfuhr von Industriegütern weiterhin von England abhängig war. Alexander war nur bereit, die Blockade fortzusetzen, wenn Frankreich ihm zuvor aus England eingeführte Waren lieferte. Frankreich war nicht in der Lage, diese Forderungen zu erfüllen, da England die Meere beherrschte und es zu dieser Zeit in Europa weder Straßen noch Eisenbahnen gab. Um die Blockade aufrechtzuerhalten, beschloss Napoleon, am 24. Juni 1812 mit einer Armee von 500.000 Mann in Russland einzumarschieren. Obwohl er Moskau am 14. September 1812 erreichte, musste er feststellen, dass die Stadt verlassen war, und sein Rückzug im darauf folgenden Winter geriet zu einer Katastrophe, da nur 110.000 seiner Truppen überlebten. Im folgenden Jahr wurde Napoleon am 19. Oktober 1813 in der "Völkerschlacht" östlich von Leipzig besiegt. Am 11. April 1814 dankt er in Fontainebleau ab.

Nach seiner Verbannung auf die Insel Elba, die zwischen Korsika und der Toskana liegt, versuchte Napoleon am 18. Juni 1815 in der Schlacht von Waterloo, im heutigen

Belgien, ein Comeback. Alle Kriegsparteien, England, Preußen und Frankreich, wurden von Nathan Rothschild finanziert, von dem Frankreich 10 Millionen Pfund geliehen hatte. [92]Nach seiner Niederlage wurde Napoleon auf die britische Insel St. Helena im Südatlantik verbannt, wo er am 5. Mai 1821 unter mysteriösen Umständen als gesunder Mann im Alter von 51 Jahren starb. Eine Untersuchung der sterblichen Überreste Napoleons ergab, dass er tatsächlich an einer Zyanidvergiftung als Folge einer chronischen Arsenvergiftung gestorben war. [93]Wenn dies der Fall ist, besteht kein Zweifel daran, dass es sich um das Werk

---

[92] Siehe N. Ferguson, *The House of Rothschild, Money's Prophets 1798-1848*, Vol. 1, Penguin Books, London, 1999, S. 95-99, über die Finanzierung der Armee des Herzogs von Wellington. 1936 schrieb Eberhard Müller ein Theaterstück mit dem Titel *Rothschild siegt bei Waterloo*, in dem Rothschild erklärt: "Mein Geld ist überall, und mein Geld ist freundlich. Es ist die freundlichste Macht der Welt, fett, rund wie ein Ball und lächelnd"; "Mein Zuhause ist die Londoner Börse"; und "Das Schicksal Englands liegt in meinen Händen", S. 23.

[93] www.napoleon-series.org/ins/weider/c_assassination_w.html Die Ursachen von Napoleons Tod wurden von dem verstorbenen Ben Weider gründlich untersucht, der am 18. Februar 1998 in der Militärakademie Sandhurst in London einen Vortrag mit dem Titel *The Assassination of Napoleon* hielt. Weider identifizierte Graf Charles Tristan de Montholon als den wahrscheinlichen Giftmörder. Er stand in täglichem Kontakt mit dem Kaiser und war mit einem ausschweifenden Charakter und einer kriminellen Vergangenheit ausreichend ausgestattet, um in das perfekte Profil eines Attentäters zu passen, der heimlich von Rothschild beauftragt wurde. Arsen, eine farb-, geruch- und geschmacklose Substanz, wurde Napoleon wahrscheinlich mit dem täglichen Wein vom Kap der Guten Hoffnung verabreicht (siehe Der Tod von Baron Pjotr Wrangel (1878-1928), Oberbefehlshaber der russischen Weißen Armee des Südens, der auf Befehl Stalins vom Bruder seines Butlers vergiftet wurde, der bei der Familie Wrangel in Brüssel, Belgien, wohnte).

eines von den Rothschilds beauftragten Attentäters handelt, der eine seit zwei Jahrhunderten ständig wiederholte Gewohnheit bestätigt, alle führenden Persönlichkeiten zu ermorden, die ein wucherfreies Bankensystem vorschlagen, einführen oder aufrechterhalten.[94]

DÉCRET IMPÉRIAL

Concernant les Juifs qui n'ont pas de nom de famille et de prénoms fixes.

À Bayonne, le 20 juillet 1808.

NAPOLÉON, EMPEREUR DES FRANÇAIS, ROI D'ITALIE, et PROTECTEUR DE LA CONFÉDÉRATION DU RHIN ;

Sur le rapport de notre ministre de l'intérieur,

Notre Conseil d'État entendu,

Nous AVONS DÉCRÉTÉ et DÉCRÉTONS ce qui suit :

ARTICLE PREMIER.

Ceux des sujets de notre Empire qui suivent le culte hébraïque, et qui, jusqu'à présent, n'ont pas eu de nom de famille et de prénoms fixes, seront tenus d'en adopter dans les trois mois de la publication de notre présent décret, et d'en faire la déclaration par-devant l'officier de l'état civil de la commune où ils sont domiciliés.

Um die Assimilierung der Juden in die französische Gesellschaft zu

---

[94] Die meisten US-Präsidenten, die ermordet wurden, waren an Währungsreformen beteiligt. Dazu gehören die Präsidenten Abraham Lincoln, James Garfield, William McKinley, Warren G. Harding und John F. Kennedy. Präsident Richard M. Nixon hatte während seiner Amtszeit ein starkes Interesse an einer Reform der Federal Reserve gezeigt, und dies könnte ein Faktor für seinen Sturz gewesen sein.

erleichtern, erließ Napoleon 1808 ein Dekret, das alle Juden dazu verpflichtete, Nachnamen anzunehmen und diese in allen Dokumenten zu verwenden. In einem Brief an seinen jüngeren Bruder Jerome aus dem Jahr 1808 erklärte Napoleon: "Ich habe mir vorgenommen, die Juden zu reformieren, aber ich habe nicht die Absicht, noch mehr von ihnen in mein Reich zu locken. .... Es ist notwendig, die Tendenz der Juden, sich an zahlreichen Aktivitäten zu beteiligen, die der Zivilisation und der öffentlichen Ordnung der Gesellschaften in der ganzen Welt schaden, einzuschränken, wenn nicht gar zu zerstören. Es ist notwendig, dem Übel Einhalt zu gebieten, indem man es verhindert; um es zu verhindern, ist es unerlässlich, die Juden zu ändern..... Sobald einige ihrer jungen Männer ihren Platz in unserer Armee eingenommen haben, werden sie aufhören, jüdische Interessen und Gefühle zu hegen; ihre Interessen und Sorgen werden französisch sein."

Die Leistungen der französischen Staatsbank

Im Rahmen des Code Napoléon *(französisches Zivilgesetzbuch)* verkündete Napoleon am 21. März 1804 ein neues Handelsgesetzbuch. Diese Wirtschaftsreformen, zu denen auch erhebliche Steuersenkungen gehörten, belebten die französische Wirtschaft rasch und führten zu einem Anstieg des Handels und der Entwicklung neuer Industrien wie Baumwolle und Rübenzucker, die durch Zollschranken für ausländische Waren und zinsgünstige Kredite unterstützt und begleitet wurden. Die Infrastruktur wurde in großem Umfang verbessert, nicht nur in Frankreich, sondern in ganz Westeuropa, mit dem Bau von 32.186 km Reichsstraßen und 19.312 km Regionalstraßen, fast 1.609 km Kanälen, Brücken, der Ausbaggerung und Erweiterung von Häfen wie Cherbourg und Dünkirchen, dem Anschluss an die Trinkwasserversorgung, der Blüte öffentlicher Gebäude wie der Galerie des Louvres, alles finanziert durch zinsloses Geld der Banque de France.

Napoleon schuf auch einen Industrierat, der Daten und Informationen für die nationale Industrie bereitstellte, sowie die Kaiserliche Universität, die für die Ausbildung der Franzosen zuständig war, mit spezialisierten Schulen oder *Lycées für das* Studium der Ingenieurwissenschaften, der Naturwissenschaften und der Technik sowie mit Berufsschulen für Hebammen, Geburtshelfer und Tierärzte.

Napoleon beschrieb diese Errungenschaften später seinem irischen Arzt Barry O'Meara auf der Insel St. Helena und erklärte, dies seien die Denkmäler, die nach ihm bleiben würden. "Die Mächte der Koalition können mir niemals den Ruhm für die großen öffentlichen Werke, die ich unternommen habe, noch für die Straßen, die ich über die Alpen gebaut habe[95], noch für die Meere, die ich geeint habe, nehmen. Sie können nirgendwo hingehen, ohne in die Fußspuren zu treten, die meine hinterlassen haben. Sie können das Gesetzbuch, das ich geschaffen habe und das der Nachwelt erhalten bleibt, nicht auslöschen.[96]

Abschließend können wir einige der Errungenschaften betrachten, die Napoleon seinem ehemaligen Kammerherrn und täglichen Begleiter für 18 Monate auf St. Helena, dem Comte de Las Cases, zuschrieb:[97]

"Ich habe Frankreich und Europa mit neuen Ideen

---

[95] Der Simplonpass. Einer der Hauptgründe, warum Napoleon diesen Pass bauen ließ, war, dass er den Transport seiner Artillerie nach Italien erleichtern sollte.

[96] I. Tarbell, *A Short Life of Napoleon*, S. S. Mcclure Limited, New York, 1895, Kap. VI Napoleon als Staatsoberhaupt und Gesetzgeber - Finanzen - Industrie - öffentliche Arbeiten. http://history-world.org/Napoléon7.htm

[97] Graf Emmanuel Augustin Dieudonné Joseph Las Cases (1766-1842). Er zeichnete Napoleons Erinnerungen, Überlegungen und Bestrebungen auf, die später in *The St. Helena Memorial* veröffentlicht wurden.

inspiriert, die nie vergessen werden... Frankreichs Finanzen sind die besten der Welt. Frankreichs Finanzen sind die besten der Welt. Wem haben Sie das zu verdanken? Wäre er nicht gestürzt worden, hätte er einen völligen Wandel im Bereich des Handels und der Industrie herbeigeführt. Die Anstrengungen der Franzosen waren außergewöhnlich. Wohlstand und Fortschritt waren allgegenwärtig. Überall entstanden neue Ideen, wurden veröffentlicht und verbreitet, denn ich bemühte mich, die Wissenschaft unter das Volk zu bringen..... Wenn man mir Zeit gelassen hätte, gäbe es in Frankreich bald keine Handwerker mehr, sie wären alle Künstler geworden."[98]

---

[98] R. McNair Wilson, a. a. O., S. 98-99. Der Autor besuchte das Haus, in dem Peter der Große 1697 für kurze Zeit in Zaandam, Holland, lebte. Auch Napoleon besuchte das Haus am 13. Oktober 1811 und signierte seinen Namen an einer der Innenwände: Napoleon Bonaparte Imperator.

KAPITEL IV

EIN JAHRHUNDERT DES KAMPFES (1815-1918): DIE ROTHSCHILDS GEGEN DAS VOLK

Wer hat das Sagen in der Welt?
Wer regiert den monarchistischen oder den liberalen Kongress?
Wer weckt die hemdsärmeligen Patrioten Spaniens auf?
(Patrioten, die im alten Europa in aller Munde sind).
Wer schüttet über die alte und die neue Welt den Kummer oder die
Wer macht die Politik flüssiger?
Wer kann der Kühnheit Bonapartes widerstehen? - -
Der Jude Rothschild und sein christlicher Kollege Baring.
— Lord Byron, Don Juan, Zwölftes Lied

Zentralbanken in den Vereinigten Staaten

Wie dieses Kapitel zeigen wird, waren alle US-Experimente mit Zentralbanken katastrophal.

Während der Kolonialzeit schufen die amerikanischen Kolonien ihr eigenes Papiergeld. Die erste Kolonie, die dies tat, war Massachusetts im Jahr 1691. Pennsylvania, New York, Delaware und Maryland folgten bald. Sie nannten ihr Geld "Kolonialscheine" oder "Wechsel". Dieses System befreite sie von der Kontrolle der englischen Banken und ermöglichte ihnen, ihre finanziellen Angelegenheiten in einem Umfeld ohne Inflation und mit sehr geringen Steuern zu verwalten. In allen Kolonien kam es zu wirtschaftlichem Wachstum und Wohlstand, was mit einem auf Wucher basierenden privaten Bankensystem nicht möglich gewesen wäre.

Im Jahr 1763 besuchte der amerikanische Staatsmann

Benjamin Franklin (1706-1790) London und war schockiert über das weit verbreitete Elend und die Armut. Als das britische Parlament Franklin aufforderte, die Quelle des Wohlstands der amerikanischen Kolonien zu erklären, antwortete er:

> "Es ist ganz einfach. In den Kolonien geben wir unsere eigene Währung aus. Sie wird als Kolonialnote bezeichnet. Wir geben sie entsprechend dem Bedarf von Handel und Industrie aus, um den Austausch zwischen Produzenten und Konsumenten zu erleichtern. Indem wir unser eigenes Geld schaffen, kontrollieren wir seine Kaufkraft und müssen niemandem Zinsen zahlen."

Im folgenden Jahr, 1794, führte die Bank of England die Currency Bill[99] ein, die das Recht der Kolonien auf die Ausgabe einer eigenen Währung stark einschränkte und ihre Rechtsstellung für die Zahlung öffentlicher und privater Schulden faktisch verbot. Stattdessen zwang die Bank sie, Schatzwechsel gegen Zinsen auszugeben und sie an die Bank of England zu verkaufen, um im Gegenzug englische Währung zu erhalten. In der Folge wurde nur die Hälfte des Geldes überwiesen. Die Folge dieses Gesetzes war ein Zusammenbruch der Wirtschaft in den Kolonien, und innerhalb eines Jahres war mehr als die Hälfte der Bevölkerung arbeitslos und verarmt. Das vom britischen Parlament verabschiedete Stempelgesetz von 1765 war der letzte Strohhalm, aber die Abschaffung des kolonialen Geldes war der Hauptgrund für die amerikanische Revolution.

Eine der ersten Aufgaben des Zweiten

---

[99] 4 Geo. IIIc. S. 34.

Kontinentalkongresses, der am 10. Mai 1775 zum ersten Mal zusammentrat, war die Ausgabe einer eigenen Währung, hauptsächlich zur Finanzierung der Kriegsausgaben. Während des Bestehens der Währung wurden insgesamt 241.552.788$ ausgegeben. Die Bank of England hat schnell reagiert. Hunderte von Mitarbeitern wurden eingestellt, und schon bald liefen gefälschte Banknoten im Wert von Millionen von Dollar aus den Pressen und wurden nach New York verschifft. Der Kontinental-Dollar behielt seine ursprüngliche Kaufkraft in den ersten beiden Jahren seiner Ausgabe, doch als die gefälschten englischen Banknoten in Umlauf kamen, sank sein Wert rapide, und um 1780 war ein Dollar nur noch 2,5 Cent wert.

Fünfzehn Jahre später, im Jahr 1790, führte die Bank of England eine ähnliche Aktion durch und beschäftigte 400 Arbeiter in 17 Fabriken in Mittel- und Südengland, um *die Assignaten* zu drucken, die zur Währung des revolutionären Frankreichs wurden. Die *Assignaten*, die an die kirchlichen Besitztümer gebunden waren, zirkulierten in ihrer Anfangszeit erfolgreich als effizientes und bequemes Tauschmittel. Ein erheblicher Teil der Staatsschulden wurde zurückgezahlt. Im Jahr 1792 führte der massive Zustrom gefälschter Banknoten jedoch dazu, dass der Wert der *Zulagen* schnell sank und eine kurze Phase der Hyperinflation eintrat. Am 14. April 1803 führte Napoleon Bonaparte den Staatsfranken ein, der 1808 gesetzliches Zahlungsmittel wurde.

Die **First Bank of the United States** wurde 1795 in Philadelphia errichtet. Der Hauptaktionär der Bank war **Mayer Amschel Rothschild** (1744-1812).

Bereits 1781, noch vor dem Ende des Revolutionskriegs, erließ der Finanzminister Robert Morris (1734-1806) am 11. April 1783 ein Gesetz, das den neuen Staat mit der Gründung der Bank of North America in die Leibeigenschaft zurückführte. Die Bank nahm ihre Tätigkeit am 4. Januar 1782 auf. Sie zog große Gold- und Silbervorkommen an, die sie gegen Wechsel eintauschte, die sie durch Darlehen aus Frankreich und den Niederlanden erhielt, was es ihr ermöglichte, aus ihren großen Reserven Papiergeld zu emittieren. Zwischen 1791 und 1796 stieg die Inflation auf 72%. Im Jahr 1795 zog sich der Staat Pennsylvania wegen "alarmierender ausländischer Einflüsse und falscher Kredits" aus seiner Gerichtsbarkeit zurück.[100]

Am 25. Februar 1791 wurde die Bank of North America

---

[100] T. H. Goddard, *History of Banking Institutions of Europe and the United States*, H. C. Sleight, 1831, S. 48-50.

von einer zweiten Zentralbank abgelöst, die als First Bank of the United States eingeführt wurde. Sie wurde durch die Intrigen von Alexander Hamilton,[101] dem Finanzminister, durchgesetzt, dessen Handlungen darauf hindeuten, dass er mit den Direktoren der Bank of England Hand in Hand arbeitete, da er die Bank nach deren Vorbild errichtete. Die neue Bank verfügte über ein Kapital von 10 Millionen Dollar, von denen 20 Prozent von der US-Regierung und der Rest von privaten Investoren gehalten wurden. Die Bank wurde von den späteren Präsidenten John Adams, James Madison und Thomas Jefferson (damals Außenminister) vehement abgelehnt, die daraufhin erklärten:

"Diese Zentralbank ist eine tödliche Institution, die gegen alle Prinzipien und Formen unserer Verfassung verstößt. .... Ich glaube, dass Bankinstitute für unsere Freiheiten gefährlicher sind als bedrohliche Armeen. Sie haben bereits eine Geldaristokratie hervorgebracht, die sich der Regierung widersetzt. Die Emissionsbefugnis muss den Banken entzogen und dem Volk zurückgegeben werden, wo sie rechtmäßig hingehört. Wenn das amerikanische Volk den Banken erlaubt, die Ausgabe seines Geldes zu kontrollieren, zuerst durch Inflation und dann durch Deflation, werden die Banken und die Unternehmen, die um sie herum gedeihen werden, das Volk allen Besitzes berauben, bis ihre Kinder auf dem Kontinent, den ihre Väter

---

[101] Hamilton wurde am 11. Januar 1755 oder 1757 als Sohn einer französischen Hugenottenmutter, Rachel Faucett Levine, auf der Karibikinsel Nevis im Schatten des Mount Zion geboren. Es ist wahrscheinlich, dass Hamilton nicht ihr richtiger Name war. Der Autor besuchte die Insel und das Hamilton-Museum.

erobert haben, obdachlos sind."[102]

Im folgenden Jahr löste die Bank die erste Krise aus, die als "Panik von 1792" bekannt wurde. Indem sie den Markt mit leichten Krediten überschwemmte und dann plötzlich die Rückzahlung des größten Teils dieser Kredite verlangte, stürzte die Bank die gesamte Wirtschaft in eine allgemeine Depression. Dies löste soziales Elend aus und der Aktienmarkt stürzte ab.

Bis Ende 1795 hatte die Bank der Regierung 6 Millionen Dollar bzw. 60 Prozent ihres Kapitals geliehen. Da die Bank Berichten zufolge um die Stabilität der Staatsfinanzen besorgt war, forderte sie eine teilweise Rückzahlung ihrer Darlehen. Da die Regierung nicht über die erforderlichen Mittel verfügte, war sie gezwungen, ihre Anteile an der Bank zwischen 1796 und 1802 zu verkaufen. Auf diese Weise gelangte die Bank unter vollständige private Kontrolle, wobei 75% der Anteile von Ausländern gehalten wurden.

Im Jahr 1811 stand eine Erneuerung des Mandats der Bank an. Die Bank verheimlichte ihre Gewinne, arbeitete im Verborgenen und war verfassungswidrig. Sie diente in erster Linie den finanziellen Interessen des Nordens und ging zu Lasten der landwirtschaftlichen Entwicklung im Süden, während die Demokratisch-Republikanischen (Jeffersonianer) sie abschaffen wollten.

Der frühere Präsident Thomas Jefferson gehörte zu denjenigen, die sich "heftig gegen"[103] die Erneuerung des

---

[102] Brief an Major John Cartwright, 5. Juni 1824.

[103] R. E. Search, *Lincoln Money Martyred*, Omni Publications,

Gesetzes aussprachen. Die Gesetzgeber waren besonders besorgt darüber, dass die Bank nun zu 100 Prozent in den Händen ausländischer Investoren ist. Die Presse nannte das Gesetz zur Gründung der Zentralbank einen "großen Betrug", einen "Geier", eine "Viper" und eine "Cash Cow". Sie argumentierten ferner, dass der Kongress das verfassungsmäßige Recht habe, Gewichte und Maße zu regulieren und Währungen auszugeben.[104] Der Gesetzentwurf wurde mit einer knappen Mehrheit von 65 zu 64 Stimmen abgelehnt,[105] was eine beachtliche Leistung war, da es sehr wahrscheinlich ist, dass viele der Ja-Stimmen gekauft waren. Am 3. März 1811 schloss die Bank schließlich ihre Pforten.[106]

Als der Hauptaktionär der First Bank of the United States, Mayer Amschel Rothschild (eigentlich Bauer), von der tiefgreifenden Meinungsverschiedenheit über die Erneuerung der Bankkonzession erfuhr, war er wütend und erklärte: "Entweder wird der Antrag auf Erneuerung der Konzession angenommen, oder die Vereinigten Staaten werden in einen höchst verhängnisvollen Krieg verwickelt".[107] Außerdem erklärte er: "Ich werde diesen unverschämten Amerikanern eine Lektion erteilen und sie dazu bringen, auf die koloniale Bühne zurückzukehren. Rothschild

---

Palmdale, Kalifornien, 1989, (zuerst veröffentlicht 1935), S. 38.

[104] Ebd., S. 38-39.

[105] Verfassung der Vereinigten Staaten, Artikel I, Abschnitt 8, Satz 5.

[106] http://eh.net/encyclopedia/the-first-bank-of-the-united-states/

[107]
www.armchairgeneral.com/forums/showthread.hp%3Ft%3DA1097 76

versuchte, den britischen Premierminister Spencer Percival dazu zu bewegen, den Vereinigten Staaten den Krieg zu erklären, um seine private Zentralbank zurückzuerhalten.

1807 trat Percival als Schatzkanzler in das Kabinett ein. Zu dieser Zeit befand sich England im Krieg mit Frankreich, und eine seiner Hauptaufgaben bestand darin, Geld zur Finanzierung der Feindseligkeiten zu beschaffen. Anstatt die Steuern zu erhöhen, nahm Percival umfangreiche Kredite auf, zunächst bei der Barings Bank und später vor allem bei den Rothschilds. Percivals Sekretär war John Charles Herries, der fünf Jahre zuvor zu diesem Posten ernannt worden war. Herries[108] Nathan Rothschild nahe und diente der Sache Rothschilds bis zu seinem Tod im Jahr 1858 treu in seinen verschiedenen Positionen in der britischen Regierung, als Erster Lord des Schatzamtes, Generalkommissar der Armee und dann als Schatzkanzler.

In der Zwischenzeit verbreiteten Rothschilds *Agenten*[109] Unzufriedenheit in Amerika. Um die Amerikaner zu provozieren, begannen die Briten, sich in den amerikanischen Handel mit Frankreich einzumischen, das seinerseits eine Handelsblockade gegen Großbritannien verhängt hatte. Da es der Royal Navy an Matrosen mangelte, wandte sie sich an die Zwangsrekrutierung amerikanischer Matrosen. Sie lieferten auch Waffen an die Indianerstämme,

---

[108] N. Ferguson, *The House of Rothschild, Money's Prophets 1798-1848*, Bd. 1, Penguin Books, London, 1999, S. 86.

[109] N.D.N.: auf Französisch im Text.

insbesondere an den Chaouanon-Häuptling Tecumseh, um die Expansion der Pioniere nach Westen zu verlangsamen und einzuschränken. Die Amerikaner ihrerseits zeigten ihren Wunsch, einen Teil Kanadas zu übernehmen.

Gleichzeitig wurde Percival von Nathan Rothschild zunehmend unter Druck gesetzt, den Vereinigten Staaten den Krieg zu erklären. Er weigerte sich. Die britische Armee befand sich bereits in Spanien und Portugal (Spanischer Unabhängigkeitskrieg 1808-1814) in großer Bedrängnis und kämpfte gegen Napoleons Truppen, so dass er keine Lust hatte, noch mehr Truppen und Ressourcen einzusetzen, die alle durch weitere zinstragende Bankkredite finanziert wurden, nur um Rothschilds schwindende Bankinteressen in Amerika zu wahren.

John Bellingham, der Mörder von Spencer Percival, wurde um 1769 in St Neots, Huntingdonshire, geboren. Von 1800 bis 1802 arbeitete er in Archangelsk als Import-Export-Agent. Er kehrte 1804 nach Russland zurück und wurde im November desselben Jahres fälschlicherweise beschuldigt, eine Schuld von 4.890 Rubel nicht bezahlt zu haben, was ihn für vier Jahre ins Gefängnis brachte. Nach seiner Entlassung zog Bellingham in die Duke Street in Liverpool. Er beantragte bei der Regierung erfolglos eine Entschädigung.

Dieser verbitterte und gekränkte Mann befand sich in der Gesellschaft von zwei Kaufleuten, Thomas Wilson, einem Amerikaner, und Elisha Peck[110], einem

---

[110] http://guardian.com/books/2012/may/11/why-spencer-perceval-

amerikanischen Juden, die sich für die Aufhebung des Dekrets aussprachen, das neutralen Nationen den Handel mit Frankreich verbot. Dieses Dekret war von Percival als Reaktion auf die von Napoleon 1806 verhängte Kontinentalsperre erlassen worden, die den Handel zwischen England und Irland verbot. An jenem verhängnisvollen Nachmittag sollte seine Beibehaltung im Parlament erörtert werden. Wir sehen eine Konvergenz der Interessen, einen gestörten und nachtragenden Mann, zwei gierige Kaufleute und den Marionettenspieler Rothschild, der hinter den Kulissen die Fäden zieht.

Als Percival am 11. Mai 1812 um 17.15 Uhr den Plenarsaal des Unterhauses betrat, trat Bellingham vor und schoss ihm aus nächster Nähe ins Herz. Percival brach zusammen und murmelte: "Mord! Oh, mein Gott![111] Er starb dann innerhalb weniger Minuten. Vier Tage später wurde Bellingham im Old Bailey vor Gericht gestellt. Der Prozess dauerte drei Tage. Der Einwand der Unzurechnungsfähigkeit wurde zurückgewiesen. Die Kürze des Prozesses war wahrscheinlich darauf zurückzuführen, dass man unangenehme Enthüllungen vermeiden wollte. Wie bei solchen politischen Attentaten üblich, muss die Theorie des "einsamen Attentäters" um jeden Preis aufrechterhalten werden. Am 18. Mai 1812 wurde Bellingham gehängt.

---

androlinklater-review.

[111] M. Gillen, *Assassination of the Prime Minister: the shocking death of Spencer Perceval*, Sidgwick & Jackson, London, 1972, S. 185.

Die Ermordung des britischen Premierministers **Spencer Percival** durch den Rothschild-Attentäter John Bellingham.

Wenige Wochen nach der Ermordung Percevals wurde das Dekret, das den Nationen den Handel mit Frankreich verbot, aufgehoben.

Im US-Repräsentantenhaus führte Henry Clay, ein Freimaurer, eine Gruppe junger demokratischer Republikaner an, die als War Hawks bekannt waren. Die Abstimmung über die Kriegserklärung wurde im 1 de Juni 1812 mit 79 zu 49 Stimmen entschieden, wobei sich die 39 Föderalisten weigerten, die Vorlage zu unterstützen. Im Senat fiel die Abstimmung mit 19:13 Stimmen positiv aus. Da es keine Einstimmigkeit gab, bezeichneten Kritiker diese Opposition oft als "Mr. Madisons Krieg".

In England war Percivals Nachfolger, Lord Liverpool, ein begeisterter Befürworter des Krieges. Keiner der Kriegsteilnehmer erreichte jedoch seine Ziele, mit Ausnahme von Nathan Rothschild, der seinen Plan zur Gründung der Zweiten Bank der Vereinigten Staaten am 10. April 1816 verwirklichte. Als die Feindseligkeiten mehr als zwei Jahre später, am 24. August 1814, eingestellt wurden, hatte es mehr als 24.000 Tote gegeben. Der Krieg war für die Vereinigten Staaten in finanzieller Hinsicht sehr kostspielig. Er führte zu einer enormen Kriegsschuld von 105 Millionen Dollar, bei einer Bevölkerung von nur acht Millionen. Das Ergebnis war ein Anstieg der Staatsverschuldung um 182%, von 45 Millionen Dollar im Jahr 1812 auf 127 Millionen Dollar im Jahr 1815. Am 24. Dezember 1814 wurde in Gent, Belgien, der Frieden unterzeichnet.

Die Second Bank of the United States verfügte über ein erweitertes Kapital von 35 Millionen Dollar. Die Bank gründete sofort eine große Anzahl von Zweigbanken, um Treuhandgelder mit Zinseszins zu verleihen. Im Jahr 1822 ernannte Präsident James Monroe Nicholas Biddle zum Präsidenten der Bank.

Biddle hatte den Kontakt zu den Rothschilds bereits während eines Regierungsbesuchs in Paris im Jahr 1804 hergestellt, als er Sekretär des amerikanischen Ministerialdelegierten in Frankreich, John Armstrong, war. Als Präsident der Bank fungierte er als Stellvertreter von James de Rothschild, der der Hauptinvestor der Bank war.[112]

---

[112] Patrick Carmack, Bill Still, *The Money Masters: How International Bankers Gained Control of America* (Video, 1998), Text hier: http://users.cyberone.com.au/myers/money-masters.html

GESCHICHTE DER ZENTRALBANKEN

Der "Präsident des Volkes", **Andrew Jackson**, der ein Attentat überlebte, bevor er sein Veto gegen einen Gesetzesentwurf einlegte, der die Erneuerung der Charta der von Rothschild kontrollierten Second Bank of the United States erlaubt hätte.

Die künstlich herbeigeführte wirtschaftliche Rezession in den Jahren 1819-1821 war für die Bankiers sehr profitabel, da sie Waren zu Schnäppchenpreisen kaufen konnten, was schließlich den Führer der Demokraten, Andrew Jackson, davon überzeugte, dass die einzige

Möglichkeit, den Missbrauch zu beenden, die Schließung der Zentralbank war. Während seiner Wiederwahlkampagne im Jahr 1832 erklärte er: "Das Ungeheuer muss untergehen"[113], und sein wichtigster Slogan lautete: "Wählt ANDREW JACKSON - NICHT DIE BANK". Er erklärte: "Wenn der Kongress laut Verfassung das Recht hat, Papiergeld auszugeben, sollte er es für sich selbst nutzen und dieses wichtige Vorrecht nicht an Einzelpersonen oder Unternehmen delegieren.[114] erklärte auch: "Wenn das amerikanische Volk das Ausmaß der Ungerechtigkeit in unserem Banken- und Währungssystem verstehen würde, gäbe es schon morgen eine Revolution.

Trotz eines Attentats am 30. Januar 1835 durch einen Rothschild-Agenten, Richard Lawrence, zerschlug Jackson die Bank, als 1836 die 20-jährige Charta der Zweiten Bank der Vereinigten Staaten zur Erneuerung anstand, indem er alle Regierungseinlagen abzog. Er tilgte umgehend die gesamten Staatsschulden und hinterließ einen Überschuss von 50 Millionen Dollar in der Staatskasse. Die Zentralbank wurde durch ein unabhängiges Finanzsystem auf der Grundlage von Papiergeld und rückzahlbarem Bargeld ersetzt.

Während der Amtszeit von John Tyler (1841-1845) unternahm der Kongress mit Unterstützung des ehemaligen Sprechers des Repräsentantenhauses, Henry Clay, zwei Versuche, die Charta der Bank of the United States zu erneuern. Clay, der Großmeister der Kentucky-

---

[113] R. V. Remini, *Andrew Jackson*, Twyne Publishers Inc, New York, 1966, S. 158.

[114] R. E. Search, op. cit. S. 43.

Loge geworden war,[115] war ein weiterer mutmaßlicher Vertreter des Rothschild-Einflusses. Tyler legte gegen beide Pläne sein Veto ein und wurde daraufhin mit Hunderten von Briefen überschwemmt, in denen sein Leben bedroht wurde.[116]

In den folgenden 77 Jahren entwickelten sich die Vereinigten Staaten ohne die Notwendigkeit einer Zentralbank. Als Tauschmittel dienten vor allem schulden- und zinsfreie Schatzanweisungen, der "Greenback[117]"-Dollar, der erstmals 1862 von Präsident Abraham Lincoln zur Finanzierung seiner Militärausgaben während des Bürgerkriegs verwendet wurde, sowie Gold- und Silbermünzen[118] (bis 1873 konnten Gold und Silber in jeder US-Münzprägeanstalt kostenlos in Form von Geld geprägt werden). Nachdem er Angebote privater Bankiers abgelehnt hatte, der US-Regierung Geld zu Zinssätzen zwischen 24 und 36% pro Jahr zu leihen, ließ[119] Lincoln auf Anraten seines

---

[115] Für eine Studie über die Freimaurerei siehe J. Robison: *Proof of a Conspiracy against all the Religions and Governments of Europe, carried on in the Secret Meetings of Freemasons, Illuminati, and Reading Societies, collected from Good Authorities*, Western Islands, Belmont, Massachusetts, 1967, (zuerst veröffentlicht 1798), S. 304.

[116] O. P. Chitwood, *John Tyler Champion of the Old South*, Russell & Russell, 1964, (erstmals veröffentlicht 1939), S. 249-251.

[117] Die konföderierte Regierung gab ihr eigenes schulden- und zinsfreies Geld aus, die so genannten Greybacks. Sie waren jedoch weniger erfolgreich, da die Unionsregierung eine große Menge an Falschgeld produzierte.

[118] *R. E. Search op. cit. p. 67.*

[119] *Appleton Cyclopedia*, 1861, S. 286.

Freundes Colonel Dick Taylor[120] Münzen im Wert von 347 Millionen Dollar ausgeben, ohne dass dem amerikanischen Volk andere Kosten als die für Druck und Verteilung entstanden. Lincolns Misstrauen gegenüber Lionel Rothschild und seinem Onkel James führte zu seiner Ermordung in der Nacht des 15. April 1865 durch John Wilkes Booth[121] (mit richtigem Namen Botha) auf Geheiß von Rothschilds lokalem Agenten, Rothberg.

Der Amerikanische Bürgerkrieg (1861-1865) hinterließ bei der US-Regierung Schulden in Höhe von 5 Milliarden Dollar. Aufgrund der Inflation waren diese Scheine nur noch 2,5 Milliarden Dollar wert. Rothschilds Agent, Augustus Belmont[122], kaufte eine große Menge dieser Anleihen in der Hoffnung, sie für ihren Nennwert in Gold zu erhalten. Bei den Präsidentschaftswahlen 1868 versprach der Kandidat der Demokraten, George H. Pendleton, nur mit Papiergeld zu zahlen. Auf Initiative von Belmont, der 1860 die Führung des Demokratischen Nationalkomitees übernommen hatte, wurde er bald durch Horatio Seymour ersetzt. Seymour versprach eine Barzahlung. Als der Konvent jedoch eine Resolution zugunsten der Zeitung verabschiedete, war Belmont gezwungen, die Seiten zu wechseln und den

---

[120] In einem Brief vom 16. Dezember 1864 dankte Lincoln Colonel Taylor für seine wunderbare Idee. Siehe Anhang.

[121] R. E. Search, op. cit. S. 114-131. Es ist bekannt, dass Booth die "hebräische Sprache" sprach und häufig an Synagogengottesdiensten teilnahm.

[122] Geboren in Schönberg, Alzey, Deutschland. Siehe auch N. Ferguson, *The House of Rothschild, Money's Prophets 1798-1848*, Vol. 1, Penguin Books, London, 1999, S. 370-375.

republikanischen Kandidaten, General Ulysses S. Grant, zu unterstützen und seinen Einfluss geltend zu machen. Grant, und nutzen Sie seine Aktionen in der *New York World*, um Seymours Wahlchancen zu verunglimpfen und zu untergraben. Grant gewann die Präsidentschaft und führte nach seinem Amtsantritt im Jahr 1869 umgehend den Public Credit Act ein, der die Rückzahlung des Nennwerts von 5 Milliarden Dollar in Goldschatzbriefen vorsah. Dies ermöglichte Rothschild und seinen Partnern einen 100%igen Gewinn.

Der Silberstandard wurde mit dem Währungsgesetz von 1873 abgeschafft und durch den Goldstandard ersetzt. Am 17. Januar 1873 wurde dieses Gesetz vom Senat verabschiedet. Laut der beeideten Aussage von Frederick A. Luckenbach vom 9. Mai 1892 hatte er von Ernest Seyd in London erfahren, dass die Demonetisierung des US-Silbers ausdrücklich von den Gouverneuren der Bank of England angeordnet worden war, die auch 100.000 Pfund (500.000 Dollar) gezahlt hatten, um eine ausreichende Anzahl von Mitgliedern des US-Kongresses zu bestechen, die mit Finanzfragen befasst waren.[123] Diese schändliche Tat ist bekannt als das

---

[123] Ebd., S. 66-68. Dieses Ereignis wurde später in einem Roman von W. H. Harvey, Coin Publishing Company, 1894, beschrieben: "Der Kern der Verschwörung liegt in der Tatsache, dass die Londoner Bankiers, die Juden waren, beschlossen hatten, die Vereinigten Staaten durch Währungsmanipulation zu zerstören. In *"A Tale of Two Nations"* wird die Geschichte als Melodram dargestellt, in dem der Protagonist der Spinne B ist. Rothe, ein Name, dessen Bedeutung im Namen eines Juden zu finden ist. Rothe, ein Name, dessen Bedeutung einer Generation, die viel von den Missetaten der Rothschilds gehört hatte, nicht entgangen war. Zu seinem persönlichen Vorteil beschließt Rothe, dass er die Demonetarisierung des Silbers herbeiführen muss, um zu verhindern, dass die Vereinigten Staaten finanziell stärker

"Verbrechen von 1873".

Die erzwungene Aufgabe der Silbermünzen des Volkes wurde auch im Deutschen Reich organisiert, als die Regierung 1871 unerklärlicherweise die Prägung von Silbertalern einstellte. Es kann kein Zweifel daran bestehen, dass dies ein abgestimmter und koordinierter Plan der Rothschilds war, um den Goldstandard weiter zu festigen. [124]

Der Goldstandard richtete in der US-Wirtschaft verheerende Schäden an und ermöglichte es privaten Bankiers, Kredite zu verweigern und die Geldmenge nach Belieben zu beschränken. In den Jahren 1873, 1884, 1890-91, 1893-94, 1897 sowie 1903 und 1907 kam es zu einer Reihe von abnormalen Bankenpaniken und -runs.[125] Diese künstlich erzeugten Bankenpaniken machten Präsident James Abram Garfield so wütend, dass er kurz nach seinem Amtsantritt am 4. März 1881 Mitte Juni desselben Jahres eine Erklärung abgab, in der

---

werden." R. Gollam, *The Commonwealth Bank of Australia: Origins and Early History*, Australian National University Press, Canberra, 1968, S. 45-46.

[124] Siehe: *Official Proceedings of the Democratic National Convention*, held at Chicago, Illinois, July 7, 8, 9, 10, and 11, 1896, (Logansport, Indiana, 1896), S. 226-234, wo der ehemalige Kongressabgeordnete William Jennings Bryan seine berühmte *Goldkreuz-Rede* hielt: ".... Wir werden ihre Forderung nach einem Goldstandard damit beantworten, dass wir sagen: Ihr könnt diese Dornenkrone nicht auf die Stirn der Arbeiter nageln. Man darf die Menschheit nicht an einem goldenen Kreuz kreuzigen.

[125] C. A. Lindbergh, *The Economic Pinch (Lindbergh on the Federal Reserve)*, The Noontide Press, Costa Mesa, Kalifornien, 1989, (erstmals veröffentlicht 1923), S. 93-94.

er seine Absicht erklärte, das Problem anzugehen:

"Derjenige, der die Geldmenge eines Landes kontrolliert, ist der absolute Herr über die gesamte Industrie und den Handel. ..... Und wenn man weiß, dass das ganze System auf die eine oder andere Weise sehr leicht von einer Minderheit mächtiger Männer an der Spitze kontrolliert wird, braucht einem niemand zu sagen, woher Inflations- und Depressionsphasen kommen."[126]

Präsident **James Abram Garfield** (rechts), erschossen von einem "einsamen Attentäter", Charles J. Guiteau, am 2. Juli 1881 im Hauptbahnhof von Washington. In der Mitte ist Außenminister James Blaine zu sehen.

Zwei Wochen später wurde Garfield von einem "einsamen Attentäter", Charles J. Guiteau, erschossen, der seine Tat später mit einer Beschwerde wegen einer Beförderung auf einen diplomatischen Posten

---

[126] E. H. Brown, *The Web of Debt, The Shocking Truth About Our Money System and How We Can Break Free*, Third Millennium Press, Baton Rouge, Louisiana, 2008, S. 96.

begründete. Garfield starb nicht sofort, sondern an den Folgen einer unzureichenden medizinischen Behandlung, die wahrscheinlich absichtlich herbeigeführt wurde; er lag am 19. September 1881 im Sterben. Bei seinem Prozess wurde Rothschilds verborgene Hand offenbart, als Guiteau ausrief, dass "wichtige Männer in Europa ihn mit dieser Aufgabe betraut und versprochen hatten, ihn zu schützen, falls er jemals gefasst würde".[127]

Die Panik von 1907 hatte die schlimmsten Auswirkungen. Anfang 1907 warnte Jacob Schiff, geschäftsführender Direktor von Kuhn, Loeb & Co.: "Wenn wir keine Zentralbank haben, die eine ordnungsgemäße Kreditkontrolle ausübt, wird dieses Land die schwerste Währungspanik erleben, die die Geschichte je gesehen hat.[128] Im Oktober desselben Jahres löste J. P. Morgan, ein weiterer Rothschild-Frontmann, eine Panik aus, indem er das Gerücht verbreitete, sein Konkurrent Knickerbocker Bank and Trust Co. sei zahlungsunfähig. In dem darauf folgenden Crash verloren die Aktien an der New Yorker Börse 50% ihres Wertes. Die Folgen dieser absichtlichen Panik waren ein Rückgang der Industrieproduktion um 11% im folgenden Jahr, ein Anstieg der Importe um 26% und ein explosionsartiger Anstieg der Arbeitslosigkeit von 3% auf 8%. Diese ständigen Phasen von Boom und Bust, von Inflation und Deflation lieferten die Motivation und den Vorwand für die Schaffung einer Zentralbank, die all diese Probleme ein für alle Mal lösen sollte.

---

[127] http://en.wikipedia.org/wiki/James_A._Garfield

[128] Rede vor der Handelskammer von New York.

Die Gründung der Federal Reserve Bank of the United States

Um die Öffentlichkeit zu täuschen, wurden zwei "Alternativen" vorgestellt. Eine davon wurde von der National Monetary Commission unter der Leitung von Senator Nelson Aldrich (dem Großvater von Nelson Aldrich Rockefeller) befürwortet und ist als Aldrich-Plan bekannt. Die andere Lösung, die vom Special Monetary Committee der New Yorker Handelskammer angenommen wurde, stand unter der Leitung von Paul Warburg, einem deutsch-jüdischen Bankier, der im Namen der Rothschild-Interessen in der Person von Baron Alfred Rothschild handelte. Er ist bekannt als der Wall Street Plan. Abgesehen von der Verteilung der Reserven waren die beiden Pläne in jeder Hinsicht identisch und hatten kein anderes Ziel als die Schaffung einer zentralen Reservebank.

Am 22. November 1910 konspirierten die Bankiers, darunter A. Piatt, Unterstaatssekretär des Finanzministeriums, Frank Vanderlip, Präsident der National City Bank of New York, Henry P. Davidson, Seniorpartner von JP Morgan and Co, Charles D. Norton, Präsident der First National Bank of New York, Benjamin Strong, Vizepräsident des Bankers Trust of New York, und Paul Moritz Warburg, Partner von Kuhn, Loeb & Co. verließ New York heimlich in Aldrichs Pullman-Wagen (mit heruntergelassenen Jalousien) vom Bahnhof in Hoboken, New Jersey, in Richtung Jekyll Island, Georgia[129]. Das Schicksal des amerikanischen

---

[129] H. S. Kenan, *The Federal Reserve Bank,* The Noontide Press, Los Angeles, 1968, S. 92-99.

Volkes sollte in den nächsten zehn Tagen im exklusiven Jekyll Island Hunting Club, der JP Morgan gehört, von dieser Gruppe kriminell gesinnter Finanziers, die sich selbst den First Name Club nennen, entschieden werden. In der Tat wurden nur Vornamen verwendet, um die Identität der Mitarbeiter nicht preiszugeben.[130]

Im Repräsentantenhaus attackierte der schwedisch-amerikanische **Charles August Lindbergh** den Banking and Currency Act als "das größte gesetzgeberische Verbrechen aller Zeiten".

Der Gesetzesentwurf zur Gründung der Federal Reserve

---

[130] Ebd., S. 104.

Bank of the United States wurde vom Kongressabgeordneten Charles Augustus Lindbergh vehement abgelehnt, der sagte:

"Mit diesem Gesetz wird das gigantischste Monopol des Landes geschaffen, das durch das Sherman-Kartellgesetz aufgelöst würde, wenn der Kongress nicht ausdrücklich durch dieses Gesetz das geschaffen hätte, was dieses Gesetz verboten hat. Wenn der Präsident dieses Gesetz unterzeichnet, wird die unsichtbare Regierung der Geldmacht, deren Existenz durch die Pujo-Untersuchung bewiesen wurde, legalisiert werden. Das größte Verbrechen des Kongresses ist sein Geldsystem. Dieses neue Banken- und Währungsgesetz ist das größte gesetzgeberische Verbrechen aller Zeiten.[131]

Der Gesetzentwurf wurde im Senat auch von Senator Robert M. La Follette, einem der entschiedensten Gegner", heftig bekämpft. [132]Dennoch wurde es am 23. Dezember 1913 verabschiedet, nachdem der in Verruf geratene Präsident Woodrow Wilson, "ebenso unethisch und prinzipienlos wie moralisch", den Mitgliedern des Senats gedroht hatte[133], bis zur Verabschiedung des Gesetzes in der Sitzung zu bleiben und ihnen die Weihnachtspause zu verweigern. Nur eine Minderheit von 43 Senatoren stimmte für den Gesetzentwurf, 25

---

[131] *Der Senat*, Band 51, November 1912.

[132] E. M. Josephson, *The "Federal" Reserve Conspiracy & Rockefellers*, Chedney Press, New York, 1968, S. 52.

[133] Ibid, S. 43. Präsident Wilson war das Opfer jüdischer Erpressung. Siehe M. C. Piper, *The Making of Woodrow Wilson - An American Hero? The Barnes Review*, Washington D.C., Bd. VI, Nr. 2, März/April 2000, S. 6-12.

stimmten dagegen, 27 enthielten sich und 5 Mitglieder waren abwesend. Die Befürworter des Gesetzentwurfs versprachen, dass der US-Dollar zu einer stabilen Währung werden würde und dass Rezessionszyklen der Vergangenheit angehören würden.

In dieser Hinsicht hat der US-Dollar seit der Gründung der US-Notenbank im Jahr 1914 97% seiner Kaufkraft verloren und das Land hat 19 Rezessionen erlebt, die Große Depression der 1930er Jahre und die aktuelle Große Depression, die 2008 begann und trotz der von den offiziellen Medien verbreiteten Propaganda alle Symptome einer Depression aufweist. Seit 1910 ist die Staatsverschuldung von 2,65 Billionen Dollar auf 17,5 Billionen Dollar im Jahr 2014 gestiegen, während die ungedeckten Verbindlichkeiten 240 Billionen Dollar übersteigen.[134]

Anstatt als Bank des Volkes für die Banker des Volkes zu fungieren, hat die US Federal Reserve Bank ihre Geschäfte als Privatbank zum vollen Nutzen der Privatbankiers geführt. Die Tatsache, dass in der 100-jährigen Geschichte des Unternehmens noch nie eine öffentliche Rechnungsprüfung durchgeführt wurde, ist nicht überraschend.[135]

---

[134] http://www.thecommonsenseshow.com/2014/08/05/the-statistics-do-not-liewelfare-is-the-best-paying-entry-level-job-in-35-states/

[135] Am 25. Juli 2012 brachte der Kongressabgeordnete Ron Paul (R-Texas) einen Vorschlag für eine öffentliche Rechnungsprüfung ein, der mit 327 zu 98 Stimmen angenommen wurde. Wie er damals bemerkte: "Ich denke, die Tatsache, dass sie [die Federal Reserve] mit Billionen von Dollar umgehen können und wissen, dass niemand ihnen Fragen stellen kann, ist ein moralisches Risiko. Mit diesem Vorschlag soll dieses moralische Risiko beseitigt werden. *USA*

In der folgenden Liste sind die Hauptaktionäre der Bank aufgeführt: [136]

Die Rothschild-Banken in London und Paris
Lazard Brothers Bank von Paris
Die Israel Moses Sieff Bank von Italien
Die Warburg Banken in Hamburg und Amsterdam
Shearson American Express Bank
Goldman Sachs Bank von New York
JP Morgan Chase Bank[137]

Senator **Robert Marion** "Fighting Bob" **La Folette**, der alles in seiner Macht Stehende tat, um die Verabschiedung des Banking and Currency Act und dessen geplante Versklavung des amerikanischen Volkes zu verhindern.

Today, in der Rubrik Politik.

[136] Das Haus Rothschild ist derzeit Mehrheitsaktionär mit 58% der Anteile. Siehe E. Mullins, *The Secrets of the Federal Reserve*, Back to Basics.

[137] Am 20. Juni 1992 erwarb JP Morgan den Manufacturers Hanover Trust und dessen Aktien von der Federal Reserve.

Die Staatsbank des Russischen Reiches

Die **Staatsbank** des Russischen Reiches, Nelinnaja 12, Moskau. Im selben Gebäude befindet sich heute die Zentralbank der Russischen Föderation.

In der Zwischenzeit wurde auf der anderen Seite des Atlantiks ein anderes Finanzsystem, die Staatsbank, eingeführt. Von September 1814 bis Juni 1815 fand der Wiener Kongress statt, um die Probleme zu lösen, die sich aus den Französischen Revolutionskriegen, den Napoleonischen Kriegen und der Auflösung des Heiligen Römischen Reiches ergaben. Hinter den Kulissen schlug Nathan Mayer Rothschild die Bildung einer neuen Weltordnung vor, die sich auf die Zentralbanken konzentrieren sollte. Alle Großmächte, außer Russland, waren bei den Rothschild-Banken verschuldet. Zar Alexander I. (1801-1825) weigerte sich, den teuflischen Plan der Rothschilds mitzumachen und vereitelte ihn. Stattdessen schloss er die Heilige Allianz zwischen Österreich, Preußen und Russland, die am 26. September 1815 von Kaiser Franz I. von Österreich, König Friedrich Wilhelm III. von Preußen und Zar Alexander unterzeichnet wurde. Er lehnte auch das Angebot Rothschilds ab, eine Zentralbank in Russland zu gründen. Es ist nicht überliefert, ob er diesem Schattenbanker nicht vertraute oder ob er sich einfach der Gefahren des Zentralbanksystems bewusst war, aber er lehnte die Bitte klugerweise ab. Dieses vorsichtige Verhalten provozierte jedoch den rachsüchtigen und unerbittlichen Zorn der Rothschilds, die nach Aussage von Generalmajor Graf Tscherep-Spiridowitsch die[138] Ermordung der letzten fünf Zaren provozierten und 102 Jahre später auf spektakuläre Weise ihre talmudische Rache vollzogen.

Am 12. Juni 1860 wurde die Staatsbank des[139] Russischen Reiches mit dem Ziel gegründet, das Handelseinkommen zu steigern und das Geldsystem zu stärken. Bis 1894 war sie nur eine Hilfsinstitution, die direkt dem Finanzministerium unterstellt war. In diesem Jahr wurde sie in eine Bank für Bankiers umgewandelt und wurde zum Instrument der Wirtschaftspolitik der Regierung. Sie prägte und druckte die Münzen und Banknoten des Landes, regulierte die Geldmenge und stellte über das Netz der Geschäftsbanken zinsgünstige Kredite für Industrie und Handel bereit. Seine riesigen Goldreserven, die größten der Welt, überstiegen den Wert der ausgegebenen Banknoten um mehr als 100%, außer im Jahr 1906. Bis 1914 war sie zu einem der

---

[138] Generalmajor. Graf A. Tscherep-Spiridowitsch, *The Secret World Government or "The Hidden Hand"*, The Anti-Bolshevist Publishing Association, New York, 1926, S. 41. Keiner dieser Zaren erreichte das mittlere Alter. Ihre durchschnittliche Lebenserwartung betrug 53 Jahre. Siehe auch S. Goodson, The Murder of the Tsars: The Rothschild Connection, *The Barnes Review*, Washington D.C., Vol. XX, No. 5, September/Oktober 2014, S. 38-40.

[139] A. Del Mar, *Money and Civilization: Or a History of the Monetary Laws and Systems of Various States Since the Dark Ages, and their Influence upon Civilization*, Omnia Publications, Hawthorne, California, 1975 (erstmals veröffentlicht 1886), S. 313.

einflussreichsten Kreditinstitute in Europa geworden.[140] Kein Wunder, dass Russland die niedrigste Staatsverschuldung der Welt hat. Die folgende Tabelle zeigt die Höhe der Schulden in Rubel pro Kopf für jedes Land.

Frankreich	Großbritannien	Deutschland	Russland
288.0	169.8	135.6	58.7

Im Jahr 1914 wurden 83% der Zins- und Tilgungszahlungen für die Staatsschulden, von denen weniger als 2% in ausländischer Hand waren, aus den Gewinnen der staatlichen russischen Eisenbahnen finanziert. Im Jahr 1916 betrug die Gesamtlänge der Hauptstrecken 100.817 Werst oder Kilometer. Die russische Handelstonnage belief sich 1910 auf 11.130.000 und übertraf damit die britische Handelstonnage von 10.750.000.

Im Jahr 1861[141] hob Zar Alexander II. (1855-1881) die Leibeigenschaft auf, von der damals 30% der Bevölkerung betroffen waren. Im Jahr 1914 befand sich nur noch sehr wenig Land in den Händen der russischen Grundbesitzer, die hauptsächlich aus dem Adel stammten. Achtzig Prozent des Ackerlandes befanden sich in den Händen der Bauern, denen es für einen sehr geringen Betrag überlassen worden war. Dieses Land befand sich in den Händen der Volkskommune, der *mir*.

---

[140] Staatsbank des Russischen Reiches, Zentralbank der Russischen Föderation, Neglinnaja-Straße 12, Moskau 107016.

[141] Am 13. März 1881 wurde Zar Alexander II. in St. Petersburg von Mitgliedern der jüdischen Terrororganisation *Narodnaja Wolja* (Der Wille des Volkes) ermordet.

Nach dem Stolypin-Gesetz[142] von 1906 konnten die Bauern jedoch Eigentumsurkunden mit Erbrechten erhalten. Im Jahr 1913 nutzten zwei Millionen Familien diese Gelegenheit, um das zu erwerben, was als Stolypin-Farmen bekannt wurde. Der Landausschuss wies diesen bäuerlichen Eigentümern rund 7 689 027 Hektar zu.[143] Die staatliche Bauernbank, die damals als "die sozialste Landerwerbseinrichtung der Welt" bezeichnet wurde,[144] gewährte zinsgünstige Darlehen, die in Wirklichkeit nichts anderes als Verwaltungsgebühren waren. Zwischen 1901 und 1912 stiegen diese Kredite von 222 Millionen Rubel auf 1.168 Millionen Rubel. Die landwirtschaftliche Produktion stieg so stark an, dass Russland bis 1913 zur Kornkammer der Welt wurde, wie die folgende Tabelle zeigt.

	Weltweite Produktion	Russische Produktion	%
Gerste	1,771.4	750.04	42.3
Hafer	3,324.6	1,087.00	30.3
Roggen	2,378.0	1,593.00	67.0

---

[142] Pjotr Arkadjewitsch Stolypin (1862-1911) war von 1906 bis 1911 Ministerpräsident von Russland. Am 18. September 1911 wurde er von dem jüdischen Terroristen Dmitri Bogrow (richtiger Name: Mordechai Gershkovich) ermordet.

[143] G. Buchanan, *My Mission to Russia and Other Diplomatic Memories*, Cassell and Company Limited, London, 1923, S. 161.

[144] G. Knupffer, *The Struggle for World Power, Revolution and Counter-Revolution*, The Plain-Speaker Publishing Company, London, 1971, S. 230.

| Weizen | 4,971.4 | 1,554.80 | 31.2 |

Die russische Getreideproduktion übertraf die Ernten von Argentinien, Kanada und den Vereinigten Staaten zusammengenommen um 25%. Im Jahr 1913 gab es in Russland 37,5 Millionen Pferde, mehr als die Hälfte des weltweiten Pferdebestandes. Sie produzierte auch 80% des weltweiten Flachses und lieferte mehr als 50% der weltweiten Eierimporte. Auch der Bergbau und die Industrieproduktion erzielten enorme Gewinnspannen. Zwischen 1885 und 1913 stieg die Kohleproduktion von 259,6 Millionen Knoten[145] auf 2.159 Millionen Knoten, die Roheisenproduktion von 25 Millionen Knoten im Jahr 1890 auf 1.378 Millionen Knoten im Jahr 1913 und die Ölproduktion von 491,2 Millionen Knoten im Jahr 1906 auf 602,1 Millionen Knoten im Jahr 1916. Von 1870 bis 1914 wuchs die Industrieproduktion in Großbritannien jährlich um 1%, während sie in den Vereinigten Staaten um 2,75% und in Russland um 3,5% zunahm. Im Zeitraum von 1890 bis 1913 vervierfachte sich die industrielle Aktivität, und die russische Produktion konnte 80% der inländischen Nachfrage nach Industriegütern decken - ein perfektes Beispiel für wirtschaftliche Autarkie. In den letzten 20 Jahren der friedlichen kaiserlichen Herrschaft (1895-1914) wuchs das Bruttoinlandsprodukt mit einer durchschnittlichen Rate von 10% pro Jahr.

Da die russische Staatsbank das Geld des Volkes aus dem Nichts zu einem Zinssatz von fast 0% schuf - im Gegensatz zum Rest der Welt, wo parasitäre private Zentralbanken das Geld ihrer jeweiligen Nationen durch

---

[145] 1 Pud = 16,38 kg

die Erhebung ruinöser Wucherzinsen schufen - ist es kein Wunder, dass Russland 1912 die Nation mit dem niedrigsten Steuersatz der Welt war. Diese sehr niedrigen Steuern zeugen auch von der Effizienz der russischen Regierung zu jener Zeit. Außerdem gab es während der gesamten Zeit des staatlichen Bankwesens keine Inflation und keine Arbeitslosigkeit.

Direkte Steuern in Rubel pro Kopf

	Staatliche Steuern %	Lokale Steuern %	Insgesamt %
Großbritannien	10.01	16.74	26.75
Deutschland	5.45	7.52	12.97
Frankreich	6.44	5.91	12.35
Österreich	5.12	5.07	10.19
Russland	1.28	1.38	2.66

Indirekte Steuern in Rubel pro Kopf

	Staatliche Steuern %	Lokale Steuern %	Insgesamt %
Großbritannien	13.86	-	13.86
Deutschland	9.31	0.33	9.64
Frankreich	13.11	2.89	16.00

Österreich	9.9	1.38	11.28
Russland	5.95	0.03	5.98

Zwischen 1897 und 1913 stiegen die Staatseinnahmen von 1,4 Milliarden Goldrubel auf 3,471 Milliarden Goldrubel.[146] Im Jahr 1914 belief sich der Haushaltsüberschuss ohne Steuererhöhungen auf 512 Millionen Goldrubel. Im gleichen Zeitraum wies die Außenhandelsbilanz einen Überschuss auf. Anhand der nachstehenden Vergleichstabelle der Goldreserven können wir die finanzielle Gesundheit der russischen Wirtschaft messen.

Goldreserven

	Gold	Banknoten
Staatsbank des Russischen Reiches	1,550	1,494
Banque de France (Zentralbank)	1,193	2,196
Reichsbank (Zentralbank)	411	930
Bank of England (Zentralbank)	331	263

Eine unabhängige Studie britischer Gerichtsmediziner kam zu dem Schluss, dass das russische Gesetzbuch und Justizsystem "das fortschrittlichste und unparteiischste

---

[146] 1 Rubel = zwei Goldschillinge; 9,4 Rubel = 1 Pfund.

GESCHICHTE DER ZENTRALBANKEN

der Welt" sei.[147]

Seine Kaiserliche Majestät, Zar **Nikolaus II**. Seine Staatsbank des Russischen Reiches verschaffte seinem Volk einen in der Geschichte der Menschheit noch nie dagewesenen Reichtum.

---

[147] G. Knupffer, op. cit. S. 139-140.

Die Grundschulbildung war obligatorisch und kostenlos, bis zur Universität, wo nur Studiengebühren erhoben wurden. Zwischen 1906 und 1914 wurden jedes Jahr 10.000 Schulen eröffnet. Die russischen Universitäten waren weltweit für ihr hohes akademisches Niveau bekannt.

Die Russen waren Pioniere im Arbeitsrecht. Die Kinderarbeit wurde mehr als 100 Jahre früher als in Großbritannien abgeschafft, nämlich im Jahr 1867. Russland war das erste Industrieland, das Gesetze zur Begrenzung der Arbeitszeiten in Fabriken und Bergwerken erließ. Streiks, die in der Sowjetunion verboten sind, waren zu Zeiten des Zarismus zwar erlaubt, aber nicht üblich. Die Gewerkschaftsrechte wurden 1906 anerkannt, und eine Arbeitsaufsichtsbehörde kontrollierte die Arbeitsbedingungen in den Fabriken streng. Die Sozialversicherung wurde im Jahr 1912 eingeführt. Die Arbeitsgesetzgebung war so fortschrittlich und human, dass US-Präsident William Taft erklärte: "Der Kaiser von Russland hat eine Arbeitsgesetzgebung erlassen, die der Perfektion näher kommt als die jedes anderen demokratischen Landes.[148]

Die Menschen verschiedener Rassen, die im Russischen Reich lebten, genossen eine Status- und Chancengleichheit, die in der modernen Welt ihresgleichen suchte. Seine kaiserliche Majestät, Zar Nikolaus II. (1894-1917), und seine Staatsbank schufen ein Arbeiterparadies, das in der Geschichte der Menschheit ohne Beispiel ist.

---

[148] Ebd., S. 142.

Am 7. November 1917 provozierten und finanzierten die Rothschilds, die befürchteten, dass eine Wiederholung dieses außergewöhnlichen Modells von Freiheit und Wohlstand ihr böses Bankenimperium gefährden würde, eine jüdisch-bolschewistische Revolution in Russland, [149] die ein wundervolles Land verwüstete und ruinierte und den Tod von - laut Alexander Solschenizyn - 66 Millionen unschuldigen Menschen durch Mord und Verhungern verursachte.[150]

Wie die Rothschilds die Sowjetunion erschufen und kontrollierten

In seinem Buch *Wall Street and the Bolshevik Revolution*[151] beschreibt der Autor und Professor Antony

---

[149] *Bolshevism, A Struggle for the Soul of the Jewish People*, Sunday Illustrated Herald, 8. Februar 1920. Churchill definierte die Revolution als "eine weltweite Verschwörung zum Umsturz der Zivilisation und zur Wiederherstellung der Gesellschaft auf der Grundlage von Entwicklungsstillstand, bösartigem Neid und unmöglicher Gleichheit, [...], die stetig gewachsen ist. .... Jahrhundert der Dreh- und Angelpunkt aller subversiven Bewegungen gewesen; und nun hat diese Bande außergewöhnlicher Persönlichkeiten aus der Unterwelt der großen Städte Europas und Amerikas das russische Volk bei den Haaren gepackt und ist praktisch die unbestrittenen Herren dieses riesigen Reiches geworden."

[150] Laut dem Schweizer Historiker Jürgen Graf zog Solschenizyn einen Statistiker hinzu, der die Zahl der Toten auf 66 Millionen bezifferte. In *The American Hebrew Magazine* vom 10. September 1920 erklärte er: "Die bolschewistische Revolution in Russland war das Werk jüdischer Planung und Unzufriedenheit. Unser Plan ist es, eine Neue Weltordnung zu schaffen. Was in Russland so wunderbar funktioniert hat, wird in der ganzen Welt Wirklichkeit werden.

[151] A. C. Sutton, *Wall Street and the Bolshevik Revolution*, Arlington House Publishers, New Rochelle, New York, 1981.

Sutton anhand von Dokumenten aus dem Außenministerium und den Archiven amerikanischer internationaler Bankiers die "enthusiastische Allianz zwischen der Wall Street und dem marxistischen Sozialismus"[152] ohne die entscheidende finanzielle Unterstützung durch die J.P. Morgan Guaranty Trust Company, John D. Rockefellers Chase National Bank, Jacob Schiff's Kuhn Loeb and Company und Olof Aschberg's Swedish[153] Nya Banken hätte die jüdisch-bolschewistische Revolution nicht gelingen können.

Die Rolle von Maxim Litvinov (1876-1951) ist in Bezug auf die Finanzierung der Revolution besonders interessant. Er wurde als Meyer-Genokh Mojsjewicz Wallach-Finkelstein geboren und war ein "Revolutionär", der an der Zerstörung des kaiserlichen Russlands beteiligt war und es den internationalen Bankiers überließ.

Litvinov begann seine revolutionäre Karriere 1898. Im Jahr 1901 wurde er verhaftet und verbrachte 18 Monate im Gefängnis, bevor er entkam. Im Jahr 1903 erhielt er Mittel zur Finanzierung und Verbreitung der Zeitung *Iskra*[154] der Russischen Demokratischen Sozialistischen Partei, die von London aus gedruckt wurde. Im Jahr 1905 erhielt Litvinov weitere Gelder von "ausländischen Freunden", die es ihm ermöglichten, Waffen und andere

---

[152] Ebd., 16.

[153] Im Jahr 1918 wurde die Bank in Svensk Ekonomiebolaget umbenannt.

[154] Das russische Wort für Funke.

Ausrüstung zu kaufen.[155] Die es ihm ermöglichten, wiederum in London Waffen zu kaufen. In der Folge wurde Litvinov, auch bekannt als *Papasha* oder *Papi*[156], zum Zentrum aller ausländischen Finanzierungen und zum Schatzmeister der Partei ernannt, eine Entscheidung, die Lenin nicht überstimmen konnte, da Litvinov ein Vertreter der Rothschilds war, deren Macht die Lenins überstieg. Lenin wurde lediglich über die Entscheidung informiert. Einige Monate später wurde Litvinov bei einem Treffen in Genf zum Sekretär für Außenhandel gewählt. Lenin wurde erneut über diese Entscheidung informiert. Litvinov war nie ein echter Revolutionär, sondern benutzte den Bolschewismus als Vorwand, um die Ziele seiner Herren zu fördern.

Von 1908 bis 1918 lebte Litvinov dank der Hilfe seiner "englischen Freunde" in London.[157] Während dieser Zeit hatte er verschiedene Positionen inne. Er arbeitete für das Verlagshaus Williams and Norgate und später für ein Fremdenverkehrsamt und ein Landmaschinengeschäft. Diese Berufe boten ihm eine ideale Tarnung für seine geheimen Aktivitäten. 1914, bei Ausbruch des Ersten Weltkriegs, forderte die russische Regierung alle Bürger auf, nach Russland zurückzukehren und in die Armee einzutreten. Die britischen Behörden erlaubten Litvinov jedoch, zu bleiben. Im Jahr 1916 heiratete Litvinov die Tochter einer der angesehensten jüdischen Familien, Ivy Low.

---

[155] N. Starikov, *Rubelverstaatlichung - Der Weg zur Freiheit Russlands*, St. Petersburg, Piter, 2013, 189.

[156] Ebd., 190.

[157] Ebd., 188.

Am 3. Januar 1918 wurde Litvinov zum Bevollmächtigten der Sowjetunion ernannt. Eine seiner ersten Aufgaben bestand darin, die Aushändigung des von der zaristischen Botschaft in der Bank of England gehaltenen Geldes zu verlangen. Die Bank kam dem nach.

Im September 1918 wurde eine Verschwörung gegen die Bolschewiki aufgedeckt, in die Botschafter Robert Bruce Lockhart verwickelt war. Sowohl Lockhart als auch Litvinov wurden von ihren jeweiligen Regierungen verhaftet, und im Austausch kehrte Litvinov nach Moskau zurück. Seine neue Aufgabe bestand darin, unter dem Deckmantel eines Programms zum Ankauf von Dampfmaschinen, die später als "Goldmaschinen" bekannt wurden, "den schnellen Fluss von Gold und kostbarem Schmuck aus Russland"[158] durch Skandinavien sicherzustellen. Ein Viertel der russischen Goldreserven wurde nach Schweden transferiert, bevor sie zurückgeschickt wurden. Es war die Zeit der Rache für die Rothschilds.

Am 21. April 1921 wurde Litvinov in den Rat der Volkskommissare für Devisengeschäfte und den Verkauf von Gold ins Ausland berufen. "Mehrere hundert Millionen [Rubel] unseres Goldes gingen durch meine Hände, bevor sie ins Ausland verkauft wurden. Ich verkaufte das meiste dieses Goldes über verschiedene Zwischenhändler an große französische Unternehmen, die es in Frankreich oder der Schweiz umgossen, und dann erreichte es seinen endgültigen Bestimmungsort in

---

[158] Ebd., 194.

den Tresoren der US Federal Reserve[159], einer Privatbank im Besitz von Rothschild! Litwinow war zum "bevollmächtigten Vertreter der Bankiers geworden - der Eigentümer der Federal Reserve, der Bank of England und Sowjetrusslands"[160] Wie man sieht, war die bolschewistische Revolution nichts anderes als eine gigantische Übung in Rothschild-Plünderung.

Im Dezember 1921 wurde die Autonome Industriekolonie Kuzbass gegründet. Sie übertrug die Kontrolle über einen riesigen Industriekomplex an eine Gruppe amerikanischer und europäischer Investoren, die diesen finanzierten. Von da an wurden "Millionen von Rubeln in Gold ins Ausland transferiert, ohne Zölle zu zahlen, angeblich als Zinsen für das von den europäischen Bankiers investierte Kapital", obwohl diese Investitionen nicht von Amerikanern getätigt wurden[161] nicht alle diese Investitionen gleich groß waren.

1924 wurde Josef Stalin zum Führer der Sowjetunion, aber Litwinow, der niemanden fürchtete, blieb eine führende Persönlichkeit. Seine Unhöflichkeit gegenüber Stalin war sprichwörtlich.[162] Bei der Säuberungsaktion 1937/38 wurden fast alle Abgeordneten Litvinovs

---

[159] Ibid, 199.

[160] Ebd., 203.

[161] Ebd., 204.

[162] Ibid, 205, 206 und 209. Im Juni 1941 erschien Litvinov zu einem Treffen ausländischer Diplomaten in einem prächtigen Anzug aus Polarwolle. Stalin fragte ihn, warum er nicht wie alle anderen einen dunklen Anzug trage. Litvinov antwortete scherzhaft: "Die Motten haben es gefressen.

verhaftet und erschossen. Litwinow plädierte für einen seiner besten Freunde, Boris Stomonjakow, und teilte Stalin mit, dass er für ihn einstehen werde. Stalin sah Litvinov in die Augen und antwortete: "Genosse Litvinov, Sie können nur für sich selbst antworten.[163]

Von 1930 bis 1939 diente Litwinow als Volkskommissar für Auswärtige Angelegenheiten der Sowjetunion. Im Jahr 1939 begannen sich die Beziehungen zwischen dem nationalsozialistischen Deutschland und der Sowjetunion zu erwärmen. Diese Entspannung war Litvinovs Herren ein Gräuel, denn sie hatten albtraumhafte Erinnerungen an die Heilige Allianz zwischen Österreich, Preußen und Russland von 1815 und an den *Dreikaiserbund*, den Bismarck 1872 zwischen denselben drei Reichen initiiert hatte. Litwinow mischte sich ein, aber Stalin hatte inzwischen genug von seinem unverschämten Verhalten. Am 3. Mai 1939 kam es zu einem stillen Staatsstreich, als Stalin "die Marionette der Bankenmafia ihres Titels als Außenminister enthob".[164]

Mit ihrer eigenen Staatsbank, der Gosbank, die am 16. November 1921 gegründet wurde, hatte die Sowjetunion endlich Souveränität und Unabhängigkeit von internationalen Bankiers erlangt. Alle Stellvertreter und Direktoren Litvinovs wurden verhaftet, aber er selbst blieb verschont, da er unantastbar war. Litvinov durfte sich in seine *Datscha* zurückziehen, wurde aber ständig überwacht.

---

[163] Ebd., 206.

[164] Ebd., 207.

GESCHICHTE DER ZENTRALBANKEN

Maxime Litvinov (geb. Wallach-Finkelstein) war mehr als vierzig Jahre lang der Mittelsmann der Rothschilds. Er organisierte die Ausplünderung Russlands durch internationale Bankiers.

Gegen Ende des Jahres 1941 wurden Litvinovs Dienste erneut benötigt. Da die Deutschen an die Tür Moskaus klopften, benötigte Stalin in seiner verzweifelten Lage dringend Hilfe aus dem Westen. Litwinow wurde als sowjetischer Botschafter nach Moskau entsandt. Die Amerikaner zögerten, der Sowjetunion Geld zu leihen, aber Litwinow brachte bald alles in Ordnung, und innerhalb weniger Wochen wurde ein Darlehen von 1 Milliarde Dollar gewährt. Es wurde ein Mietvertrag unterzeichnet, und in den nächsten vier Jahren wurden Rohstoffe und Dienstleistungen im Wert von 11 Milliarden Dollar geliefert.

Litvinov "könnte jederzeit im Weißen Haus eintreffen und der Präsident [Roosevelt] würde ihn sofort empfangen"[165]. Diese beiden Marionetten der internationalen Bankiers pumpten Gold - einerseits von Russland, andererseits vom amerikanischen Volk - direkt in die Kassen der Rothschild Federal Reserve. [166]

Litvinov[167] wurde 1943 eingezogen, als sich der Krieg zu Gunsten Russlands entwickelte. Sein Nachfolger als Außenminister, Wjatscheslaw Molotow, gibt eine beredte Stellungnahme ab: "Litwinow zeigte uns totale Feindseligkeit.... Er verdiente die härteste Strafe durch

---

[165] Litvinov war vom 10. November 1941 bis zum 22. August 1943 Botschafter.

[166] N. Starikov, op.cit, 211. Am 5. April 1933 beschlagnahmte die Regierung der Vereinigten Staaten mit der Executive Order 6102 sämtliches Gold ihrer Bürger, mit Ausnahme von Münzen, und tauschte es gegen Papiergeld aus.

[167] Kein Wunder, dass Litvinov sich weigerte, seine Memoiren zu schreiben.

das Proletariat. Eine exemplarische Strafe.[168]

Zwischen dem ᵉˡ ¹ 22. und 22. Juli 1944 fand in Bretton Woods, New Hampshire, eine Konferenz internationaler Bankiers statt. Ihr Ziel war es, eine Weltbank und einen Internationalen Währungsfonds zu gründen, die die Beziehungen zwischen unabhängigen Nationen regeln und feste Wechselkurse beibehalten sollten. Vertreter der Sowjetunion nahmen an der Konferenz teil, weigerten sich jedoch, sich anzumelden, da sie die vorgeschlagenen Institutionen als "Filialen der Wall Street" bezeichneten. Stalins Unverfrorenheit machte die Rothschilds wahrscheinlich wütend, aber sie konnten nur wenig tun, solange Deutschland unbesiegt blieb.[169]

Vom 17. Juli bis 2. August 1945 fand in Deutschland die Potsdamer Konferenz statt. Sie legte die neuen Grenzen Europas fest. Von da an wurde die Sowjetunion schrittweise isoliert und der Kalte Krieg begann. Stalin hatte keine Ansichten über Westeuropa. Seine Armee war völlig erschöpft, und er arbeitete bereits hart daran, Osteuropa unter seine Hegemonie zu bringen und all den Schaden wiedergutzumachen, den er seinem Land durch die Provokation Deutschlands in einen Präventivkrieg zugefügt hatte.[170] Aus militärischer Sicht war der

---

[168] F. Chuev und A. Resis, *Molotov Remembers*, Chicago, 1993, 68.

[169] E.S. Mason und R.E. Asher, *"The World Since Bretton Woods: The Origins, Policies, Operations and Impact of the International Bank for Reconstruction"*, Washington D.C., Brookings Institution, 1973, 29.

[170] Stalin hatte geplant, Deutschland am 6. Juli 1941 anzugreifen. Siehe V. Suvorov, *The Chief Culprit Stalin's*

Abwurf von Atombomben auf Hiroshima und Nagasaki unnötig, da Japan im Januar 1945 bereits versuchte, die Bedingungen für eine Kapitulation auszuhandeln. Der nukleare Holocaust diente zwei unheilvollen Zwecken: (i) um die Japaner für die Gründung ihrer eigenen Staatsbank zu bestrafen und (ii) um eine Warnung an die Sowjetunion zu senden, die bereits eine Staatsbank hatte.

Der Kalte Krieg wurde ursprünglich vom Westen mit dem Ziel geführt, die Sowjetunion in die Knie zu zwingen. Stalin, der mehr Nationalist[171] als Kommunist war, leistete Widerstand und wurde angeblich vergiftet, bevor er am 1 März 1953 an einem Schlaganfall starb, für den er keine medizinische Behandlung erhielt.[172] Von diesem Zeitpunkt an entwickelte sich der Kalte Krieg zu einer Farce, da der Westen, insbesondere die Vereinigten Staaten, massiv in die Sowjetunion investierten. Große Investitionen wurden in der Gorki-Fabrik getätigt, wo Ford-Lastwagen gebaut wurden, und in der weltgrößten Automobilfabrik in Wolgograd, wo Fiat-Autos hergestellt wurden. Auch in den Bereichen Luftfahrt, Computer und Elektrizität wurden umfangreiche Mittel

---

Grand Design to Start World War, Naval Institute Press, Annapolis, Maryland, 2008, 328 Seiten. Suworow ist der Ansicht, dass "die Sowjetunion den Zweiten Weltkrieg verloren hat", 280.

[171] Siehe K. Bolton, *Stalin, The Enduring Legacy*, Black House Publishing, London, 2012, 164 Seiten.

[172] S.S. Montefiore, *Stalin The Court of the Red Tsar*, Weidenfeld & Nicolson, London, 2005, 651-665. Stalins Schlaganfall könnte durch Warfarin, ein gerinnungshemmendes Mittel, verursacht worden sein, das ihm in den Tagen vor seinem Tod in den Wein gegeben wurde.

bereitgestellt. Die Sowjetunion wurde zu einem bevorzugten Ziel für lukrative Investitionen.

Die Russen schlossen sich der Armee an, aber da sie 50 Prozent ihres Budgets für die Rüstung ausgaben, konnten sie diesen Krieg auf Dauer nicht gewinnen. Dies erklärt, warum der Lebensstandard in der Sowjetunion nie an den des Westens heranreichte, außer im Bereich der öffentlichen Dienstleistungen wie Bildung und Wohnen.

1991 implodierte die Sowjetunion und ein Geschwader von Beratern kam aus den Vereinigten Staaten, um die Wunder des kapitalistischen Freihandels einschließlich Einkommenssteuer und Wucher einzuführen. Das Hauptziel dieser Berater war es, "das Gesetz über die Zentralbank Russlands zum richtigen Zeitpunkt einzuführen, das mehr Schaden anrichtete als eine Armee von Invasoren, was den Verlust der Souveränität Russlands anbelangt".[173]

Fast 200 Jahre lang hielten die Zaren und die Sowjets stand, aber schließlich fiel Russland vollständig an die Rothschilds.

Die Verantwortung der Rothschilds für den Burenkrieg.

Während des gesamten 19. Jahrhunderts basierte das Weltwährungssystem auf dem Goldstandard, der von den Rothschilds entwickelt und aufrechterhalten wurde. Die Entdeckung riesiger Goldvorkommen am Witwatersrand hatte eine neue Quelle der Gewinnung geschaffen, die kontrolliert werden musste, wenn dieses

---

[173] N. Starikov, op.cit, 182-183.

unehrliche Finanzsystem überleben sollte. Zum Unglück für die Rothschilds befanden sich diese neuen Minen in der unabhängigen *Zuid-Afrikaansche Republiek.*

Scharen von Auswanderern und Spekulanten kamen sofort in das Land. Einige von ihnen waren Briten, aber eine große Anzahl von ihnen waren vor allem "russische, polnische und deutsche Juden, mit Neigungen zum Wandern und ohne Bindung oder Verwurzelung an ein bestimmtes Land".[174] So waren die Besitzer der Goldminen fast immer Juden. Das dominierende Unternehmen des Sektors war die Eckstein-Gruppe, benannt nach ihrem Direktor Hermann Eckestein. Zu dieser Kombination gehörten Consolidated Goldfields und S. Neumann & Co. Professor John Atkinson Hobson schreibt in *The War in South Africa Its Causes and Effects*, dass "die Rothschilds die Mehrheit der Aktien von Goetz & Co. besaßen" und dass "die Rothschilds hinter der Exploration Company standen, die in Wirklichkeit von Wernher, Beit und Rothschild geleitet wurde.[175] Er fügt hinzu, dass das Dynamitmonopol und "der reiche und mächtige Spirituosenhandel, legal und

---

[174] J.A. Hobson, *The War in South Africa Its Causes and Effects*, James Nisbet & Co, Limited, London, 1900, 70. Hobson erwähnt auf Seite 12, dass das Verzeichnis von Johannesburg von 1899 24 Joneses, 53 Browns und 68 Cohens aufführt.

[175] Vgl. auch R. Rudman, *England unter der Ferse des Juden*. Diese 21-seitige Broschüre stammt aus dem gleichnamigen Buch des Arztes Dr. John Henry Clarke aus dem Jahr 1918, das von C.F. Roworth in London veröffentlicht wurde. Es ist ein beredter Bericht über die Verschwörung jüdischer Großgrundbesitzer zum Sturz der Regierung Kruger.

illegal, vollständig in den Händen der Juden lag"; "es versteht sich von selbst, dass die Börse vollständig in den Händen der Juden ist" und "die Johannesburger Presse ist hauptsächlich ihr privates Lehen".[176]

Zu Beginn der 1890er Jahre waren die ausländischen Arbeiter und Spekulanten den Buren zahlenmäßig überlegen. Nach Jamesons gescheitertem Versuch, die Transvaal-Regierung zu stürzen, wurde 1896 die Südafrikanische Liga gegründet, die sich für das Wahlrecht für *Uitlander* oder Außenseiter einsetzte. Um ihren Status zu schützen, wollten die Buren ihnen erst nach einer 14-jährigen Aufenthaltsdauer ein Wahlrecht gewähren. Am 30. Mai 1899 bot Präsident Paul Kruger auf einer Konferenz in Bloemfontein, der Hauptstadt des Oranje-Freistaates, an, die Aufenthaltsdauer auf sieben Jahre zu verkürzen. Der britische Hochkommissar, Sir Alfred Milner, gab nicht auf und vertrat die Ansicht, dass es "Reform oder Krieg" heißen würde.[177] Schließlich nahm Kruger "seinen Kopf in die großen Hände, und Tränen liefen ihm über die bärtigen Wangen" und rief verzweifelt: "Ich werde es nicht ertragen können".[178] rief er verzweifelt: "Es ist mein Land, das ihr wollt![179]

Im September 1899 zogen die Briten provokativ ihre Truppen südlich der Grenze zu Transvaal zusammen.

---

[176] Ebd., 193.

[177] P.J Pretorius, *Volksverraad*, Libanon-Uitgewers, Mosselbaai, Western Cape, 1996, 58.

[178] R. Kraus, *Old Master of Jan Christian Smuts*, E.P. Dutton & Co Inc, New York, 1944, 92.

[179] T. Pakenham, *The Boer War*, Jonathan Ball Publishers, London, 1979, 68.

Am 9. Oktober 1899 wurde ein Ersuchen an die Regierung Ihrer Majestät ignoriert, "ihre Truppen nicht mehr an den Grenzen der Republik zu massieren und Kriegsverstärkungen aus dem gesamten britischen Empire zu schicken"[180].

Obwohl die Buren nur über eine Armee von berittenen Amateuren verfügten, erzielten sie schon früh außergewöhnliche Leistungen. Am Ende waren sie jedoch waffenmäßig und zahlenmäßig unterlegen. Ab Juni 1900 setzten die Buren auf einen Guerillakrieg. Ein winziges Kontingent von 6.000 Mann konnte fast 450.000 Soldaten des größten Reiches der Welt aufhalten.

Der Waffenstillstand wurde am 31. Mai 1902 in Vereeniging unterzeichnet. Der Krieg war für die Buren ein einziges Desaster. In einer beispiellosen Aktion der verbrannten Erde wurde das Eigentum der Buren zerstört, Brunnen wurden vergiftet, ihre Herden wurden geschlachtet (hauptsächlich durch Abschneiden der Sehnen, um Munition zu sparen") und ihre Frauen vergewaltigt. 25 Städte wurden zerstört. 136.000 Frauen und Kinder wurden in 46 Konzentrationslagern aus Zelten zusammengepfercht, in denen die Temperatur im Winter unter den Gefrierpunkt fiel. 34.000 von ihnen starben an Unterernährung und mangelnder Hygiene. 75% von ihnen waren unter 16 Jahre alt.

Auch die Briten hatten schwere Verluste zu beklagen: 21.942 Tote (35% im Kampf, 65% durch Krankheiten) und 22.829 Verwundete. Die Bankiers hatten die

---

[180] S.M. Goodson, *General Jan Christian Smuts The Debunking of a Myth*, Bienedell Uitgewers, Pretoria, 2013, 11.

GESCHICHTE DER ZENTRALBANKEN

Genugtuung, den Krieg mit 222 Millionen Pfund finanziert zu haben, was die britische Staatsverschuldung um 132 Millionen Pfund erhöhte. Für die Rothschilds war der Anglo-Buren-Krieg ein totaler Sieg.

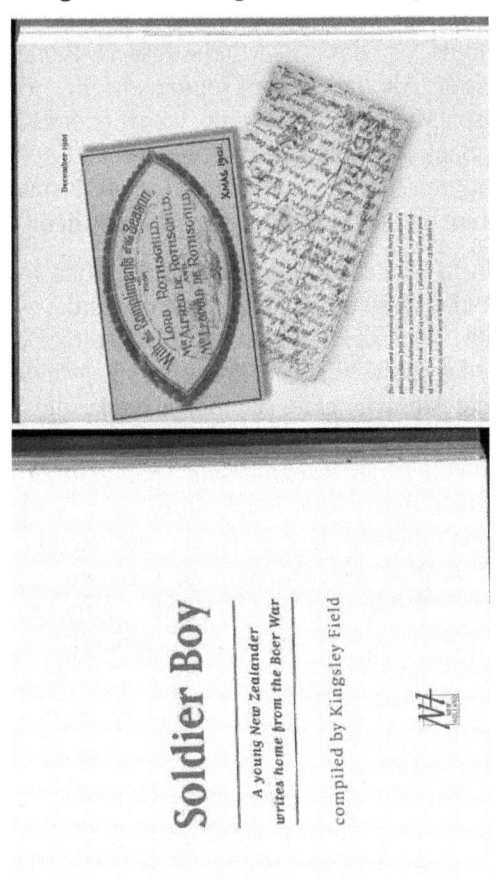

Eine Grußkarte, die von den **Rothschilds** verschickt wurde. Im Dezember 1901 schickten die Rothschilds ihren "Truppen" im Kampf einen Weihnachtskorb mit einem Schreibset, einer Portion Tabak, einer Pfeife, 12 Schachteln Zigaretten, einem Buch, einem Schokoladenkuchen, einem Pudding und einem Kartenspiel.

Commonwealth Bank von Australien

Die Commonwealth Bank of Australia wurde von dem Amerikaner King O'Malley inspiriert, der in den 1880er Jahren in der Bank seines Onkels in New York das Geheimnis des Mindestreserve-Bankgeschäfts entdeckte. Als der erste Gouverneur der Bank, Sir Dennison Miller, gefragt wurde, woher er das Kapital für seine Bank nehmen würde, antwortete er: "Welches Kapital? Ich brauche kein Kapital, mein Kapital ist der Reichtum und der Kredit von ganz Australien.[181]

Mit einem Vorschuss der Regierung in Höhe von 10.000 Pfund, der umgehend zurückgezahlt wurde, wurde am 15. Juli 1912 die Commonwealth Bank of Australia gegründet. Obwohl sie als Privatbank gegründet wurde, arbeitete sie wie eine staatliche Bank, die über die gleichen Befugnisse wie jede andere Bank verfügte, einschließlich der Befugnis, als Sparkasse zu handeln. Außerdem durfte die Bank durch den Verkauf von Anleihen, die durch den Kredit der Nation gedeckt waren, Kapital aufnehmen. Ihre Gewinne wurden zu gleichen Teilen in zwei Fonds aufgeteilt: einen Reservefonds zur Deckung der Verbindlichkeiten der Bank und einen Tilgungsfonds zur Rückzahlung der von der Bank ausgegebenen Anleihen oder Aktien. Anschließend wurden 50% der Gewinne zur Tilgung der Staatsschulden verwendet.

---

[181] R. Gollam, op. cit., beschreibt ausführlich die Ereignisse, die zur Gründung der Bank führten.

King O'Malley (1854-1953), der die Gründung der staatlichen Bank Australiens, der Commonwealth Bank of Australia, anregte.

Trotz des Ersten Weltkriegs (1914-1918) erlebte Australien 12 Jahre lang eine seiner größten Wohlstandsperioden. Durch die Aufnahme von Krediten bei der Regierung zu einem nominalen Zinssatz von 2/3 von 1% pro Jahr ermöglichte die Bank dem Land, in ein umfangreiches Infrastrukturprogramm zu investieren. 18,72 Millionen Dollar wurden für den Bau von Dämmen und des Bewässerungssystems am Murrumbidgee River, die transkontinentale Eisenbahn, Kraftwerke, Gaswerke, Häfen, Straßen und Straßenbahnen ausgegeben. Darüber hinaus wurden 3 Mio. AUD für Obst-, Weizen- und Wollkulturen der Landwirte zu einem nominalen Zinssatz finanziert. 4 Millionen A$ wurden für den Kauf von 15 Dampfschiffen ausgegeben, um die wachsenden Exporte Australiens zu organisieren, und 8 Millionen A$ wurden für Wohnungen ausgegeben. Der Erste Weltkrieg kostete Australien 700 Millionen australische Dollar, wurde aber von der Bank in Form von zinslosen Schulden finanziert.

Diese Periode phänomenalen Wohlstands endete 1924, als Stanley Melbourne Bruce, der Premierminister (1924-1929), und Dr. Earle Page, sein Koalitionspartner, ein Gesetz verabschiedeten, das die Kontrolle der Bank in die Hände eines Exekutivrats legte, der sich aus einem Gouverneur, einem Finanzminister und sechs weiteren Personen zusammensetzte, die in der Landwirtschaft, im Finanzwesen und in der Industrie tätig waren und für eine unterschiedliche Anzahl von Jahren ernannt wurden.[182] Bruce wurde oft verdächtigt, Bestechungsgelder angenommen zu haben, da sein Handeln den Interessen des australischen Volkes völlig zuwiderlief. Während seiner Amtszeit nahm die australische Regierung bei der Londoner City Kredite in Höhe von 230 Millionen Pfund auf[183], und im Jahr 1927 hatten sowohl der Bund als auch die Bundesstaaten Schulden in Höhe von 1 Milliarde Pfund, und der Haushalt war defizitär.[184]

Am 10. Oktober 1924 wurde das Gesetz in Kraft gesetzt. Sie hatte zur Folge, dass die Bank unter die Kontrolle einer Gruppe von Männern gestellt wurde, die ihr später das Recht entzogen, das Geld der Nation ohne Schulden und ohne Zinsen auszugeben. Im Jahr 1927 verlor die Bank die Filialen der Sparkassen, und obwohl sie weiterhin Banknoten ausgeben konnte und somit ein Minimum an Seigniorage erhielt, wurde sie später zu einer Zentralbank, die ausschließlich für die Privatbanken tätig war. Der endgültige Verrat der Bank erfolgte am 20. März 1947, als das Repräsentantenhaus

---

[182] Bruce und Earle waren die Führer der beiden politischen Parteien National und National.

[183] S. McIntyre, *A Concise History of Australia*, Cambridge University Press, Melbourne, 2009, S. 168.

[184] I. M. Cumpston, *Lord Bruce of Melbourne*, Longman Cheshire, Melbourne, 1989, S. 74.

mit 55 zu 5 Stimmen für den Beitritt zum Internationalen Währungsfonds stimmte und sich damit den Dekreten und dem Diktat der von Rothschild kontrollierten Bank für Internationalen Zahlungsausgleich unterwarf.

Der Erste Weltkrieg

Der Erste Weltkrieg wurde am 28. Juni 1914 ausgelöst, als Gavrilo Princip, angeblich jüdischer Herkunft und Mitglied der Terrorgruppe "Schwarze Hand", den österreichischen Thronfolger Erzherzog Franz Ferdinand und seine tschechische Frau in Sarajewo, Bosnien und Herzegowina, ermordete. Princip war ein Mitarbeiter von Leo Trotzki (richtiger Name Lew Dawidowitsch Braunstein),[185] einem russischen Juden, der sich mit seinem jüdischen Kollegen Wladimir Lenin (nach seiner Adoption in Uljanow umbenannt, aber richtiger Name Zederbaum) verschworen hatte[186], um die russische

---

[185] Zum angeblichen Ursprung von Princip siehe W. G. Simpson, *What Path Does Western Man Follow?* Yeoman Press, New York, 1978, S. 682, wo er aus Léon de Poncins' *Les Forces Secrètes de la Révolution*, Éditions Saint-Rémi, zitiert, das wiederum aus den Archiven des Prozesses gegen den Attentäter zitiert. Siehe auch *Symphonie Rouge* von J. M. Landowsky, Hadès Éditions, ein Verhör von Christian G. Rakovsky (mit richtigem Namen Chaïm Rakover) durch den NKWD (Stalins Geheimpolizei), in dem er gesteht, dass Trotzki hinter der Ermordung des Erzherzogs Ferdinand steckt und dass der sowjetische fünfzackige Stern die fünf Zweige der Rothschild-Brüder (Frankfurt, London, Neapel, Paris und Wien) darstellt.

[186] Lenins Vater war ein Burjat, ein nicht ethnischer Russe. Sein Urgroßvater mütterlicherseits war Moishe Itskovich Blank und sein Großvater Srul Moisevich Blank. Dieser änderte seinen Vornamen in Alexander. Zev Ben-Shlomo, *Lenin's Life and Legacy*, Dimitri

Monarchie zu stürzen. Er wurde wiederum von dem amerikanischen Juden Jacob Schiff finanziert,[187] der der Strohmann des englischen Juden Lord Walter Rothschild war, dem Drahtzieher dieser schrecklichen Katastrophe. Diese Tatsachen wurden 1921 vor dem US-Senat bestätigt, als festgestellt wurde, dass "die gesamte Verantwortung für den Ersten Weltkrieg auf den Schultern der internationalen jüdischen Bankiers ruhte". Sie sind für Millionen von Todesfällen verantwortlich.[188]

Volkogonov, *Jewish Chronicle*, London, 4. April 1995. Lenins jüdische Mutter war Maria Blank. Als seine Eltern starben, wurden er und sein Bruder von einer jüdischen Familie adoptiert. 1929 schlug Lenins Schwester, Anna Uljanowa-Jelisarow, Stalin vor, seine Abstammung offenzulegen, um dem grassierenden Antisemitismus entgegenzuwirken und den "jüdischen revolutionären Geist" in den Massen zu wecken. Obwohl Lenin angeblich von den Massen verehrt wurde, bat ihn Stalin, dies geheim zu halten, da diese Enthüllung der Welt klar machen könnte, dass die bolschewistische Revolution zu 100% jüdisch war. Jesse Zel Lurie, Lenin war ein heimlicher Jude, *Bronward Jewish Journal*, 25. Februar 1992. Einem Bericht der *Times* vom 10. Mai 1920 zufolge, der sich auf sowjetische Quellen stützt, waren 458 der 556 Spitzenbeamten des Regimes Juden, das sind 82,4%. Der Autor besuchte eines der letzten Lenin-Museen in Tampere, Finnland, wo Lenin die Novemberrevolution 1905 in Russland plante.

[187] Siehe Anthony C. Sutton, *Wall Street und die bolschewistische Revolution*, Le Retour aux Sources 2010.

[188] U.S. Congressional Record, 67th, 4th Session, Senate Documents No. 346, 1921. Im Jahr 1928 schrieb der jüdische Schriftsteller Marcus Elijah Ravage: "Sie haben noch nicht begonnen, die wahre Tiefe unserer Schuld zu erkennen. Wir sind die Eindringlinge. Wir sind die Perversen. Wir haben ihre natürliche Welt, ihre Ideale und ihr Schicksal übernommen und sie weggefegt. Wir waren die Ursache nicht nur des letzten großen Krieges [des Ersten Weltkrieges], sondern fast aller eurer Kriege, nicht nur der russischen Revolution, sondern aller großen Revolutionen eurer Geschichte. Wir haben

Ende Oktober 1926 bestätigte ein Gespräch zwischen dem britischen Abgeordneten Victor H. Cazalet und Henry Ford (1863-1947) diese unwiderlegbaren Fakten. Auf die Frage, wer die internationalen jüdischen Finanziers seien, antwortete er: "Ich habe mehrere Bücher, die Ihnen sagen werden, wer sie sind. Sie waren für den letzten Krieg verantwortlich und können auch in Zukunft jederzeit einen Krieg anzetteln, wenn sie es für nötig halten.[189]

Henry Ford, der Automobilpionier, identifizierte internationale jüdische Bankiers als die Anstifter des Ersten Weltkriegs und drückte seine Analyse im *International Jew* aus, der vom *Dearborn Independent* veröffentlicht wurde.

Zwietracht, Verwirrung und Frustration in Ihrem persönlichen und öffentlichen Leben gesät. Wir werden dies auch weiterhin tun. Niemand kann sagen, wie lange dies noch der Fall sein wird. *The Century Magazine*, Januar 1928, Bd. 115, Nr. 3, S. 346-350, zitiert von B. Klassen in *The White Man's Bible, The Church of the Creator*, Otto, North Carolina, 1981, S. 287-289.

[189] A. N. Field, *The Truth About the Slump - What the News Never Tells,* privat veröffentlicht, Nelson, Neuseeland.

Handelsrivalitäten, Bündnisse und missverstandene Positionen werden oft als Hauptursachen für den Ersten Weltkrieg dargestellt. Die wirklichen Gründe waren jedoch - in der Reihenfolge ihrer Bedeutung - die folgenden:

1) Zerstörung des Russischen Reiches und seiner Staatsbank

2) Zerschlagung der anderen Reiche (Österreich-Ungarn, Deutschland und Osmanien) durch Aufteilung in kleinere Staaten, die durch die Schaffung von Zentralbanken leichter ausgebeutet werden konnten.

3) Palästina einnehmen und einen zionistischen Marionettenstaat unter der direkten Kontrolle der Rothschilds errichten.[190]

Ende 1916 waren die britische und die französische Armee in Gefahr, den Krieg zu verlieren, da die Franzosen an der Westfront gemeutert hatten. Die Briten hatten ihre maritime Vorherrschaft bereits in der Schlacht von Jütland am 3. Mai 1916 verloren, als die deutsche Marine, die zahlenmäßig eins zu zwei unterlegen war, die unbesiegbare Royal Navy demütigte, 12 Schiffe versenkte und sechs verlor, wobei die britischen Verluste bei 2.551 Matrosen gegenüber 6.094 lagen.[191] Die beiden Kaiser versuchten verzweifelt, diesem sinnlosen Brudermord ein Ende zu setzen. Als ein Angebot von Lord Rothschild eintraf, das die Hilfe der USA im Gegenzug für die Zuweisung von Palästina

---

[190] N. Ferguson, *The House of Rothschild, The World's Banker 1849-1999*, Bd. 2, Penguin Books, London, 1999, S. 449.

[191] Léon Degrelle, *Hitler né à Versailles*, Band 1 von *Das Hitler-Jahrhundert*.

an eine Gruppe zionistischer Juden nach der Auflösung des Osmanischen Reiches garantierte.[192]

Am 6. April 1917 erklärten die Vereinigten Staaten Deutschland[193] und den anderen Mittelmächten den Krieg, und am 2. November 1917 erhielten Lord Rothschild und seine zionistischen Kollaborateure die schriftliche Zusage Großbritanniens, den jüdischen Siedlern Palästina zu gewähren.[194] Dieses berüchtigte

---

[192] Die Bewegung der Jungtürken, die den Untergang des Osmanischen Reiches organisierte, bestand hauptsächlich aus *Donmeh-Juden* (türkisch für "Konvertiten"), die dem jüdischen Kult des Sabbatismus anhingen, der von Sabbatai Tsevi in der Mitte des 17. P. Papaherakles, The Young Turks and the Massacre of 117 Million Whites, *The Barnes Review*, Washington, D. C., Vol. XVIII, no. 2, No. 2, The *Barnes Review*, Washington, D. C., Vol. Vol. XVIII, no. 2, März/April 2012, pp. 22-31.

[193] In einer Rede im Willard Hotel in Washington D.C. im Jahr 1961 bestätigte Benjamin Freedman (Friedman), ein ehemaliger Jude, der zum römischen Katholizismus konvertierte, wie deutsche Juden Deutschland während des Ersten Weltkriegs verrieten, indem sie die Vereinigten Staaten in eine Falle lockten und sie zwangen, sich England anzuschließen, im Austausch für das zukünftige Versprechen von Palästina.

[194] Mehr als 98% der zionistischen Siedler in Palästina sind aschkenasisch und haben keine semitischen ethnischen Bindungen zu dem Land. Sie sind Nachfahren des Chasarenreichs, das in Südrussland auf dem Gebiet des heutigen Georgiens lag. Die Chasaren wurden im 8. Jahrhundert n. Chr. von ihrem Herrscher, König Bulan, massiv zum Judentum bekehrt. Eine Bestätigung findet sich in einem Artikel über Kraniometrie von Dr. Maurice Fishberg in der *Jewish Encyclopaedia* IV, 1902, S. 331-335. Diese Untersuchung von fast 3.000 jüdischen Schädeln aus verschiedenen Ländern über einen Zeitraum von 20 Jahren ergab, dass sie zur Kategorie der Brachycephalen oder Breitschädel mit einem Index von 80 gehörten, im Gegensatz zu den Köpfen der Araber, die dolichalisch oder langköpfig sind. Siehe auch Arthur Koestler, *The Thirteenth Tribe:*

Dokument, bekannt als Balfour-Erklärung, wurde von Lord Arthur James Balfour, dem britischen Außenminister, und General Jan Christian Smuts, einem Mitglied des kaiserlichen Kriegskabinetts, verfasst.

> Foreign Office,
> November 2nd, 1917.
>
> Dear Lord Rothschild,
>
> I have much pleasure in conveying to you, on behalf of His Majesty's Government, the following declaration of sympathy with Jewish Zionist aspirations which has been submitted to, and approved by, the Cabinet
>
> "His Majesty's Government view with favour the establishment in Palestine of a national home for the Jewish people, and will use their best endeavours to facilitate the achievement of this object, it being clearly understood that nothing shall be done which may prejudice the civil and religious rights of existing non-Jewish communities in Palestine, or the rights and political status enjoyed by Jews in any other country"
>
> I should be grateful if you would bring this declaration to the knowledge of the Zionist Federation.

Brief von Lord **Arthur Balfour** an Lord **Walter Rothschild**, Vorsitzender der Zionistischen Föderation, in dem er die britische Unterstützung für die Gründung eines zionistischen Staates in Palästina bestätigt.

Das Khasarenreich und sein Erbe. Ramdon House, 1976, S. 255 und Shlomo Sand, *How the Jewish People Were Invented*, Verso, 2009, S. 344 und *How the Land of Israel Was Invented: From the Holy Land to the Motherland*, Verso, 2012, S. 304. Am 5. Dezember 2012 wurde eine von Dr. Eran Elhaik, einem Forschungsgenetiker an der Johns Hopkins University School of Medicine, verfasste Studie von der Oxford University Press im Auftrag der Society for Molecular and Evolutionary Biology veröffentlicht, die bestätigt, dass die "Khazar-These" wissenschaftlich korrekt ist.

Das durch diesen unnötigen Krieg verursachte Blutvergießen dauerte weitere zwei Jahre an. Russland wurde völlig zerstört und im Nahen Osten wurde ein unlösbares Problem geschaffen. Wie Rabbi Reichorn 1859 prophetisch bemerkte: "Kriege sind die Ernte der Juden, denn durch sie vernichten wir die Christen und bekommen ihr Gold. Wir haben bereits 100 Millionen Menschen getötet. Wir werden die Christen in weitere Kriege ziehen, indem wir ihren Nationalstolz und ihre Dummheit ausnutzen. Dann werden sie sich gegenseitig abschlachten und mehr Platz für unser Volk schaffen",[195] ähnlich äußerte sich Gutle Schnapper, die Frau von Mayer Amschel Rothschild, kurz vor ihrem Tod 1849: "Wenn meine Kinder keinen Krieg gewollt hätten, hätte es keinen gegeben".[196]

Am 11. November 1918 wurde ein Waffenstillstand unterzeichnet, und sieben Monate später, am 28. Juni 1919, wurde der zutiefst fehlerhafte Vertrag von Versailles unterzeichnet. Deutschland sollte die alleinige Schuld auf sich nehmen und exorbitante Reparationszahlungen in Höhe von 6,6 Milliarden Pfund leisten[197], was dem gesamten Vermögen des Landes entsprach, obwohl die anderen Kriegsparteien, Großbritannien, Frankreich und Russland, die gleiche - wenn nicht sogar eine größere - Schuld trugen. Diese Entschädigung sollte dazu dienen, die internationalen Bankiers für die betrügerischen Kredite und fiktiven Zinsen zu entschädigen, die der britischen und

---

[195] *Le Contemporain*, 1. Juli 1880.

[196] N. Ferguson, op. cit. S. 20.

[197] Nach dem Inflationsrechner der Bank of England entsprachen 6,6 Milliarden Pfund im Jahr 2012 289 Milliarden Pfund.

französischen Regierung gewährt worden waren. General Smuts sagte auf der Konferenz: "Alles, was wir hier getan haben, ist viel schlimmer als der Wiener Kongress. Die Staatsmänner von 1815 wussten zumindest, was vor sich ging. Unsere Politiker haben keine Ahnung.[198]

---

[198] Léon Degrelle, op. cit. S. 335.

GESCHICHTE DER ZENTRALBANKEN

KAPITEL V

DIE WELTWIRTSCHAFTSKRISE

"Das Kapital muss auf jede erdenkliche Weise geschützt werden, sowohl durch das System als auch durch die Gesetzgebung. Schulden müssen bezahlt, Hypotheken so schnell wie möglich zwangsversteigert werden. Wenn gewöhnliche Menschen auf dem Rechtsweg ihr Zuhause verlieren, werden sie fügsamer und lassen sich leichter vom weltlichen Arm der Regierung regieren, der von einer zentralen Macht gesteuert wird, die von den Reichen unter der Leitung von Finanziers ausgeübt wird. Diese Wahrheiten sind unseren Agenten, die jetzt daran arbeiten, einen Imperialismus zu schaffen, der die Welt beherrscht, wohl bekannt. Indem wir die Wähler durch das politische Parteiensystem spalten, zwingen wir sie, ihre Energie zu verschwenden und über belanglose Themen zu streiten. Auf diese Weise, durch stilles Handeln, wird es uns gelingen, für uns selbst zu sichern, was bereits so gut geplant und so erfolgreich durchgeführt wurde."
- Montagu Norman, Gouverneur der Bank von England, spricht 1924 vor der United States Bankers Association in New York.

Zu Beginn des 20. Jahrhunderts gab es nur 18 Zentralbanken: Schwedische Reichsbank (1668), Bank von England (1694), Bank von Spanien (1782), Bank von Frankreich (1800), Bank von Finnland (1812), Bank der Niederlande[199] (1814), Bank von Norwegen (1816), Bank von Österreich (1816), Bank

---

[199] Der *Nederlandsche Bank* ging die *Amterdamsche Wisselbank* voraus, die 1609 von Dirck van Os gegründet wurde und somit als erste Zentralbank der Welt angesehen werden kann.

von Dänemark (1818), Bank von Portugal (1846), Bank von Belgien (1850), Bank von Indonesien (früher Bank von Java) (1865), Deutsche Reichsbank (1876), Bulgarische Nationalbank (1879), Nationalbank von Rumänien (1880), Bank von Japan (1882), Nationalbank von Serbien (1884) und Bank von Italien (1893).

Im Jahr 1922 fand vom 10. April bis 19. Mai in Genua eine Konferenz statt, an der alle Staatsoberhäupter, die Gouverneure der Bank von England, der Bank von Frankreich und der New Yorker Zentralbank sowie zahlreiche internationale Bankiers teilnahmen. Auf dieser Konferenz wurde beschlossen, in allen Ländern, in denen es noch keine Zentralbanken gab, solche einzurichten. Der Gouverneur der Bank of England, Montagu Norman,[200] bestand darauf, dass die Zentralbanken unabhängig von ihren Regierungen sein sollten.[201] A. N. Field berichtet in seinem Buch *All These Things* über dieses bedeutende Ereignis:

> "Trotz der Kühnheit dieser Verfahren waren sie durchaus erfolgreich. Die stipendiären Ökonomen entdeckten glücklich, dass die Reservebanken wunderbare wissenschaftliche Instrumente waren,

---

[200] Montagu Norman, ein Freimaurer, war sehr geheimnisvoll und arbeitete oft im Verborgenen. Auf seinen Reisen ins Ausland nahm er das Pseudonym Professor Skinner an. Dies war der Name seines Sekretärs, Ernest Skinner. Während seiner gesamten Amtszeit hat er nie ein Land besucht, das keine Zentralbank hat, und nie ein Gespräch mit einem Zentralbankgouverneur in Anwesenheit eines ausländischen Finanzministers geführt. R. S. Sayers, *The Bank of England 1891-1944*, Cambridge University Press, Cambridge, 1976, S. 159-160.

[201] A. N. Field, *All These Things*, Omni Publications, Hawthorne, Kalifornien, 1936, S. 7.

die Zeitungen schlossen sich dem Beifall an, und die Politiker der verschiedenen Staaten verhielten sich wie disziplinierte Wächter, die Schafe zur Schlachtbank führten. Die Tatsache, dass die Finanziers keine öffentlichen Bediensteten sind, sondern bloße Agenten, die von den Aktionären einer Bankgesellschaft bezahlt werden und deren Interessen nicht das geringste mit dem nationalen Interesse zu tun haben".[202]

Die Bank für Internationalen Zahlungsausgleich

Die Zahl der neuen Zentralbanken nahm zu, insbesondere "nach der Gründung der Bank für Internationalen Zahlungsausgleich in Basel im Jahr 1930, [als] die (von den Regierungen der Länder, in denen sie angesiedelt waren, mehr oder weniger unabhängigen) Zentralreservebanken überall auf der Welt wie Pilze aus dem Boden schossen, mit einhelliger Zustimmung der Regierungen und ihrer Völker, die sich von diesen Banken, die sie versklaven wollten, getäuscht sahen".[203]

Der ursprüngliche Zweck der BIZ bestand darin, Deutschland die Zahlung von Kriegsreparationen gemäß den Bestimmungen des Versailler Vertrags zu erleichtern. Als jedoch die Auswirkungen der künstlich herbeigeführten Weltwirtschaftskrise spürbar wurden und die Nationalsozialisten im Januar 1933 die Macht übernahmen, wurden alle Zahlungen eingestellt, und die

---

[202] D. J. Amos, *The Story of the Commonwealth Bank*, Veritas Publishing Company Pty Ltd, Bullsbrook, Australien, 1986, S. 27.

[203] Ebd., S. 8.

BIZ musste eine neue Aufgabe finden, nämlich die Förderung der währungspolitischen Zusammenarbeit. In Wirklichkeit steuert und lenkt die BIZ das globale Finanzsystem über die Zentralbanken der einzelnen Länder, von denen 60 direkt mit ihr verbunden sind.

Der Hauptsitz der Bank befindet sich in Basel, Schweiz, und ist derzeit in einem 18-stöckigen Gebäude untergebracht, das dem Kühlturm eines Kraftwerks ähnelt. Sie ist die Zentralbank der Zentralbanken, ihre Beamten sind nicht gewählt und niemandem rechenschaftspflichtig, ihre Statuten garantieren Immunität von nationalen und steuerlichen Gesetzen, und sie hat ihre eigene private Polizei. Darüber hinaus sind die Archive der Bank sowie alle Dokumente und elektronischen Daten aufgrund einer Vereinbarung mit dem Schweizerischen Bundesrat jederzeit und überall unverletzlich. Diese Vereinbarung geht auf Artikel X, Absatz 2 des am 31. August 1929 unterzeichneten Haager Protokolls zurück, in dem es heißt: "Die Bank, ihr Eigentum und ihre Vermögenswerte sowie die ihr anvertrauten Einlagen oder sonstigen Gelder, die sich im Hoheitsgebiet oder unter der Verwaltung von.... bleiben frei von allen Beschränkungen und restriktiven Maßnahmen wie Zensur, Requisition, Beschlagnahme oder Einziehung in Friedens- oder Kriegszeiten sowie frei von allen Vergeltungsmaßnahmen, Verboten oder Beschränkungen der Ausfuhr von Gold oder Devisen und anderen ähnlichen Eingriffen, Beschränkungen oder Verboten. "Seine vierzehntägigen Sitzungen, in denen die Weltwirtschaft diskutiert wird, finden unter absoluter Geheimhaltung statt. Es gibt keine schriftliche Tagesordnung, es sei denn, eine der Statuten der Bank verlangt eine Änderung, und es wird kein Protokoll geführt. Die Hauptaufgaben der Bank sind offiziell:

(i) Erleichterung der Zusammenarbeit zwischen Zentralbanken durch Vereinbarungen.

(ii) Förderung der finanziellen Stabilität

(iii) Suche nach politischen Lösungen

(iv) Als Gegenpartei bei Finanztransaktionen der Zentralbank fungieren.

(v) Handeln als Bevollmächtigter oder Verwalter in Bezug auf internationale Finanztransaktionen.

Das wahre Wesen der BIZ wurde jedoch in dem Buch *Tragedy and Hope* enthüllt, das von einem Insider, Professor Carroll Quigley von der Georgetown University, geschrieben wurde:

"Neben all diesen pragmatischen Zielen verfolgten die Mächte des Finanzkapitalismus ein weitreichendes Ziel, nämlich nichts Geringeres als die Schaffung eines globalen Finanzkontrollsystems in privater Hand, das in der Lage ist, das politische System eines jeden Landes und die Wirtschaft der gesamten Welt zu beherrschen. Dieses System sollte feudal von den Zentralbanken der Welt kontrolliert werden, die durch geheime Vereinbarungen, die auf häufigen Treffen und Konferenzen getroffen wurden, zusammenarbeiten. Die Spitze des Systems sollte die Bank für Internationalen Zahlungsausgleich in Basel (Schweiz) sein, eine Bank in Privatbesitz, die von den Zentralbanken der Welt, die ihrerseits private Einrichtungen sind, kontrolliert wird. Jede Zentralbank, in den Händen von Männern wie Montagu Norman von der Bank of England,

Benjamin Strong von der New Yorker Federal Reserve, Charles Rist von der Bank of France und Hjalmar Schacht von der Reichsbank, strebte danach, ihre Regierung zu dominieren, indem sie in der Lage war, die öffentliche Kreditaufnahme zu kontrollieren, den Außenhandel zu manipulieren, das Niveau der Wirtschaftstätigkeit innerhalb des Landes zu beeinflussen und kooperative Politiker mit einflussreichen Positionen in der Geschäftswelt zu belohnen."[204]

Illusion und Realität: eine Schlange von Arbeitslosen in Chicago im Jahr 1937.

Wie Professor Quigley 1966 voraussagte, ist das Endziel der BIZ eine einheitliche Weltwährung, ein einheitliches Weltwirtschaftssystem und eine Weltregierung, in der nationale Gesetze nicht mehr gelten und nicht mehr gerechtfertigt sind. Die Kontrolle über die Bank liegt in den Händen des Hauses Rothschild durch seine Beteiligungen an verschiedenen Zentralbanken und

---

[204] Carroll Quigley, *Tragedy and Hope, A History of the World in Our Time*, The Macmillan Company, New York, 1966, S. 324.

anderen Privatbanken.

Nach dem Zweiten Weltkrieg und der Auflösung der europäischen Kolonialreiche, die wirtschaftlich nicht mehr lebensfähig waren und bessere Aussichten auf eine Ausbeutung durch internationale Kredite boten,[205] kam es zu einer Vermehrung der Zentralbanken, von denen es heute 155 gibt: die Belgische Nationalbank, die Bank von Griechenland, die Bank von Italien, die Bank von Japan, die Bank von Japan, die Südafrikanische Zentralbank, die Schweizerische Nationalbank, die Zentralbank der Republik Türkei und die US Federal Reserve. Die koordinierte Gründung all dieser Zentralbanken beweist zweifelsfrei, dass sie alle Teil eines "internationalen Bankenkonglomerats" sind.[206]

Die US-Notenbank

Trotz eines vorübergehenden Preisanstiegs während des Bürgerkriegs (1861-1866) behielt der Dollar zwischen 1820 und 1910 seine Kaufkraft, d. h. ein Dollar war auch 90 Jahre später noch einen Dollar wert. Allerdings brauchte die Federal Reserve nur sechs Jahre, um den Wert des Dollars zu zerstören. Zwischen 1914 und 1920 stiegen die Preise um 125% und verringerten ihren Wert

---

[205] Für eine Beschreibung der Art und Weise, wie die Weltbank und insbesondere der IWF durch das Strukturanpassungsprogramm des letzteren die Entwicklungsländer mit ausländischen Krediten ausbeuteten, siehe P. T. Bauer, *Equality, the Third World, and Economic Delusion*, Harvard University Press, Cambridge, Massachusetts, 1981, S. 304, und J. Perkins, *Confessions of a Financial Assassin*, Alterre, 2005.

[206] A. N. Field, a. a. O., S. 5.

um 56,1%.

Bevor wir uns der Großen Depression zuwenden, ist ein kurzer Rückblick auf die Ursachen der ersten großen Deflation angebracht. Um die Preise zu kontrollieren, wurde am 18. Mai 1920 in Washington D. C. eine geheime Bankensitzung unter dem irreführenden Titel "Methodisches Deflationskomitee der Bankiersvereinigung" abgehalten. C. unter dem irreführenden Titel "Methodical Deflation Committee of the American Bankers Association".[207] Auf Geheiß der Federal Reserve wurde der Diskontsatz ohne Vorwarnung rasch von 2% auf 9% und darüber hinaus angehoben. Gleichzeitig begann die US-Notenbank mit dem aggressiven Verkauf von Schatzanweisungen, wodurch deren Wert um 20% sank. Durch den Preisverfall der Schatzwechsel sank der Wert der Reserven der Banken, die gezwungen waren, Kredite aufzunehmen. Dies führte zu einer "schrecklichen Liquidation aller landwirtschaftlichen Rohstoffe"[208] und "die Agrarpreise fielen auf ihren tiefsten Stand und brachten die Bauern in den Ruin".[209]

Gleichzeitig erhöhten die Frachtunternehmen, die die größten Monopole besaßen, wie z. B. die Harrimans, die Straßenbenutzungsgebühren so weit, dass in einigen Staaten die Transportkosten die Produktionskosten überstiegen. Ein Jahr später, im Mai 1920, sank die

---

[207] G. M. Coogan, *Money Makers, Wer schafft Geld und wer sollte es schaffen?* Omni Publications, Hawthorne, Kalifornien, 1963, (erstmals 1935 veröffentlicht), S. 62.

[208] Ebd., S. 62.

[209] Ebd., S. 62.

landwirtschaftliche Produktion um mehr als die Hälfte, von 244 auf 117. Viele Landwirte gingen in Konkurs, da ihre Gemeinkosten unverändert blieben, ihre finanziellen Belastungen aber in die Höhe schnellten.

Die unbegrenzten Befugnisse der Federal Reserve erlaubten es ihr, die Geldmenge und die Kreditvergabe in den USA um 2 Billionen Dollar zu reduzieren, was zu einer "Halbierung der Preise und zu Not und Verwirrung" führte.[210] Diese Politik wurde bewusst umgesetzt[211], um den Agrarsektor zu verarmen[212], indem Geld vom Land in die Städte transferiert wurde, während gleichzeitig die Selbstversorgung Amerikas mit Nahrungsmitteln verringert und das Land anfällig für die Intrigen und Launen von Dieben und Finanzspekulanten wurde.[213]

Im Juli 1921 kehrte die Federal Reserve diese Politik mit massiven Käufen von Schatzwechseln um. Der Schaden, den die Agrarbanken erlitten hatten, konnte jedoch nicht behoben werden, und die landwirtschaftlichen Erzeugnisse wurden weiterhin künstlich unter Druck gesetzt und zum Teil sogar zu Preisen verkauft, die unter

---

[210] A. N. Field, *The Truth About The Slump*, Selbstverlag, Nelson, Neuseeland.

[211] Ebd., S. 200.

[212] Der vorsätzliche Zusammenbruch des US-Landwirtschaftssektors kann mit Stalins Zerstörung der landwirtschaftlichen Produktion in den 1930er Jahren in der Ukraine (russisch für Grenze) und dem anschließenden Holodomor (russisch für Hungersnot) verglichen werden, bei dem sechs Millionen Kulaken (russisch für Faust) hingerichtet wurden oder verhungerten.

[213] A. N. Field, op. cit. S. 204.

ihren Produktionskosten lagen.

Im August 1927 beschlossen die Verschwörer, die die Federal Reserve besaßen und leiteten, dass es an der Zeit war, eine neue "Blase" zu schaffen. Trotz der Proteste von 11 der 12 Bundesbanken, die die Gefahren erkannten, wurden sie angewiesen, ihre Rediskontsätze zu senken und ein massives Programm zum Ankauf von Schatzwechseln (das moderne Äquivalent der quantitativen Lockerung) einzuleiten, um die Geldmenge zu erhöhen.[214]

Sehr wenig von diesem *ex nihilo* geschaffenen Geld *wurde* in produktive Investitionen *gesteckt*, sondern in die Aktienmärkte gepumpt, wo das Kurs-Gewinn-Verhältnis[215] bald 20 und in einigen Fällen 50 erreichte. Die Medien und die verräterischen "Ökonomen" verkündeten eine "neue Ära" des dauerhaften Wohlstands und schürten absichtlich das Feuer der Spekulation, als 16 Millionen Amerikaner von 73 Millionen Erwachsenen Aktien kauften und verkauften.

Am 9. März 1929 riet der Freimaurer Paul Warburg, Gründer der Federal Reserve Bank, allen Mitgliedsbanken sowie dem Finanzminister Andrew Mellon, ebenfalls ein Freimaurer, sich aus dem Aktienmarkt zurückzuziehen oder Leerverkäufe zu tätigen. Er teilte ihnen mit, dass sie, wenn sie sofort handelten, riesige Gewinne erzielen würden, da der Dow-Jones-Index kurz vor dem Zusammenbruch stand.

---

[214] G. M. Coogan, op. cit. S. 67.

[215] Das Verhältnis wird berechnet, indem der Aktienkurs durch den Gewinn je Aktie geteilt wird.

GESCHICHTE DER ZENTRALBANKEN

Am 24. Oktober 1929 beschloss die Federal Reserve, dieser Spekulationsorgie ein Ende zu setzen und ihren groß angelegten Betrug zu beginnen. Der Diskontsatz wurde plötzlich auf 6% angehoben. Tausende von Aufträgen wurden aus der ganzen Welt an die New Yorker Börse geschickt, um zum "Marktpreis" zu verkaufen - eine typische Taktik von Spekulanten, um die Preise schnell zu senken. Das Vertrauen schwand plötzlich und die erste geplante Große Depression wurde ausgelöst. Der Wendepunkt kam sechs Tage später, am 30. Oktober 1929, als die Federal Reserve anordnete, Kredite in Höhe von 2,3 Milliarden Dollar an Makler zu streichen. Der Aktienmarkt brach zusammen, und bis Dezember 1932 war der Wert der börsennotierten Wertpapiere um 83,1% von 89 Milliarden Dollar auf 15 Milliarden Dollar gesunken.

Die wirtschaftlichen und sozialen Folgen dieser Implosion waren verheerend. Von den 24.000 Banken scheiterten 10.000 und hinterließen ihre Einleger in der Insolvenz. 200.000 Unternehmen gingen in Konkurs und 8,3 Millionen Menschen wurden obdachlos. Innerhalb von drei Jahren waren 24,9%[216] der Erwerbsbevölkerung arbeitslos. Das Nationaleinkommen der USA sank um 40,7%, von 81 Milliarden Dollar im Jahr 1927 auf 48 Milliarden Dollar im Jahr 1932. In den Jahren der Depression starben schätzungsweise drei Millionen Menschen an Hunger. Die Hauptursachen waren Unterernährung, Infektionskrankheiten und Selbstmord.

In Bezug auf den Zusammenbruch der New Yorker Börse, der die Depression auslöste, stellte der

---

[216] Völkerbund, World Economic Survey: Eighth Year, 1938/1939 (Genf, 1939) S. 128.

Kongressabgeordnete Louis T. McFadden treffend fest: "Dies war ein sorgfältig eingefädeltes Ereignis... Die Banker[217] versuchten, verzweifelte Bedingungen zu schaffen, um sich als die obersten Herrscher über uns alle zu profilieren."[218]

A. N. Field prangerte die Nutzlosigkeit der Zentralbanken und die pervertierten Zwecke an, für die sie immer wieder eingesetzt wurden:

> „Zentralbanken als Mittel zur Verhinderung von Finanzkrisen haben sich in den Vereinigten Staaten als völliger Fehlschlag erwiesen. Diese Tatsache stand keineswegs im Widerspruch zur Gründung von Zentralbanken in allen Ländern. Es wurde argumentiert, dass die Finanziers, die die US-Notenbank leiten, keine stabilen Verhältnisse wollen und dass die beispiellosen Blasen und Rezessionen, die seit ihrer Gründung aufgetreten sind, absichtlich provoziert wurden. Es ist zumindest wahr, dass diejenigen, die das System kontrollieren, die stärksten Einwände gegen jeden erhoben haben, der versucht hat, den Kongress dazu zu bringen, Gesetze zu erlassen, die die Fed zwingen würden, ihre immense Macht zu nutzen, um die Kaufkraft ihrer Währung stabil zu halten."[219]

In einem Artikel in der *Financial Times* von 1930 stellte

---

[217] In den 1920er und 1930er Jahren war der Begriff "internationale Bankiers" ein gängiger Ausdruck für jüdische Bankiers. Ein anderer Euphemismus war "kosmopolitische Finanziers".

[218] A. N. Field, op. cit. S. 202.

[219] A. N. Field, *All These Things*, Omni Publications, Hawthorne, Kalifornien, 1936, S. 121-122.

Professor Karl Gustav Cassel[220] von der Universität Stockholm fest: "Die absolute Macht über das Wohlergehen der Welt wurde praktisch in die Hände des Board of Governors des Federal Reserve System gelegt. Und man kann nur bestürzt sein über die scheinbar willkürliche Art und Weise, in der diese Direktoren diese Macht ausüben, und wie sehr dies den Anforderungen widerspricht, die die US-Geldpolitik leiten sollten".[221]

Halten wir einen Moment inne, um die donnernde Rede des ehemaligen Vorsitzenden der Bank- und Währungskommission (1920-1931), Louis T. McFadden, vom Freitag, dem 10. Juni 1932, im Repräsentantenhaus wiederzugeben:[222]

"Herr Präsident, wir haben in diesem Land eine der korruptesten Institutionen, die die Welt je gesehen hat. Ich spreche vom Federal Reserve Board und den Federal Reserve Banks.

Dieses Gremium, ein Arm der Regierung, hat die Regierung der Vereinigten Staaten und das amerikanische Volk um genug Geld betrogen, um die Staatsschulden zu begleichen. Die Verwüstungen und Ungerechtigkeiten des Federal

---

[220] Professor Cassel war ein Gründungsmitglied der *Handelshögskolen i Stockholm* (Stockholmer Wirtschaftshochschule). Die Schule war grundsätzlich gegen den von der Österreichischen Schule der Nationalökonomie vertretenen Goldstandard.

[221] A. N. Field, *The Truth About The Slump*, S. 118.

[222] *Collective Speeches of Congressman Louis T. McFadden'*, Omnia Publications, Hawthorne, California, 1970, Kapitel XVI, The Treacherous and Disloyal Conduct of the Federal Reserve and Federal Reserve Banks, S. 298-329.

Reserve Board und der Federal Reserve Banks haben dieses Land genug Geld gekostet, um die Staatsschulden mehrmals zu tilgen. Diese üble Institution hat die Menschen in den Vereinigten Staaten verarmt und ruiniert; sie hat sich selbst ruiniert und unsere Regierung praktisch in den Bankrott getrieben. Dies geschah durch Schlupflöcher in den Gesetzen, nach denen sie arbeitet, durch die falsche Anwendung dieser Gesetze durch den Stiftungsrat und durch die korrupten Praktiken der reichen Geier, die sie kontrollieren.

Manche Menschen betrachten die Federal Reserve Banks als Institutionen der US-Regierung. Sie sind es nicht. Es handelt sich um private Kreditmonopole, die die Menschen in den Vereinigten Staaten zum eigenen Vorteil und zum Vorteil ihrer ausländischen Kunden, der Spekulanten und Betrüger, sowie der reichen räuberischen Kreditgeber ausbeuten. Diese finstere Clique von Finanzpiraten beherbergt Leute, die einem Menschen die Kehle durchschneiden würden, um in seine Tasche zu greifen; sie sind diejenigen, die die Staaten mit Geld überschwemmen, um Stimmen zu kaufen und unsere Gesetzgebung zu kontrollieren; und sie sind diejenigen, die die internationale Propaganda aufrechterhalten, um uns dazu zu bringen, ihnen weitere Zugeständnisse zu machen, um ihre vergangenen Missetaten zu vertuschen und ihre gigantische kriminelle Organisation aufrechtzuerhalten.

Diese 12 Kreditmonopole wurden diesem Land auf unfaire und betrügerische Weise von Bankern aus

Europa aufgezwungen, die sich für unsere Gastfreundschaft bedankten, indem sie unsere amerikanischen Institutionen sabotierten. Diese Bankiers finanzierten mit dem Geld dieses Landes Japan in seinem Krieg gegen Russland. Sie schufen mit unserem Geld eine Schreckensherrschaft in Russland, um den Krieg zu verlängern, sie waren die Architekten des Separatfriedens zwischen Deutschland und Russland, der während des Weltkriegs Zwietracht unter den Alliierten säte. Sie finanzierten Trotzkis Massenkundgebungen in New York, um Unzufriedenheit und Rebellion zu verbreiten. Sie bezahlten Trotzkis Reise von New York nach Russland, damit er sich an der Zerstörung des russischen Reiches beteiligen konnte. Sie ermutigten und provozierten die russische Revolution und stellten Trotzki beträchtliche Geldsummen in einer ihrer Bankfilialen in Schweden zur Verfügung, damit durch ihn die russischen Haushalte vollständig zerstört und die russischen Kinder von ihren natürlichen Beschützern getrennt würden. Seitdem haben sie damit begonnen, die Häuser der Amerikaner zu zerstören und die amerikanischen Kinder zu vertreiben.

Es wurde behauptet, dass Präsident Wilson durch die Aufmerksamkeit, die ihm von diesen Bankiers entgegengebracht wurde, und durch die philanthropischen Positionen, die sie vertraten, getäuscht worden sei. Es heißt, dass er sich von diesem Wichtigtuer, diesem "heiligen Mönch" des Finanzimperiums, trennte und ihm die Tür wies, als er entdeckte, wie er von Colonel House getäuscht worden war. Er hatte den Mut, dies zu tun, und hat sich meiner Meinung nach große Verdienste erworben.

Präsident Wilson starb als Opfer von Missbrauch. Als er Präsident wurde, war er mit bestimmten geistigen und herzlichen Qualitäten ausgestattet, die ihn befähigten, ein hohes Amt in dieser Nation zu bekleiden; aber er strebte nie danach, ein Bankier zu sein. Er sagte immer, er wisse wenig über das Bankwesen. So wurde unter seiner Regierung auf Anraten anderer der Federal Reserve Act verabschiedet, der den Todesstoß für die amerikanische Freiheit bedeutete.

Herr Präsident, es sollte keine Voreingenommenheit geben, wenn es um die Bank- und Währungsangelegenheiten dieses Landes geht, und ich spreche ohne jede Voreingenommenheit.

Im Jahr 1912 legte die National Monetary Association unter dem Vorsitz des verstorbenen Senators Nelson W. Aldrich einen Bericht zur Vorbereitung der als National Reserve Act bekannten Gesetzgebung vor. Aldrich, legte einen Bericht zur Vorbereitung der als National Reserve Act bekannten Gesetzgebung vor. Dieses Gesetz ist besser bekannt als das Aldrich-Gesetz. Senator Aldrich hat das Aldrich-Gesetz nicht geschrieben. Er war das Instrument, nicht der Komplize der europäischen [jüdischen] Bankiers, die seit fast 20 Jahren geplant hatten, eine Zentralbank in diesem Land zu errichten, und die 1912 große Geldsummen ausgegeben hatten und weiterhin ausgaben, um ihr Ziel zu erreichen.

Das Aldrich-Gesetz wurde nach der Nominierung von Theodore Roosevelt im Jahr 1912 angeprangert, und im selben Jahr, als Woodrow Wilson nominiert wurde, erklärte die Demokratische Partei auf dem Biltmore-Konvent ausdrücklich: "Wir lehnen den Aldrich-Zentralbankplan ab. All dies ist eine klare und unmissverständliche Aussage. Die Führer der Demokratischen Partei versprachen daraufhin den Bürgern, dass im Falle ihrer Wahl keine Zentralbank eingerichtet würde, solange sie an der Macht seien. Dreizehn Monate später wurde dieses Versprechen gebrochen, und die Wilson-Administration errichtete in unserem freien Land unter der Vormundschaft jener finsteren Wall-Street-Persönlichkeiten, die hinter dem Haus des Colonels stehen, die krumme monarchische Institution der "King's Bank", um uns von der Wiege bis zur Bahre zu kontrollieren und zu versklaven. Der Federal Reserve Act hat unsere uralte Art und Weise, Geschäfte zu machen, zerstört; er diskriminiert unsere auf dem Namen basierenden Handelsinstrumente,[223] das fortschrittlichste Modell der Welt; er hat die uralte Doppelbezeichnung wieder eingeführt,[224] die der gegenwärtige Fluch dieses Landes ist und die jedes Land geplagt hat, das sie praktiziert hat; er hat diesem Land genau die Tyrannei auferlegt, vor der uns die Väter der Verfassung schützen wollten.

Eine der größten Schlachten für die Erhaltung dieser

---

[223] Ein Handelsvertrag oder Schuldschein mit einer einzigen Unterschrift.

[224] Ein von zwei Personen unterzeichneter Handelsvertrag, der ihre volle Verantwortung bestätigt.

Republik wurde hier zu Jacksons Zeiten geschlagen, als die Zweite Bank der Vereinigten Staaten, die auf denselben falschen Grundsätzen beruhte, wie sie im Federal Reserve Act zum Ausdruck kommen, aus dem Verkehr gezogen wurde. Nach dem Fall der Zweiten Bank der Vereinigten Staaten im Jahr 1837 wurde das Land vor den Gefahren gewarnt, die sich daraus ergeben, dass räuberische Interessen, nachdem sie abgelehnt worden waren, getarnt zurückkehren, indem sie sich der Exekutive anschließen und über diese die Kontrolle über die Regierung erlangen. Doch genau das taten dieselben Interessen, als sie sich erneut in ein heuchlerisches Gewand kleideten und unter Vorspiegelung falscher Tatsachen den Federal Reserve Act durchsetzten.

Die Gefahr, vor der das Land gewarnt wurde, ist jetzt da, und sie präsentiert uns die lange Kette von Schrecken, die mit den verräterischen und unehrlichen Geschäften des Federal Reserve Board und der ihm angeschlossenen Banken einhergehen. Schauen Sie sich um, wenn Sie diesen Raum verlassen, und Sie werden die Beweise überall sehen. Diese Ära der wirtschaftlichen Misere ist ausschließlich die Schuld der Federal Reserve. Wir leben in einer Zeit der Finanzkriminalität, und bei der Finanzierung dieser Verbrechen ist die Federal Reserve kein unbeteiligter Zuschauer.

Die Menschen in den Vereinigten Staaten werden in hohem Maße getäuscht. Wenn das nicht der Fall ist, dann weiß ich nicht, was "das Volk betrügen" bedeutet. Sie haben ihren Arbeitsplatz verloren. Sie wurden ihrer Häuser beraubt. Sie sind aus ihren Häusern vertrieben worden. Sie haben ihre Kinder verloren. Sie wurden dem Tod überlassen, weil es ihnen an Unterkünften, Nahrung, Kleidung und Medikamenten fehlte.

Der Reichtum der Vereinigten Staaten und ihrer Produktivität wurde konfisziert und liegt nun in den Kassen bestimmter Banken und Großunternehmen oder wurde zum Nutzen dieser ausländischen Kunden, Banken und Unternehmen ins Ausland exportiert. Was das amerikanische Volk betrifft, so ist der Kelch voll. Es stimmt zwar, dass die Kohlelager und -depots sowie die Getreidesilos voll sind, aber die Lager und Silos sind verschlossen und die großen Banken und Konzerne haben die Schlüssel.

Die Plünderung der Vereinigten Staaten durch die Federal Reserve und ihre Kumpane ist das größte Verbrechen der Geschichte.

Herr Präsident, das Repräsentantenhaus befindet sich heute in einer ernsten Situation. Wir sind die Vertreter des Volkes, und die Rechte des Volkes werden uns genommen. Durch die Federal Reserve und die ihr angeschlossenen Banken werden die Menschen der Rechte beraubt, die ihnen durch die Verfassung garantiert werden. Ihr Vermögen wurde ohne ein ordentliches Verfahren beschlagnahmt. Herr Präsident, der Anstand gebietet es, dass wir die Konten der Regierung auf Verbrechen gegen das öffentliche Wohl untersuchen, die begangen wurden oder werden.

Was wir brauchen, ist eine Rückkehr zur US-Verfassung. Wir brauchen eine vollständige Scheidung zwischen den Banken und dem Staat. Der alte Kampf, der hier zu Jacksons Zeiten stattfand, muss erneut ausgetragen werden. Die

Unabhängigkeit des Schatzamtes der Vereinigten Staaten muss wiederhergestellt werden, und die Regierung muss ihr eigenes Geld unter Verschluss halten, und zwar in dem Gebäude, das das Volk zu diesem Zweck bereitgestellt hat. Wir müssen das Papiergeld, das Instrument der Schwindler, abschaffen.

Die Regierung sollte Gold kaufen und Geld ausschließlich auf der Grundlage der von ihr gehaltenen Reserven ausgeben. Die Verwaltung der Unternehmen sollte wieder in die Hände unabhängiger Bankiers gelegt werden. Das staatliche Bankensystem sollte frei von allen Beschränkungen sein. Die Federal-Reserve-Distrikte sollten abgeschafft und die Staatsgrenzen respektiert werden. Die Bankreserven müssen innerhalb des Staates gehalten werden, dessen Gläubiger die Bürger sind, und diese Reservewährung des Volkes muss geschützt werden, damit internationale Banker sie nicht beschlagnahmen können. Der gesamte Handel muss eingestellt werden, während wir unsere finanziellen Angelegenheiten in Ordnung bringen. Der Federal Reserve Act und die Federal Reserve Banks, die gegen seine Statuten verstoßen haben, müssen sofort liquidiert werden.

Illoyale Regierungsbeamte, die ihren Amtseid verletzt haben, müssen angeklagt und vor Gericht gestellt werden. Wenn dies nicht geschieht, prophezeie ich, dass das amerikanische Volk, empört, beraubt, ausgeplündert, beleidigt und verraten auf seinem eigenen Boden, sich auflehnen und in seinem Zorn einen Präsidenten hierher schicken wird, der die Händler aus dem Tempel vertreibt." [Beifall]

Aus den obigen Ausführungen wird deutlich, dass die von der südafrikanischen Arbeiterpartei während der Debatte über das südafrikanische Banken- und Währungsgesetz geäußerten Bedenken, das "in den Vereinigten Staaten konzipiert wurde und nicht im Interesse des Volkes, sondern der Banken ist", voll und ganz berechtigt waren[225]. Die Tatsache, dass die naiven und unwissenden Gesetzgeber von 1920 die Gründung der südafrikanischen Zentralbank nach dem Vorbild der US-Notenbank Federal Reserve zuließen, die der Kongressabgeordnete McFadden als "eine der korruptesten und übelsten Institutionen der Welt" bezeichnete, ist zutiefst bedauerlich und muss in aller Deutlichkeit verurteilt werden.

---

[225] *Cape Times,* 28. Juli 1920.

Der Kongressabgeordnete **Louis Thomas McFadden** war Vorsitzender der US-Banken- und Währungskommission (1920-1931). Seine beharrlichen Enthüllungen über die riesige "kriminelle Organisation" der Federal Reserve führten zu seiner Ermordung am 1. Oktober 1936.

Clifford Hugh Douglas

Clifford Hugh Douglas (1879-1952) war ein Ingenieur, der während des Ersten Weltkriegs als stellvertretender Inspektor in der Royal Aircraft Factory in Farnborough (England) arbeitete und feststellte, dass die Gesamtkosten der Waren höher waren als der Betrag, der in Form von Löhnen und Dividenden ausgezahlt wurde. Er beschloss, dieses Ungleichgewicht in der Art und Weise, wie das Geld durch die Industrie floss, zu untersuchen, und stellte nach der Erhebung von Daten von Hunderten von Unternehmen fest, dass die Kaufkraft der Verbraucher im Verhältnis zu den Gesamtproduktionskosten konstant unterdurchschnittlich war. Er betrachtete die Einkommensteuer als negative Dividende und schlug stattdessen die Zahlung einer nationalen Dividende an alle Bürger vor, die die Kluft zwischen Einkommen und Preisen schließen sollte. Diese Dividende würde den Verbrauchern die zusätzliche Kaufkraft verschaffen, die erforderlich ist, um die gesamte derzeitige Warenproduktion auf nichtinflationäre Weise zu absorbieren. Dies ist Teil des A+B-Theorems von Douglas, das besagt, dass die Preise immer schneller steigen, als das Einkommen erwirtschaftet wird, so dass der Gesamtbetrag der Preise aller in der Wirtschaft zirkulierenden Güter in jeder Phase die Gesamtkaufkraft der Verbraucher übersteigt. Douglas' Wirtschaftstheorie, bekannt als Social Credit[226], befürwortete die

---

[226] In einem Brief an H. S. (Jim) Ede vom 5. April 1935 äußerte sich Laurence von Arabien in Maurice Colbournes *Economic Nationalism* über das Douglas-Kreditprogramm: "Wirtschaft ist wie die Gezeiten. Es gelingt uns nicht, sie zu nutzen, aber sie fließt und fließt. Es gilt,

Übertragung des Geldschöpfungsprozesses von privaten Banken auf eine staatliche Bank, wodurch das Privileg der Geldschöpfung aus dem Nichts in Form von zinstragenden Schulden abgeschafft würde.

Er schlug auch einen Anpassungsmechanismus vor, den so genannten fairen Preis. Dieser Mechanismus würde es ermöglichen, die Preise um einen bestimmten Prozentsatz zu senken, und zwar in Abhängigkeit von den Folgen der erhöhten Effizienz des Produktionsprozesses aufgrund technologischer Verbesserungen. Auf diese Weise würden die Vorteile der Technologie direkt den Arbeitnehmern zugute kommen und ihre Lebensbedingungen verbessern. Douglas war sich sehr wohl bewusst, dass diese zunehmenden technologischen Fortschritte das Ziel der Vollbeschäftigung unmöglich machen würden.

Deshalb bestehen sie auf der Zahlung einer nationalen Dividende, die berechnet wird, indem zum Mindesteinkommen ein Teil des Gegenwerts des Anstiegs der nationalen Produktions- und Verbrauchsdaten hinzugefügt wird.

Nach dem Ersten Weltkrieg verbrachte Douglas den Rest seines Lebens damit, seine Ideen zu verbreiten und hielt Vorträge in vielen Ländern, darunter Australien, Kanada, Japan, Neuseeland und Norwegen. Er hatte zwei bemerkenswerte Erfolge:

    (i)   Die Social Credit Party übernahm 1935 die Kontrolle über die Provinzregierung von

---

eine Karte zu zeichnen, aber niemand kann den Mond ausmachen. *Die Briefe von T. E. Lawrence*, herausgegeben von D. Garnett, Jonathan Cape, London, 1938, S. 866.

Alberta (Kanada).

(ii) Nach einer Vortragsreise durch Japan im Jahr 1929 wurden seine Lösungen 1935 von der japanischen Regierung übernommen.

Douglas' Vorschläge wurden von den internationalen Bankiers sehr gefürchtet, und in den 1930er Jahren gaben sie eine beträchtliche Summe von 5 Millionen Pfund[227] aus, um sein Programm zur Massenerweckung zu bekämpfen, das ein großer Erfolg war. Douglas hatte nichts als Verachtung für die Zentralbanker übrig und bezeichnete die Bank of England bei einer Rede in Newcastle-upon-Tyne im Jahr 1937 als "ein Irrenhaus".[228]

Wohlstandszertifikat, ausgestellt von der Social Credit Party, Alberta, 1936.

---

[227] Nach dem Inflationsrechner der Bank of England entsprachen 5 Millionen Pfund im Jahr 2012 301 Millionen Pfund.

[228] C. H. Douglas, *Sicherheit institutionell und persönlich*, Rede in der Guildhall, Newcastle-upon-Tyne, 9. März 1937, S. 6. Ezra Pound bezeichnete am 1. Juni 1943 in Radio Rom die Bank of England als *"die Kanalisation von England"*.

Clifford Hugh Douglas. Seine Vorschläge für Sozialkredite und staatliche Banken wurden von den Regierungen von Alberta, Kanada und dem Kaiserreich Japan angenommen.

Irving Norton Fisher

Irving Fisher (1867-1947) war ein berühmter Professor für Wirtschaftswissenschaften an der Universität Yale, der einen mathematischen Ansatz zur Lösung wirtschaftlicher Probleme verfolgte. Er ist vor allem für seine Nutzentheorie bekannt, in der er die Messbarkeit der Nutzenfunktion der Theorie der Nachfrage gegenüberstellt. In seiner Abhandlung *The Theory of Interest (Die Theorie des Zinses)* beobachtete er, wie sich der relative Wert von Gütern bei unterschiedlichen Zinssätzen im Laufe der Zeit verändert. Daraus wurde die Quantitative Theorie des Geldes. Zeit seines Lebens war er in der Eugenik-Bewegung aktiv.

Im März 1913 versuchte Senator Robert L. Owen, der Vorsitzende des Bankenausschusses des Senats, einen alternativen Gesetzentwurf zu verabschieden, um den

Bank- und Währungsvorschlägen des betrügerischen Rothschild/Rockefeller-Tandems entgegenzuwirken.[229] Die Gesetzgebung hätte es ermöglicht, neben Gold und Silber auch Grundnahrungsmittel in die Geldbasis einzubeziehen und so die Möglichkeit von Inflation und Deflation zu vermeiden und echte Freiheit auf dem Arbeitsmarkt zu schaffen. Irving Fisher half Owen bei der Ausarbeitung des Gesetzentwurfs, wurde dann aber erpresst, seine Unterstützung zurückzuziehen.

Dieser aufschlussreiche Absatz stammt aus dem Buch *The Federeal Reserve Conspiracy & Rockefellers "Their Gold Corner"* von Emmanuel Josephson und beschreibt perfekt, was dann folgte:

> "Die Verschwörer waren entschlossen, die Einführung des Owen-Gesetzes zu verhindern. Sie brachten Professor Fisher vor die Yale-Verwaltung und konfrontierten ihn damit, indem sie seine Befürwortung, dass Geld auf einem anderen Rohstoffäquivalent als Gold basieren und durch dieses gedeckt sein sollte, als "Wahnsinn" bezeichneten. Senator Owen erzählt, dass Fisher gewarnt wurde, dass für einen solchen "Narren" weder in Yale noch an einer anderen Universität ein Platz sei. Professor Fisher war sich der Hand, die ihn fütterte, sehr wohl bewusst, und leider war er ebenso skrupellos wie die Vielzahl der

---

[229] Die Rockefellers sind Nachfahren deutscher, möglicherweise jüdischer Einwanderer, die ihren Namen im Mittelalter Roggenfelder buchstabierten, weil Juden nicht als Bürger galten und von deutschen Fürsten gezwungen wurden, ihrem Nachnamen die Endung eines leblosen Gegenstandes hinzuzufügen. Daher -berg (Berg), -stein (Stein), usw.

prostituierten "Professoren" der Verschwörer und ihrer Stiftungen. Er gab ihrer Erpressung nach und verriet Senator Owen, indem er seine Unterstützung für das Gesetz über ehrliche Abhilfemaßnahmen zurückzog, an dessen Ausarbeitung er mitgearbeitet hatte. Stattdessen setzte sich Professor Fisher für das ein, was er spöttisch als "Ware" bezeichnete, deren Wert durch einen "Goldindex" bestimmt werden sollte, der eine Stabilisierung der Wirtschaft bewirken sollte, indem er den Warenwerten von Gold und Dollar eine spekulative Grundlage gab, die die Macht der Verschwörer zur Manipulation oder "Verwaltung" der Wirtschaft verzehnfachen würde, um ihnen den Betrug an der Nation zu erleichtern. Den *endgültigen Schlag*[230] gegen das Währungsgesetz von Senator Owen versetzte Präsident Wilson, als er es rundweg ablehnte.[231]

---

[230] N.D.N.: auf Französisch im Text.

[231] E. M. Josephson, *The "Federal" Reserve Conspiracy & Rockefellers, Their "Gold Corner"*, Chedney Press, New York, 1968, S. 51.

Der Chicago-Plan **von** Professor **Irving Fisher** aus dem Jahr 1933, der ein Bankensystem mit Totalreserven vorschlug, wurde 2012 von Wissenschaftlern des Internationalen Währungsfonds bestätigt.

Nachdem er den Bemühungen von Senator Owen um eine Reform der Banken- und Währungsgesetzgebung nachgegeben und diese verraten hatte, veröffentlichte Fisher 1920 ein Buch mit dem Titel *Stabilisation of the Dollar*,[232] das das enthielt, was später als Chicago-Plan bekannt wurde.[233] Der Plan wurde als sechsseitiges

---

[232] A. N. Field, a. a. O., S. 169.

[233] Fisher war sich der Vorteile einer öffentlich ausgegebenen, schuldenfreien und lokal zinsfreien Währung in Europa bewusst. In *Stamp Scrip*, Adelphi Publishers, New York, 1933, widmete er Kapitel IV dem ersten Experiment im Ausland: Silvio Gesell. Gesell führte das Papiergeld Wara (*Ware und Währung*) in der strukturschwachen Bergbaustadt Schwanenkirchen in Bayern ein. In

Memorandum privat veröffentlicht und am 16. März 1933 an 40 Personen verteilt. Sie sprach sich dafür aus, dass der Staat die Geldschöpfung übernehmen und die Privatbanken als eigenständige Reservebanken fungieren sollten. Mit Hilfe mathematischer Prinzipien gelang es Fisher nachzuweisen, dass das Ergebnis Vollbeschäftigung wäre, die Konjunkturzyklen abgeschafft würden und die Inflation auf Null sinken würde.

Im August 2012 präsentierten die beiden Forscher des Internationalen Währungsfonds, Jaromir Benes und Michael Kumhoff, den *Chicago Plan Revisited*. Sie stellten fest, dass jedes einzelne von Fishers Argumenten zu 100% richtig war. Hier ist ihre Schlussfolgerung:

> "Diese Studie befasst sich mit dem Chicago-Plan, einem grundlegenden Vorschlag zur Währungsreform, der von vielen führenden amerikanischen Wirtschaftswissenschaftlern während des Höhepunkts der Großen Depression befürwortet wurde. Fisher (1936) führte in seiner brillanten Zusammenfassung des Chicagoer Plans vier wesentliche Vorteile an, die von einer größeren makroökonomischen Stabilität bis hin zu einer wesentlich geringeren Verschuldung in der gesamten Wirtschaft reichen. In dieser Studie ist es uns gelungen, seine Argumente rigoros zu bewerten, indem wir die Leitlinien des Chicago-Plans auf ein modernes DSGE-Geldmengenmodell

---

Kapitel V: Die plötzliche Verbreitung von "Zertifikaten" beschreibt er, wie die Zertifikate die krisengeschüttelte Stadt Wörgl (Österreich) in ein Zentrum blühenden Wohlstands verwandelten.

angewendet[234], das ein perfekt kalibriertes und mikrofinanziertes Modell des aktuellen US-Finanzsystems in Miniaturformat enthält. Das wesentliche Merkmal dieses Modells ist, dass die in der Wirtschaft zirkulierende Geldmenge von den Banken durch Verschuldung geschaffen wird und nicht ohne Verschuldung durch den Staat.

Die Analyse und die Ergebnisse unserer Simulation bestätigen die Behauptungen von Fisher (1936) in vollem Umfang. Der Chicago-Plan könnte die Volatilität der Konjunkturzyklen, die durch die rasche Umschichtung der Banken angesichts des Kreditrisikos verursacht wird, erheblich verringern, die Wahrscheinlichkeit von Bank-Runs beseitigen und zu einer sofortigen Senkung der öffentlichen und privaten Verschuldung führen. Diese Verringerung würde dadurch erreicht, dass dem Staat seine Emissionsbefugnis zurückgegeben wird, die zu Recht das Gemeinwohl und nicht die Schulden vertritt, da letztere zum wichtigsten Aktivposten der Wirtschaft geworden sind, während die Banken ihre Anstrengungen auf die Kreditvergabe für Investitionsprojekte konzentrieren, die Risikokontrolle und Fachwissen erfordern. Wir glauben, dass die Vorteile des Chicagoer Plans sogar noch weiter gehen als die von Fisher vertretenen Positionen.

Einer der vielen zusätzlichen Vorteile sind die Produktivitätsgewinne, die sich aus der Beseitigung oder Verringerung zahlreicher

---

[234] Stochastisches dynamisches allgemeines Gleichgewicht. (Stochastische allgemeine Gleichgewichtsdynamik).

wettbewerbsverzerrender Faktoren ergeben, nämlich Risikoprämienzinsen, konfiskatorische Steuern und die kostspielige und unnötige Überwachung makroökonomischer Risiken. Ein weiterer Vorteil ergibt sich aus der Möglichkeit, die Inflation in einem Umfeld, in dem es keinen Liquiditätsstopp gibt, nahe Null zu halten, und in dem Monetarismus machbar und wünschenswert wird, weil die Regierung die volle Kontrolle über die Geldmengen hat. Diese Fähigkeit, eine Null-Inflation zu erzeugen und aufrechtzuerhalten, ist ein äußerst wichtiges Ergebnis, denn es ist die Antwort auf alle ziemlich verwirrenden Behauptungen der Gegner des ausschließlichen Geldemissionsmonopols der Regierung, dass ein solches System hochgradig inflationär wäre. In unserer theoretischen Analyse gibt es keine Anhaltspunkte für dieses Argument. Und wie in Abschnitt II erwähnt, gibt es auch in der gesamten Geldgeschichte der alten Gesellschaften der westlichen Nationen nichts, was dafür spricht."[235]

---

[235] IWF-Arbeiten, August 2012.
https://www.imf.org/external/pubs/ft/wp/2012/wp12202.pdf

KAPITEL VI

AUFSTIEG UND FALL DES STAATLICHEN BANKENSYSTEMS BANKENSYSTEM (1932-1945)

> „Wie Sie wissen, hat der Goldstandard die Staaten, die ihn eingeführt haben, in den Ruin getrieben, weil er ihren Geldbedarf nicht decken konnte, weil wir das Gold so weit wie möglich aus dem Verkehr gezogen haben."
>
> - Protokoll Nr. 20[236]

> „Ich habe damals behauptet, dass der Goldstandard, die Festlegung der Wechselkurse usw. nichts als Geschwätz sind, das ich nie als unveränderliche wirtschaftliche Prinzipien betrachtet habe und auch nie betrachten werde. Für mich war Geld einfach ein Tauschmittel für geleistete Arbeit, und sein Wert hing absolut vom Wert der geleisteten Arbeit ab. Wenn Geld nicht für eine erbrachte Leistung steht, habe ich darauf bestanden, dass es überhaupt keinen Wert hat."
>
> - Adolf Hitler[237]

Die Reichsbank: Die Staatsbank des nationalsozialistischen Deutschlands

Neben dem globalen Chaos und der wirtschaftlichen Verwüstung der 1930er Jahre, die von den Rothschild-

---

[236] *Die Protokolle der Weisen von Zion*, aus dem Russischen übersetzt von Victor E. Marsden, ehemaliger Russland-Korrespondent der *Morning Post*, London, 1934, S. 214 (Victor Marsden war der Öffentlichkeitsbeauftragte Seiner Königlichen Hoheit des Prinzen von Wales während seiner Reise durch das Empire im Jahr 1920).

[237] *Hitlers Tischreden*, herausgegeben von M. Bormann, Ostera Editions, 2012, S. 311.

kontrollierten Zentralbanken verursacht wurden, tauchten drei Phönixe auf.

Im Mai 1919 besuchte ein Privatmann einen Vortrag des ehemaligen Bauingenieurs und heutigen Wirtschaftswissenschaftlers Dr. Gottfried Feder (1883-1941) mit dem Titel "Manifest zur Durchbrechung der Ketten der Zermürbung".[238]

Ziel dieser Vortragsreihe war es, den Soldaten ein politisches und wirtschaftliches Grundwissen zu vermitteln, das sie in die Lage versetzen sollte, die zahlreichen revolutionären politischen Bewegungen zu verfolgen, die zu dieser Zeit in München aktiv waren. Die folgenden Zitate aus *Mein Kampf*[239] verdeutlichen den entscheidenden Einfluss, den Friedrich auf Adolf Hitlers Ideen hatte.

> "Zum ersten Mal in meinem Leben hörte ich einen Vortrag, der sich mit den Grundsätzen des Aktienmarktes und dem für Kreditgeschäfte verwendeten Kapital befasste. Nachdem ich mir den ersten Vortrag von Feder angehört hatte, kam mir sofort der Gedanke, dass ich eine der elementarsten Voraussetzungen für die Gründung einer neuen Partei gefunden hatte.

> "Für mich lag das Verdienst Feders in der

---

[238] 1917 gründete Feder eine Organisation namens *Deutscher Kampfbund gegen Zinsknechtschaft*. Im Jahr 1919 veröffentlichte er sein Manifest in einem Kapitel mit dem Titel *Un Alle, Alle! Das Manifest zur Brechung der Zinsknechtschaft* (Für alle, für alle! Das Manifest zur Abschaffung der wucherischen Knechtschaft" in seinem Buch *"Kampf gegen die Hochfinanz"*.

[239] A. Hitler, *Mein Kampf*, 1939, S. 122.

schonungslosen Beschreibung des Doppelcharakters von Börsenkapital und Kreditgeschäften, wobei er die Tatsache aufdeckte, dass dieses Kapital immer auf die Zahlung von Zinsen angewiesen ist. In den grundlegenden Fragen waren seine Äußerungen so voller gesundem Menschenverstand, dass seine Kritiker nie bestritten[240], dass seine Ideen sinnvoll waren, aber bezweifelten, dass es möglich war, sie anzuwenden. Ich fand dies das überzeugendste Element von Feders Lehren, obwohl andere es als Schwäche ansahen.[241]

Und außerdem:

"Ich erkannte sofort, dass diese Gebote eine Wahrheit von transzendenter Bedeutung für die Zukunft des deutschen Volkes enthielten. Die absolute Trennung des Börsenkapitals vom Wirtschaftsleben der Nation würde es ermöglichen, sich dem Prozess der Internationalisierung des deutschen Handels entgegenzustellen, ohne das Kapital als solches anzugreifen, denn dies würde nur die Grundlagen unserer nationalen Unabhängigkeit gefährden. Ich sah deutlich, was sich in Deutschland entwickelte, und mir wurde klar, dass der Kampf, den wir führen mussten, nicht gegen die feindlichen Nationen, sondern gegen das internationale Kapital gerichtet war. In Feders Rede fand ich einen Aufruf für den vor uns liegenden

---

[240] N.D.N.: auf Französisch im Text.
[241] Ebd., S. 124.

Kampf".[242]

Gottfried Feder (1883-1941), der die gesamte Finanzpolitik der NSDAP konzipierte. Später fiel er bei Hitler in Ungnade, weil er dessen Plan, Kohle durch synthetischen Brennstoff zu ersetzen, nicht unterstützte.

Einige Wochen später erhielt Hitler von seinen militärischen Vorgesetzten den Auftrag, eine politische Vereinigung namens *Deutsche Arbeiterpartei* zu untersuchen. Bei dieser öffentlichen Sitzung, die am 19. September 1919 im Gasthaus Sterneckerbrau in

---

[242] Ebd., S. 124.

München stattfand, waren zwischen 20 und 25 Personen anwesend. Der Hauptredner war Gottfried Feder. Kurze Zeit später trat Hitler der Partei bei und erhielt eine vorläufige Mitgliedsbescheinigung mit der Nummer sieben. Sein erster Schritt nach der Übernahme der Führung der Partei war die Umbenennung in *Nationalsozialistische Deutsche Arbeiterpartei*.

Feder, der die 25 Gründungsprinzipien der Partei maßgeblich verfasste, wurde zum Architekten und Theoretiker des Parteiprogramms. Im Juli 1933 wurde er zum Unterstaatssekretär für Wirtschaft und 1934 zum *Reichskommissar* ernannt.

Deutsche **Hyperinflation** - Arbeiter werden 1923 in Wäschekörben bezahlt.

Die Währungsreform war die Quintessenz des Nationalsozialismus, wie die folgenden Auszüge aus dem 1932 in München veröffentlichten *Programm der NSDAP, Die Nationalsozialistische Deutsche Arbeiterpartei und ihre* Grundgedanken, zeigen.[243]

---

[243] G. Feder, *Das Programm der NSDAP, Die Nationalsozialistische*

Adolf Hitler ließ seine beiden Hauptziele in großen Lettern drucken:

"Das Gemeinwohl vor sich selbst - Geist des Programms Die Abschaffung der Sklaverei - das Herzstück des Nationalsozialismus.

„Sobald diese beiden Gebote erfüllt sind, werden sie den siegreichen Charakter ihres universellen Inhalts demonstrieren, der die Gesellschaft ordnet und die gegenwärtige Trennung von Staat, Nation und Wirtschaft unter dem korrumpierenden Einfluss der vorherrschenden individualistischen Theorien aufhebt. Heute regiert die Farce. Die arbeitenden Klassen werden unterdrückt, die betrügerischen Profite der Banker und Spekulanten werden geschützt, unverantwortliche private Bereicherung wird zugelassen, zum Schaden jeglicher politischer Stabilität, jeglichen hohen Denkens im Volk und in Ermangelung jeglicher höherer moralischer Bindung und eines Zusammengehörigkeitsgefühls. Die Macht des Geldes, die rücksichtsloseste aller Mächte, hat die absolute Kontrolle und übt einen korrumpierenden und zerstörerischen Einfluss auf den Staat, die Nation, die Gesellschaft, die Moral, die kulturelle Welt und alle weniger leicht einschätzbaren Angelegenheiten der Moral aus."[244]

„Die Knechtschaft des Wuchers zu brechen ist unser

Deutsche Arbeiterpartei und ihre Grundgedanken, München, 1932, S. 51.

[244] Ebd., S. 21.

Schlachtruf.[245] Was meinen wir mit der Knechtschaft des Wuchers? Unter diesem Joch steht der Grundbesitzer, der zur Finanzierung seiner Ausbeutung Kredite aufnehmen muss, die so hoch verzinst sind, dass sie ihm praktisch den gesamten Ertrag seiner Arbeit wegnehmen, oder der gezwungen ist, sich zu verschulden und Hypotheken zu tragen, als wären sie unsichtbare Leinen. Das Gleiche gilt für den Arbeiter, der in Geschäften und Fabriken für einen Hungerlohn produziert, während der Aktionär Dividenden und Boni erhält, für die er nicht arbeiten musste. Das Gleiche gilt für die Mittelschicht, deren Arbeitseinkommen fast vollständig zur Zahlung von Zinsen für Überziehungskredite verwendet wird."[246]

„Das Joch des Zinses ist der wahre Ausdruck der Antagonismen Kapital/Arbeit, Blut/Geld, schöpferische Arbeit/Ausbeutung. Die Notwendigkeit, dieses Joch zu brechen, ist für unser Volk und unsere Rasse von solcher Bedeutung, dass allein darin die Hoffnung auf die Befreiung des Volkes von Schande und Knechtschaft liegt, ja die Hoffnung auf die Wiedererlangung von Glück, Wohlstand und Zivilisation in der ganzen Welt. Sie ist der Dreh- und Angelpunkt, um den sich alles dreht; sie ist weit mehr als die bloße Notwendigkeit der Finanzpolitik. Obwohl ihre Grundsätze und Folgen tief in das wirtschaftliche und politische Leben eingreifen, ist sie eine Frage von primärer Bedeutung für jede Wirtschaftsstudie und betrifft

---

[245] Ebd., S. 25.

[246] Ebd., S. 26.

daher jeden Einzelnen und erfordert von jedem Einzelnen eine Entscheidung: der Nation zu dienen oder sich unbegrenzt zu bereichern. Sie stellt eine Lösung für die soziale Frage dar.[247]

Unser Finanzprinzip: Das Finanzwesen muss dem Interesse des Staates dienen; die Finanzmagnaten dürfen keinen Staat im Staate bilden. Daher ist es unser Ziel, die Ketten des Wuchers zu zerschlagen.

Den Staat und damit die ganze Nation von der Verschuldung bei den großen Finanzhäusern zu befreien, die Kredite gegen Zinsen vergeben.

Verstaatlichung der Reichsbank und der zinstragenden Emissionsbanken.

Bereitstellung von Geld für große öffentliche Projekte (Wasserkraft, Eisenbahn usw.), nicht durch Anleihen, sondern durch die zins- und bargeldlose Ausgabe von Schatzanweisungen.

Die Einführung eines festen Währungsstandards auf stabiler Basis.

Schaffung einer nationalen Handelsbank (Währungsreform) zur Vergabe zinsloser Kredite.

Grundlegende Umstrukturierung des Steuersystems auf der Grundlage sozioökonomischer Prinzipien. Entlastung des Verbrauchers von der Belastung durch indirekte Steuern und des Erzeugers von lähmenden und konfiskatorischen Steuern

---

[247] Ebd., S. 27.

(Steuerreform und Steuerbefreiung).[248]

Das unverantwortliche Drucken von Banknoten ohne jegliche Wertschöpfung führt zu Inflation. Wir alle leiden darunter. Richtig ist aber, dass die Ausgabe von zinslosen Schatzanweisungen durch den Staat nicht zu einer Inflation führen kann, wenn gleichzeitig eine neue Wertschöpfung entsteht.

Die Tatsache, dass die großen Unternehmen von heute nicht wieder auf die Beine kommen, ohne Kredite aufzunehmen, ist der reine Wahnsinn. Hier kann die sinnvolle Nutzung des souveränen Rechts, Geld zu prägen, die besten Ergebnisse erzielen."[249]

Am 30. Januar 1933 wurden die Nationalsozialisten durch eine Koalition zwischen der *Regierung der Nationalen Konzentration* und der Deutschnationalen *Volkspartei* an die Macht katapultiert.[250] Die Währungsreform wurde in einer ziemlich entschärften Form durchgeführt. Zur Finanzierung der staatlichen Bau- und Aufrüstungsprogramme wurden zwei Mantelgesellschaften mit den Namen *Gesellschaft für Offentliche Arbeiten* (Offa) und *Metallforschung Gesellschaft* (Mefo) gegründet. Diese Unternehmen akzeptierten Akkreditive von Lieferanten, die staatliche

---

[248] Ebd., S. 30.

[249] Ebd., S. 43.

[250] Bei den Wahlen vom 6. November 1932 erhielten die Nationalsozialisten 11.737.398 Stimmen, das sind 33,1 Prozent. Bei den Wahlen am 5. März 1933 erhielt die NSDAP 17.277.180 Stimmen, d. h. 43,9% der Wählerstimmen. Bei den Wahlen vom 12. November 1933, die in Form einer Volksabstimmung abgehalten wurden, erhielt die NSDAP 39.655.224, d.h. 92,1 Prozent der Gesamtstimmen, bei einer Wahlbeteiligung von 95,3 Prozent.

Aufträge erfüllten. Diese Akkreditive wurden bei der Reichsbank zu einem Satz von 4% abgezinst. Sie wurden nur für drei Monate ausgestellt, was in Anbetracht des langfristigen Charakters der damit finanzierten Projekte eindeutig unbefriedigend war. Sie können jedoch in dreimonatigen Abständen um bis zu fünf Jahre verlängert werden.

Im Januar 1939 spitzte sich die Lage zu, als Reichsbankpräsident Hjalmar Schacht sich weigerte, Offa und Mefo einen Zahlungsaufschub von 3 Milliarden zu gewähren, da er eine "Inflation" befürchtete. Am 7. Januar 1939 schickte Schacht Hitler ein von ihm und den acht anderen Mitgliedern des Reichsbankvorstands unterzeichnetes Memorandum, das folgende Hauptpunkte enthielt

1) Das Reich muss nur den Betrag ausgeben, der durch Steuern gedeckt ist.

2) Die vollständige Finanzkontrolle sollte an das Finanzministerium zurückgegeben werden. (Sie ist dann verpflichtet, alle Militärkosten zu zahlen).

3) Preis- und Lohnkontrollen müssen durchgesetzt werden. Die derzeitige Misswirtschaft muss beendet werden.

4) Die Nutzung des Geld- und Anlagemarktes sollte das alleinige Vorrecht der Reichsbank bleiben. (Dies bedeutete die praktische Abschaffung des Vierjahresplans von

Göring).[251]

Schacht schließt sein Memorandum mit zweideutigen Worten: "Wir würden gerne mit allen zukünftigen Zielen so gut wie möglich zusammenarbeiten, aber jetzt ist die Zeit gekommen, aufzuhören."[252]

Mit diesen Mitteln wollte Schacht die deutsche Wirtschaft zum Zusammenbruch bringen,[253] die in der Zeit von 1933 bis 1939 ihr Bruttoinlandsprodukt um 100% gesteigert hatte. Aus einem Land, das im Januar 1933 mit 7.500.000 Arbeitslosen ruiniert war,[254] hatte Hitler Deutschland in ein modernes sozialistisches Paradies verwandelt. Er war verständlicherweise verärgert und wies die Empfehlungen der Reichsbank als "Meuterei" zurück.[255] Zwei Wochen später wurde Schacht entlassen. Roger Elletson beschreibt diesen

---

[251] E. N. Peterson, *Hjalmar Schacht: For and Against Hitler: A Political-Economic Study of Germany, 1923-1945*, The Christopher Publishing House, Boston, 1954, S. 179.

[252] J. Weitz, *Hitler's Banker Hjalmar Horace Greely Schacht*, Little, Brown and Company, London, 1999, S. 17.

[253] Ebd., S. 343. Ein Hinweis auf Schachts Loyalität wurde bei seiner Beerdigung wenige Tage nach seinem Tod im Alter von 93 Jahren am 4. Juni 1970 gegeben. Einer der Kränze auf seinem Sarg enthielt eine Karte mit der Aufschrift: "Dem Kameraden der schweren Tage - Stiftung 20. Juli". Mitglieder dieser Organisation hatten am 20. Juli 1944 erfolglos versucht, ein Attentat auf Hitler zu verüben.

[254] Von den 7.500.000 Arbeitslosen waren 5.575.492 arbeitslos gemeldet, während weitere 4.000.000 in Teilzeit beschäftigt waren. *Statistisches Jahrbuch des Völkerbundes*, 1940, Genf, S. 70. R. Mitchell, Internationale historische Studien, Europa 1750-1993, vierte Auflage.

[255] D. Marsh, *The Bundesbank: The Bank That Rules Europe*, William Heinemann Ltd, London, 1992, S. 119.

denkwürdigen Moment: "Am 19. Januar 1939 wurde Schacht fristlos entlassen, und die Reichsbank wurde angewiesen, dem Reich alle von Hitler gewünschten Kredite zu gewähren. Mit dieser entscheidenden Maßnahme wurde die Kontrolle der Reichsbank über die nationale Währungspolitik und die deutsche Machtbasis des internationalen Judentums auf einen Schlag entmachtet. Den jüdischen Bankiers war gerade die Macht entzogen worden, die deutsche Wirtschaft zu entwerten und zu zerstören. "

Abgesehen von den Auswirkungen der von der Mefo gezahlten Zinsen könnte man davon ausgehen, dass Deutschland nun vollständig nach dem "System Feder" und nicht mehr nach dem "System Schacht" funktioniert. Die Reichsbank wurde zu einer wirksamen Waffe der Regierung, wobei die einzige Änderung darin bestand, dass Wechsel nun unter der Schirmherrschaft des Staates und nicht mehr von einem jüdischen Lakaien auf dem Reichsbankstuhl monetarisiert bzw. eingelöst wurden.[256] So wurde die Reichsbank im Januar 1939 zu einer vollwertigen Staatsbank. Schachts Rücktritt beendete auch die Weitergabe vertraulicher Informationen über alle wirtschaftlichen Entwicklungen in Deutschland,

---

[256] R. E. Elletson, *Monetary Parapometrics: A Case Study of the Third Reich*, Christian International Publications, Wilson, Wyoming, 1982, S. 57.

die[257] kontinuierlich an Montagu Norman,[258] einen Freimaurerbruder und Gouverneur der Bank of England (1920-1944), weitergegeben worden waren.

Ein neues Reichsbankgesetz, das am 15. Juni 1939 erlassen wurde, **unterstellte die Bank "vorbehaltlos der Hoheit des Staates"**.[259]

In Artikel 3 wurde festgelegt, dass die in *Deutsche Reichsbank* umbenannte Bank "nach den Weisungen und unter der Aufsicht des Führers und des Reichskanzlers geleitet und verwaltet" werden sollte.[260] Hitler war nun

---

[257] D. Irving, *The War Path: Hitler's Germany 1933-1939*, Macmillan, London, 1978, S. 172. Anmerkung: "Montagu Norman, Gouverneur der Bank von England, erzählte dem US-Botschafter Joseph Kennedy, dass Schacht 16 Jahre lang sein ständiger Informant über die prekäre finanzielle Lage Deutschlands gewesen sei (Botschafter Kennedy berichtete dies am 27. Februar 1939 nach Washington). 1946 versuchte Norman durch einen britischen Freimaurerbruder im Team der Anklage, Harry Phillimore, in Nürnberg für Schacht einzutreten (Schacht war ebenfalls Freimaurer). Das amerikanische Team wies Phillimores Anschuldigungen entschieden zurück, doch der englische Richter Birkett sprach die Angeklagten frei. Siehe auch D. Irving, *Nuremberg The Last Battle*, Focal Publishers, London, 1996, S. 271-272. Montagu Norman war auch der Patenonkel von Schachts jüngstem Urenkel Norman. Siehe den Besuch von Herrn Norman in Berlin, *The Glasgow Herald*, 5. Januar 1939, zwei Tage bevor Schacht sein unverschämtes Memorandum an Hitler schickte.

[258] Montagu Norman war ein heimlicher Charakter, der sich gerne im Verborgenen bewegte und einmal aus der Ladeluke eines Frachters auftauchte. Neben dem bereits erwähnten Pseudonym Professor Skinner benutzte er manchmal auch seinen zweiten Vornamen Collet als Nachnamen.

[259] D. Marsh, op. cit. S. 128.

[260] Ebd., Anmerkung 40, S. 300.

sein eigener Bankier, aber nachdem er sich von den internationalen Schwindlern und Wucherern distanziert hatte, sollte er das gleiche Schicksal erleiden wie Napoleon Bonaparte, der im Jahr 1800 die Bank von Frankreich als Staatsbank gegründet hatte; es folgte ein unnötiger Krieg, der sein Volk und sein Land in den Ruin trieb. Es war dieses Ereignis, das den Zweiten Weltkrieg auslöste: Die Rothschilds erkannten, dass die weltweite Nachahmung des wucherfreien deutschen Staatsbankensystems ihr böses Finanzimperium für immer zerstören würde. Um den Polen freie Hand zu geben, sich den Deutschen zu widersetzen und sie zu provozieren, machte Großbritannien am 31. März 1939 ein trügerisches und wertloses Angebot[261], Polens Souveränität zu garantieren.

---

[261] Es handelte sich um einen Blankoscheck, der wahrscheinlich abgelehnt werden würde, da Großbritannien nur im Falle eines deutschen Einmarsches in Polen oder eines polnischen Einmarsches in Deutschland bereit war, Polen zu Hilfe zu kommen, im Falle der Sowjetunion jedoch überhaupt nicht. Die Polen waren sich dieser Möglichkeit nicht bewusst. Die Sowjets annektierten schließlich den größten Teil Polens, 77.300 Quadratmeilen, im Gegensatz zu den 49.800 Quadratmeilen, die an Deutschland zurückgegeben wurden. Außenminister Ernst von Weizsäcker wird zitiert in D. L. Hoggan, *The Forced War: When Peaceful Revision Failed*, Institute for Historical Review, Costa Mesa, Kalifornien, 1989, S. 391, wo er mit Verachtung beschreibt, dass "die britische Garantie für Polen so etwas wie die Abgabe von Zucker an ein kleines Kind war, das sich selbst überlassen war".

GESCHICHTE DER ZENTRALBANKEN

Die **"Wilhelm Gustloff"** (24.484 BRT), benannt nach dem Führer der Schweizer Nationalsozialisten. Im Rahmen des Programms *"Kraft durch Freude"* konnten sich deutsche Arbeitnehmer, die weniger als 300 RM im Monat verdienen, Kreuzfahrten zu exotischen Zielen leisten. Diesen Kreuzfahrtschiffen wurde jedoch das Einlaufen in britische Häfen untersagt, weil man befürchtete, dass sie Unruhe und Neid unter den armen und arbeitslosen britischen Arbeitern auslösen könnten.

Das Innere der Wilhelm Gustloff

Im September 1939 hatte die **Reichsautobahn** eine Länge von 3.862 km. Sie wurde nicht aus ästhetischen Gründen entworfen, sondern um den Autofahrern einen eindrucksvollen Blick auf die Landschaft zu bieten.

In den folgenden fünf Monaten verschärfte die polnische Regierung schrittweise ihre Unterdrückung, Schikanen und Angriffe gegen die 1,5 Millionen in Polen lebenden Deutschen. Diese Angriffe,[262] bei denen 58.000 deutsche Zivilisten von den Polen in gelegentlichen Grausamkeiten getötet wurden, gipfelten in dem Massaker von Bromberg am 3. September 1939, das 5.500 Menschenleben forderte. Anfänglich wurden diese Provokationen und Gräueltaten stoisch ignoriert. Schließlich war Hitler gezwungen, militärisch einzugreifen, um die Deutschen in Polen zu schützen. Am 30. August 1939 unterbreitete Hitler der polnischen Regierung in einem Akt der Staatskunst erneut die

---

[262] D. L. Hoggan, op. cit, Kap. 16, *The Terrified Germans in Poland*, S. 388-390, und die Łódź-Aufstände, S. 391-392. Hoggan stellt auch fest, dass "... es zu dieser Zeit [1939] unter gut informierten Menschen keinen Zweifel daran gab, dass die Deutschen in Polen jeden Tag schreckliche Gräueltaten verübten", S. 554.

Marienwerder-Vorschläge.[263]

Die vier wichtigsten Vorschläge waren

(i) Die Beibehaltung der bestehenden Grenzen, wie sie im Vertrag von Versailles festgelegt wurden.

(ii) Die Rückkehr der Bevölkerung von Danzig (370.000 Menschen) nach Deutschland, von denen 97% Deutsche waren.

(iii) Der Bau einer 96 km langen Autobahn und einer Eisenbahnlinie, die West- und Ostpreußen von Schönlanke bis Marienwerder verbindet.

(iv) Ein Bevölkerungsaustausch zwischen Deutschen und Polen.

Auf Anweisung der internationalen Bankiers riet der britische Außenminister Lord Halifax der polnischen Regierung dringend davon ab, zu verhandeln.[264] So begann der Zweite Weltkrieg und machte der Lüge von der deutschen Schuld ein Ende. Ab 1939 unternahm Deutschland zwar mindestens 28 bekannte Versuche, einen bedingungslosen Frieden zu schließen, aber alle wurden abgelehnt. Der erzwungene Krieg, der darauf folgte, führte zum Sieg der internationalen Finanziers und zur Niederlage und Versklavung der Völker Europas, ja der ganzen Welt. In Europa wurde diese Versklavung schließlich mit der Gründung der

---

[263] *Das Letze Angebot in Verheimlichte Dokumente - Was den Deutschen verschwiegen wird*, Fz-Verlag, München, 1993, S. 172-174. Enthält die kompletten 16 Punkte.

[264] D. H. Hoggan, op. cit. S. 565-569.

Rothschild-kontrollierten Europäischen Zentralbank am 1. Juni 1998 und der Einführung des *Euro* am 1. Januar 1999 abgeschlossen.

Die Leistungen des deutschen Staatsbankensystems

Eine der ersten positiven Auswirkungen, die das staatliche Bankensystem und die Währungsreform für die deutsche Bevölkerung hatten, war die Bereitstellung von angemessenem Wohnraum. Zwischen 1933 und 1937 wurden 1.458.178 neue Häuser nach den modernsten Standards der damaligen Zeit gebaut.[265] Jedes Haus durfte nicht mehr als zwei Stockwerke haben und musste mit einem Garten ausgestattet sein. Vom Bau von Wohnungen wurde abgeraten, und die Wohnungsmieten durften 25 RM pro Monat nicht überschreiten, d. h. 1/8 des Durchschnittseinkommens eines Arbeiters. Arbeitnehmer mit höheren Gehältern zahlten maximal 45 RM pro Monat.

Jungen Paaren wurden zinslose Darlehen von bis zu 1.000 RM (das entspricht fünf Monatsgehältern) gewährt, die als *Ehestanddarlehen* bekannt sind. Das Darlehen war mit 1% pro Monat rückzahlbar, aber für jedes geborene Kind wurden 25% des Darlehensbetrags erlassen. Wenn eine Familie also vier Kinder hatte, wurde das Darlehen als vollständig zurückgezahlt betrachtet. Das gleiche Prinzip galt für Wohnungsbaudarlehen, die für einen Zeitraum von zehn Jahren zu einem sehr niedrigen Zinssatz vergeben wurden. Die Geburt eines jeden Kindes bedeutete auch,

---

[265] Zwischen 1932 und 1938 stieg die Zahl der fertig gestellten Gebäude um 163,2 Prozent, von 38 auf 100.

dass 25% des Kredits gestrichen wurden,[266] Schulbildung, technische Institute und Universitäten waren kostenlos, während ein universelles Gesundheitssystem eine kostenlose Gesundheitsversorgung für alle bot.[267]

Das Auto des Volkes - **Adolf Hitler** besucht das Volkswagenwerk in Wolfsburg, 1938. Der vorgeschlagene Name für die neue Stadt war Hitlerstadt, aber Hitler wandte ein, dass er es vorzog, stattdessen sein Pseudonym Wolf anzunehmen.

Im Zeitraum 1933-1937 stiegen die Einfuhren um 31% von 4,2 Mrd. RM auf 5,5 Mrd. RM, während die Ausfuhren, vor allem nach Südosteuropa, um 20,4% von 4,9 Mrd. RM auf 5,9 Mrd. RM stiegen. Diese Zunahme des Handels wird durch den Anstieg des Binnenschiffsverkehrs um 76,9% von 73,5 Millionen Tonnen auf 130 Millionen Tonnen und des Seeverkehrs

---

[266] S. M. Goodson, *Illustrated Guide to Adolf Hitler & The Third Reich*, Washington D.C., The Barnes Review, 2009, S. 15.

[267] Finanziert wurde das System durch einen geringen Beitrag aus den Löhnen der Arbeitnehmer an die *Allgemeine Ortskrankenkasse*.

um 69,4% von 36 Millionen Tonnen auf 61 Millionen Tonnen verdeutlicht. Während dieser Zeit wurde der Handel durch den Tauschhandel stark begünstigt, wodurch das internationale Zahlungssystem und die Verpflichtung zur Zahlung von Provisionen und Zinsen für Wechsel vermieden wurden. Ende der 1930er Jahre wurden bereits 50% des gesamten Außenhandels über Tauschgeschäfte abgewickelt. Im gleichen Zeitraum stiegen die Ausgaben für die Straßeninfrastruktur, insbesondere für die Reichsautobahn, von der im September 1939 3.862 km fertiggestellt waren, um 229,5%, von 440 Mio. RM auf 1,45 Mrd. RM. Der Bau dieser gigantischen Autobahn war, abgesehen von ihrer symbolischen Bedeutung, notwendig, um die wachsende Zahl der Fahrzeuge aufzunehmen, die um 425% von 41.000 auf 216.000 Zulassungen stieg, und um die noch spektakulärere Zunahme der Personenkraftwagen um 622% von 7.000 auf 50.600 zu bewältigen.

Zwischen 1932 und 1938 stieg die Eisenerzproduktion um 45,4 Prozent, von 843.000 auf 1.226.000 Tonnen. Deutsches Erz enthielt nur 25 Prozent Eisen, im Gegensatz zum höheren Eisengehalt des schwedischen Erzes, das sich Deutschland nicht leisten konnte. Diese Schwierigkeit wurde durch das Krupp-Renn-Verfahren überwunden, mit dem hochwertiger Stahl hergestellt wurde. Zwischen 1932 und 1939 stieg die Kohleproduktion um 85,5% von 69 auf 128, während die Energieproduktion im gleichen Zeitraum um 76% von 75 auf 132 zunahm.[268]

---

[268] *Statistisches Jahrbuch des Völkerbundes*, a.a.O., S. 169. Die Produktionsindizes wurden von der *Konjunkturforschung* zur Verfügung gestellt, basierend auf dem Jahr 1928.

Die stetig wachsende Wirtschaftstätigkeit führte dazu, dass die Arbeitslosenquote, die 1933 30,1% erreicht hatte, bis Juli 1939 fast auf Null sank, und[269] die Rentner mussten ermutigt werden, wieder zu arbeiten, um den Arbeitskräftemangel auszugleichen. Im Gegensatz dazu war die Arbeitslosenquote in den Vereinigten Staaten, die 1933 25,1% erreicht hatte, nach Angaben des National Industrial Conference Board nur geringfügig auf 19,8% im Januar 1940 gesunken;[270] eine Situation, die auf die irrationale, aber bewusste Politik der von Rothschild kontrollierten Federal Reserve und des parasitären privaten Bankensektors zurückzuführen ist.

Das deutsche Volkseinkommen wuchs zwischen 1932 und 1937 um 43,8% von 45,2 Mrd. RM auf 65 Mrd. RM, während sich die Warenproduktion zwischen 1932 und Juni 1939 um 219,6% von 46 auf 147 erhöhte, während[271] die Lebenshaltungskosten nur um 4% oder weniger als 1% pro Jahr stiegen, eine Rate, die während der 12 Jahre des staatlichen Bankwesens im Nationalsozialismus beibehalten werden sollte. Die deutsche Geldpolitik „war nicht inflationär, weil die öffentlichen Ausgaben die Nachfrage erhöhten, was wiederum die verfügbare Gütermenge erhöhte."[272]

1939 war Deutschland zum mächtigsten Land der europäischen Geschichte geworden. Das Bruttoinlandsprodukt des Landes wuchs jährlich um 11% und hatte sich in den sechs Jahren, in denen es eine

---

[269] Im Juli 1939 waren 38.379 Personen als arbeitslos gemeldet.

[270] *Statistisches Jahrbuch des Völkerbundes*, a.a.O., S. 70.

[271] Ebd., S. 169.

[272] R.E. Elletson, op.cit., S. 60.

staatliche Bank gab, verdoppelt. Die Deutschen sind heute das glücklichste und wohlhabendste Volk der Welt, haben Vollbeschäftigung und den höchsten Lebensstandard. Dieser Erfolg wurde durch die harte Arbeit des deutschen Volkes und die Unterstützung eines ehrlichen Geldsystems erreicht, das nicht auf Wucher oder dem Goldstandard beruhte.

Einer der von der offiziellen Geschichtsschreibung verbreiteten Mythen ist, dass die wirtschaftliche Renaissance Deutschlands auf der Rüstungsproduktion beruhte. Die folgende Tabelle zeigt das bescheidene Niveau der Militärausgaben, die erst 1938/1939 zu steigen begannen, als Deutschland sich von seinen Nachbarn bedroht fühlte.

Jahre	Militärausgaben RM	Nationaleinkommen
1933/34	1,9 Milliarden	4%
1934/35	1,9 Milliarden	4%
1935/36	4 Milliarden	7%
1936/37	5,8 Milliarden Euro	9%
1937/38	8,2 Milliarden Euro	11%
1938/39	18,4 Milliarden	22%

Quelle: Deutsche Reichsbank

Selbst die Ausgaben von 22% des Nationaleinkommens für die Verteidigung kurz vor Ausbruch des Zweiten Weltkriegs können als nicht zu hoch angesehen werden, wenn man bedenkt, dass Deutschland nur wenige natürliche Grenzen hat und damals von feindlichen Nachbarn umgeben war: der Tschechoslowakei, Frankreich und Polen. Deutschland musste auch die

Rüstungsgüter aufstocken, deren Erwerb ihm durch den Versailler Vertrag untersagt worden war. Der englische Historiker A. J. P. Taylor schreibt: "Der Stand der deutschen Rüstung im Jahr 1939 ist ein entscheidender Beweis dafür, dass Hitler keinen allgemeinen Krieg geplant hatte und wahrscheinlich überhaupt nicht die Absicht hatte, in den Krieg zu ziehen.[273]

Entwicklungen in der Nachkriegszeit

Im Mai 1945 stellte die *Deutsche Reichsbank* ihren Betrieb ein, obwohl ihre Tätigkeit erst 1961 wirklich beendet wurde. Am 1. Mai 1948 wurde sie in der Westhälfte des Landes von der *Bank deutscher Länder* abgelöst. Diese Bank führte am 21. Juni 1948 die D-Mark ein und wurde später in *Deutsche Bundesbank* umbenannt, die am 26. Juli 1957 gegründet wurde. Obwohl sie rechtlich unabhängig ist und nach dem Vorbild der US-Notenbank arbeitet, übt der Bundestag erheblichen Einfluss auf ihre Politik aus, so dass sie seinerzeit nicht so unabhängig war wie die meisten heutigen Zentralbanken.

Seit 2001 hat die *Deutsche Bundesbank* als Mitglied der Europäischen Zentralbank den Großteil ihrer Befugnisse an die EZB delegiert. Die verbleibenden Aufgaben, die sie sich mit der EZB teilt, sind die Ausgabe von Banknoten, die Verwaltung der Clearingstelle, die Aufsicht und die Verwaltung der Währungsreserven. Das vorrangige Ziel der EZB ist gemäß Artikel 127 (1) des Vertrags über die Arbeitsweise der Europäischen

---

[273] A.J.P. Taylor, *The Origins of the Second World War*, Hamish Hamilton, London, 1961, 218.

Union die Gewährleistung der Preisstabilität. Diese Besessenheit ist weitgehend verantwortlich für die Rekordarbeitslosigkeit und das niedrige BIP-Wachstum, das wir derzeit erleben, sowie für die sinkende Geburtenrate.

Die EZB wurde am 1 Januar 1998 gegründet und nahm am 1 Januar 1999 mit der Einführung der gemeinsamen Währung, des Euro, offiziell ihre Arbeit auf. Diese von den Rothschilds kontrollierte Bank befindet sich ironischerweise in der Kaiserstraße 29 in Frankfurt am Main, nicht weit von der *Judengasse entfernt,* wo Mayer Amschel Rothschild und sein Bruder Kalman in den 1780er Jahren eine Münz- und Medaillenwechselstube gründeten. Für die 18 Länder, die törichterweise den Euro eingeführt und sich der EZB angeschlossen haben, ist ihre Unterwerfung und Versklavung eine *vollendete Tatsache.*[274]

Faschistisches Italien

Am 28. Oktober 1922 kamen Benito Mussolini und seine Nationale Faschistische Partei an die Macht. Der Faschismus sollte eher als Korporatismus bezeichnet werden, da er die Verschmelzung von staatlicher und unternehmerischer Macht symbolisiert. 1936 wurde die Abgeordnetenkammer durch einen Nationalen Unternehmensrat ersetzt, der sich aus 823 Vertretern der Industrie, der Arbeitnehmer und der Provinzen zusammensetzte und der die industrielle Produktion lenkte und Arbeitskonflikte schlichtete.

---

[274] N.D.T.: im Text auf Französisch

In den 1920er Jahren wurde durch öffentliche Ausgaben ein öffentliches Bauprogramm in einer Größenordnung durchgeführt, die damals im modernen Europa beispiellos war. Es wurden Brücken, Kanäle, 4.000 km Autobahnen, Krankenhäuser, Schulen, Bahnhöfe und Waisenhäuser gebaut. Wälder wurden gepflanzt und Universitäten gestiftet.[275] Pontinische Sümpfe wurden entwässert und 802 km2 wurden urbar gemacht.[276] Die Landwirtschaft wurde subventioniert und durch ein Programm zur nationalen Selbstversorgung oder Autarkie geregelt.

Die Staatsbank von Italien

1926 griff Mussolini zum ersten Mal in den Bankensektor ein, indem er der Banca d'Italia die Befugnis zur Ausgabe von Banknoten und zur Verwaltung der Mindestreserven der Bank, einschließlich des Goldes, erteilte. Den italienischen Faschismus zu nutzen, um "in erster Linie einen autarken Staat zu schaffen, der nicht den Launen des Welthandels und der Finanzwelt unterworfen ist",[277] war der Kern seiner Politik. 1927 erhielt Italien von JP Morgan ein Darlehen in Höhe von 100 Millionen Dollar, um eine Notlage zu überbrücken. Danach weigerte sich

---

[275] R.G. Price, *Faschismus Teil 1: Faschismus und Antisemitismus verstehen*, 23. Oktober 2003

www.rational/revolution.ne/articles/understandingfascism.htm

[276] Heute leben 520.000 Menschen in diesem ehemals verlassenen Gebiet.

[277] K. Bolton, *The Banking Swindle Money Creation and the State*, Black House Publishing Ltd, London, 2013, 118.

Mussolini, "weitere Kredite aus dem Ausland auszuhandeln oder anzunehmen", weil er "entschlossen war, Italien von der finanziellen Knechtschaft ausländischer Bankinteressen zu befreien".[278]

Benito Mussolini inspiziert die Fortschritte bei der Urbarmachung der Sümpfe von Pontins, einer seiner technischen Errungenschaften, die diese von Malaria geplagte Region in ein Gebiet mit reicher Landwirtschaft verwandelt haben.

Im Jahr 1931 übernahm der Staat das Recht, alle großen Banken durch das *Instituto Mobiliare Italiano (Italienisches Wertpapierinstitut) zu* beaufsichtigen. Dieser Prozess wurde 1936 abgeschlossen, als durch das *Bankenreformgesetz die* Bank von Italien und alle großen Banken zu staatlichen Institutionen wurden.[279]

---

[278] L. Villari, *Italian Foreign Policy under Mussolini*, Holborn Publishing Company, London, 1959, S. 59.

[279] A. J. de Grund, *Fascist Italy and Nazi Germany: The 'Fascist' Style of Rule*, George Routledge & Sons Ltd, London, 2004, S. 52.

Die Bank von Italien war nun eine eigenständige Staatsbank, die als einzige berechtigt war, Kredite aus dem Nichts zu schaffen und sie gegen eine geringe Gebühr an andere Banken zu verteilen. Die Beschränkungen für die staatliche Kreditaufnahme werden abgeschafft (wie im Fall der Bank von Japan, siehe unten), und Italien gibt den Goldstandard auf.

Die Staatsbank von Japan

Die Bank von Japan, oder 日本銀行 *Nippon Ginkō*, wurde am 10. Oktober 1882 gegründet. Obwohl das japanische Kaiserhaus der größte Anteilseigner war, arbeitete sie wie eine typische Zentralbank, d. h. zum Nutzen der Privatbanken und auf Kosten des Allgemeininteresses.

1929 hielt C. H. Douglas, dessen System des Sozialkredits bereits vorgestellt wurde, eine Vortragsreise in Japan. Seine Vorschläge, die Regierung in die Lage zu versetzen, das Geld und den Kredit der Nation zinslos zu schaffen, wurden von den führenden Vertretern der japanischen Regierung und der Industrie mit Begeisterung aufgenommen. Alle Bücher und Broschüren von Douglas wurden ins Japanische übersetzt, und in diesem Land wurden mehr Exemplare verkauft als im Rest der Welt.[280]

Die Umstrukturierung der Bank von Japan zu einer ausschließlich im nationalen Interesse geführten Staatsbank begann 1932. Die Reform der Bank wurde

---

[280] "New Economics", 19. Januar 1934, S. 8, zitiert in D.J. Amos, *The Story of the Commonwealth Bank*, Veritas Publishing Company, Bullsbrook, Western Australia, 1986, S. 44.

1942 abgeschlossen, als das Gesetz über die Bank von Japan nach dem Vorbild des deutschen Reichsbankgesetzes von 1939 umgestaltet wurde.[281] Die Bank arbeitete wie folgt:

> „Es versteht sich von selbst, dass die Bank ein besonderes Unternehmen mit einer starken nationalen Struktur ist. Die Bank hat die Aufgabe, die Währung und die Finanzen zu kontrollieren sowie das Kreditsystem im Einklang mit der staatlichen Politik zu unterstützen und zu fördern, um die volle Nutzung des nationalen Potenzials zu gewährleisten. Andererseits soll sie **"unter dem alleinigen Leitgedanken der Verwirklichung nationaler Ziele verwaltet werden"** (Artikel 2). Was die Aufgaben der Bank betrifft, so hebt das Gesetz den alten Grundsatz der vorrangigen Finanzierung von Handelsgeschäften auf und räumt ihr die volle Freiheit ein, die Finanzierung der Industrie zu überwachen. Das Gesetz ermächtigte die Bank außerdem, der Regierung unbegrenzte Vorschüsse ohne Gegenleistung zu gewähren und gleichzeitig die Aufnahme von Schatzwechseln zu übernehmen. Was die Emission von Geld betrifft, so wurde das System der maximalen Emission durch das Gesetz auf Dauer gestellt, so dass die Bank nach Belieben emittieren konnte, um den Bedarf der Verteidigungsindustrie und der Regierung zu

---

[281] www.veteranstoday.com/2011/06/26was-world-war-ii-fought-to-make-theworld-safe-for-usury und S. M. Goodson, The Real Reason for the Japanese Attack on Pearl Harbor (Der wahre Grund für den japanischen Angriff auf Pearl Harbor), *The Barnes Review*, Washington D.C., Vol. XIV, No. 6, November/Dezember 2008, S. 41-45.

decken. Andererseits wurde die staatliche Aufsicht über die Bank deutlich verstärkt. Die Regierung konnte Präsidenten und Direktoren ernennen und ihnen Weisungen erteilen; eine Klausel gab der Regierung weitreichende Befugnisse, der Bank so genannte "Funktionsanweisungen" zu erteilen, um sie zur Durchführung von Maßnahmen zu zwingen, die für die Erreichung der Ziele der Bank als notwendig erachtet wurden. Darüber hinaus machte das Gesetz einen Großteil der finanziellen Angelegenheiten der Bank von der Zustimmung der Regierung abhängig, unter anderem in Bereichen wie der Änderung von Zinssätzen, der Ausgabe von Banknoten und der Überwachung von Konten."[282]

Japan hatte die gleichen traumatischen Schwierigkeiten erlebt, die durch die künstliche Weltwirtschaftskrise verursacht worden waren. Die Umstellung von einer privaten Zentralbank auf die Methodik einer staatlichen Behörde führte jedoch zu erfolgreichen und dauerhaften Ergebnissen.

Wirtschaftsindizes für Japan 1931-1941

	Produkte Hergestellt	Alle Sektoren	Nationaleinkommen	BIP
1931	19,1	19.7	10.5	12.5
1932	20,2	20.8	11.3	13.0

---

[282] *Money and Banking in Japan*, The Bank of Japan Economic Research Department, übersetzt von S. Nishimura, herausgegeben von L. S. Pressnell, Macmillan, London, 1973, S. 38.

1933	24,7	25.3	12.4	14.3
1934	26,4	27.0	13.1	15.7
1935	27,9	28.7	14.4	16.7
1936	31,5	32.3	15.5	17.8
1937	37,2	37.7	18.6	23.4
1938	38,2	39.0	20.0	26.8
1939	42,4	43.0	25.4	33.1
1940	44,3	44.9	31.0	39.4
1941	45,8	46.5	35.8	44.9

Quelle: Statistikabteilung der Bank von Japan

Dieses Schaubild veranschaulicht die allmähliche Verbesserung der japanischen Wirtschaft, nachdem die Fesseln des Wuchers beseitigt worden waren. Im Zeitraum 1931-1941 stiegen das verarbeitende Gewerbe und die Industrieproduktion um 140% bzw. 136%, während das Volkseinkommen und das BIP um 241% bzw. 259% zunahmen. Diese bemerkenswerten Zuwächse übertrafen das Wirtschaftswachstum in der übrigen industrialisierten Welt bei weitem. Die Arbeitslosigkeit sank von 5,5% im Jahr 1930 auf 3% im Jahr 1938. Die Arbeitskonflikte gingen zurück, und die Arbeitsniederlegungen sanken von 998 im Jahr 1931 auf 159 im Jahr 1941.

Japans Herausforderung an die europäischen Autohersteller: Der kleine Datsun sollte billiger verkauft werden als die billigsten Autos in den USA oder im Vereinigten Königreich. Es wurde für Tests in Indien, der Tschechoslowakei und Großbritannien bestellt. Prinz Chichbe, der Bruder von Kaiser Hirohito, sitzt im Dezember 1934 bei der Japan Industrial Association in Yokohama hinter dem Steuer des Wagens.

Ende der 1930er Jahre war Japan zur dominierenden Wirtschaftsmacht in Ostasien geworden, und seine Exporte übertrafen regelmäßig die der Vereinigten Staaten und Großbritanniens. Im August 1940 kündigte Japan die Bildung einer Greater East Asian Co-Prosperity Sphere an.[283] Die Furcht, dass diese Länder Japans staatliche Bankmethoden übernehmen würden, stellte eine solche Bedrohung für die Rothschild-geführte Federal Reserve dar, dass ein Krieg der einzige Weg zu sein schien, um zu verhindern, dass dieses tugendhafte Modell in größerem Maßstab reproduziert

---

[283] Das Projekt wurde ursprünglich von General Hachiro Arita konzipiert, der von 1936 bis 1940 Außenminister war. Die Zusammenarbeit wurde am 1. August 1940 von Außenminister Matsuoka Yosuke Matsuoka offiziell angekündigt.

wird.

Wie Japan in den Zweiten Weltkrieg hineingezogen wurde

Ab Juli 1939 verschlechterten sich die Beziehungen zu den Vereinigten Staaten rapide, nachdem die USA einseitig den Handelsvertrag von 1911 aufgekündigt hatten, wodurch Japans Möglichkeiten zur Einfuhr wichtiger Rohstoffe eingeschränkt wurden. Diesen Maßnahmen, die aufgrund des Krieges in China offen verhängt wurden, folgten im Juni 1940 ein Paraffinembargo und im November 1940 ein Verbot der Ausfuhr von Eisenerz und Stahl nach Japan. Am 25. Juli 1941 wurden alle japanischen Vermögenswerte in England, Holland und Amerika eingefroren, nachdem Japan mit Erlaubnis von Vichy-Frankreich friedlich Indochina besetzt hatte, um den chinesischen Nachschub aus dem Süden zu blockieren, und der gesamte Handel zwischen Japan und Amerika wurde eingestellt. Gleichzeitig schloss Präsident Franklin D. Roosevelt den Panamakanal für alle japanischen Schiffe, und es wurde ein Embargo auf Kautschuk und Öl verhängt, was im letzteren Fall zum Verlust von 88% aller Lieferungen führte. Ohne Öl könnte Japan nicht überleben.

Premierminister General Hideki Tojo (Oktober 1941 - Juli 1944) erklärt in seinem Tagebuch, wie die Vereinigten Staaten die diplomatischen Bemühungen Japans um die Erhaltung des Friedens ständig behinderten. Die friedlichen Handelsbeziehungen Japans wurden von den Vereinigten Staaten ständig sabotiert, und dieses Ärgernis stellte eine große Bedrohung für Japans Zukunft dar. Die Wirtschaftsblockade wurde allmählich zu einer Schlinge um Japans Hals. Die

Vereinigten Staaten, Großbritannien, China und die Niederlande umzingelten Japan nicht nur mit Wirtschaftssanktionen, sondern verlegten und verstärkten auch die Seestreitkräfte auf den Philippinen, in Singapur und Malaya. US-Kriegsschiffe wurden bei Patrouillen in Japans Hoheitsgewässern gesichtet. Ein amerikanischer Admiral behauptete, die japanische Flotte könne innerhalb von zwei Wochen versenkt werden, während der britische Premierminister Winston Churchill erklärte, Großbritannien werde sich den Vereinigten Staaten innerhalb von 24 Stunden anschließen.

General Tojo schreibt: "Japan versuchte, diese gefährlichen Umstände durch diplomatische Verhandlungen zu umgehen, und obwohl es viele Zugeständnisse machte, eines nach dem anderen, in der Hoffnung, eine Lösung durch gegenseitigen Kompromiss zu finden, gab es keinen Fortschritt, weil die Vereinigten Staaten nicht von ihrer ursprünglichen Position abrückten. Schließlich wiederholen die USA ihre Forderungen, die Japan in diesem Fall nicht akzeptieren konnte: vollständiger Rückzug der Truppen aus China, Absetzung der Regierung in Nanjing und Austritt aus dem Dreiparteienpakt.[284]

---

[284] *The Journal for Historical Review*, Bd. 12, Nr. 1, Frühjahr 1992, Hideki Tojos Gefängnistagebuch, S. 41-42. Der am 27. September 1940 unterzeichnete Dreiparteienpakt war ein Zehnjahresabkommen zwischen Deutschland, Italien und Japan. Ihr Hauptziel war es, ihre neue Wirtschaftsordnung auf der Grundlage eines wucherfreien Bankensystems aufrechtzuerhalten und den gegenseitigen Wohlstand und das Wohlergehen ihrer jeweiligen Völker zu fördern. Artikel 3 sah politische, wirtschaftliche und militärische Unterstützung für den Fall vor, dass eine der drei Mächte von einer Macht angegriffen

Japan machte zahlreiche diplomatische Gesten, darunter den Vorschlag eines Gipfeltreffens am 8. August 1941, die jedoch allesamt scheiterten. Am 2. Dezember 1941 war Japan durch die Blockade der Alliierten von 75% seines Außenhandels abgeschnitten und sah sich gezwungen, die Vereinigten Staaten anzugreifen, um seinen Wohlstand zu erhalten und seine Existenz als souveräne Nation zu sichern. Der ständige Druck und das mangelnde Engagement der New Yorker Kredithaie hatten Japan bewusst zu Vergeltungsmaßnahmen provoziert.

Entwicklungen in der Nachkriegszeit

Nach der Niederlage Japans bestand eine der ersten Entscheidungen der US-Besatzungstruppen in Japan im September 1945 darin, das japanische Bankensystem umzustrukturieren, um es mit dem internationalen Standard der Bankiers, d. h. dem Wucher, in Einklang zu bringen. Die unbeschränkte staatliche Finanzierung der Bank of Japan wurde abgeschafft und die großen Industriekonglomerate, die *zaibatsu*, wurden zerschlagen. Diese Politik wurde von Joseph Dodge, einem Bankier aus Detroit, umgesetzt, der der Finanzberater des Obersten Alliierten Befehlshabers, General Douglas MacArthur, war.

Dem Finanzministerium gelang es jedoch, eine gewisse Kontrolle über das Bankensystem und insbesondere über die Geldpolitik zu behalten. 1988 wurde Japan durch die Verabschiedung der Basel-I-Maßnahmen hart getroffen,

---

würde, die noch nicht in den Krieg in Europa oder in den chinesisch-japanischen Konflikt verwickelt war.

die die Bank of Japan dazu verpflichteten, die Mindestkapitalanforderungen für ihre risikobehafteten Aktiva von 2% auf 8% zu erhöhen. Dies führte zu einer Rezession, die nun schon 26 Jahre andauert.

Im April 1998 wurde der Finanzminister per Gesetz gezwungen, sich der unabhängigen Bank of Japan zu unterstellen. Seitdem funktioniert die Bank of Japan wie eine typische Zentralbank unter Rothschild-Kontrolle, die ihre Vorrechte selten im besten Interesse des japanischen Volkes ausübt.

KAPITEL VII

MODERNE FORMEN DES STAATLICHEN BANKWESENS

„Die Bank wurde in Ungerechtigkeit gezeugt und in Sünde geboren. Die Banker sind die Herren der Welt. Nehmt ihnen die Macht, Geld zu erschaffen, aber lasst ihnen die Macht, Geld zu erschaffen, und sie werden auf einen Schlag genug erschaffen, um alle zu erlösen. Nimmt man ihnen jedoch diese Macht, werden alle großen Vermögen wie das meine verschwinden, wie es sich gehört, denn die Welt, in der wir dann leben würden, wäre besser und glücklicher. Aber wenn Sie ein Sklave der Banker bleiben und die Kosten für Ihre eigene Knechtschaft bezahlen wollen, dann lassen Sie sie weiterhin Geld schaffen."

- Sir Josiah Stamp, ehemaliger Leiter der Bank of England

Die Bank von North Dakota[285]

Im Jahr 1919 wurde den 48 Bundesstaaten der Vereinigten Staaten die Möglichkeit geboten, ihre eigene Staatsbank zu gründen. North Dakota war der einzige Staat, der das Angebot annahm.

North Dakota, dessen Hauptstadt Bismarck heißt, hat eine Bevölkerung von 684.000 Menschen. Sie liegt in der Mitte Amerikas, nahe der kanadischen Grenze. Trotz der strengen Winter ist die Landwirtschaft die wichtigste direkte und indirekte Einkommensquelle der Region. Es ist der führende Produzent von Weizen, hauptsächlich

---

[285] http://banknd.nd.gov/

Hartweizen[286], Gerste, Raps, Flachs, Hafer und Sonnenblumenkernen. Schieferöl aus dem Hydraulic Fracturing im Bakken Basin und Braunkohle sind die wichtigsten Bodenschätze des Bundesstaates.

Die North Dakota State Bank wurde 1919 von einer Vereinigung von Landwirten gegründet.

Die meisten US-Bundesstaaten sind technisch gesehen zahlungsunfähig; mit Ausnahme von North Dakota und seinem westlichen Nachbarn Montana weisen alle ein Haushaltsdefizit auf. Zum Vergleich: Kalifornien, der wirtschaftlich größte Bundesstaat und derzeit die zwölftgrößte Volkswirtschaft der Welt, wies im April 2013 ein Defizit von 23 Milliarden Dollar auf und zahlt jedes Jahr 10,4 Milliarden Dollar an Zinsen. Im Jahr 2012 beliefen sich die Anleiheschulden auf 167,9 Milliarden Dollar. Im Gegensatz zu den anderen 49 Bundesstaaten, die unter steigender Arbeitslosigkeit leiden, ist die Arbeitslosenquote in North Dakota gesunken und mit 2,7% die niedrigste im Land. Der

---

[286] Eine härtere Form des Weizens, die zur Herstellung von Spaghetti und anderen Nudelarten verwendet wird.

Bundesstaat hat auch die niedrigste Konkursrate für Unternehmen in den Vereinigten Staaten.

Im September 2012 wies North Dakota einen Haushaltsüberschuss von 1,6 Milliarden Dollar auf. Zwischen 1997 und 2010 wuchs das BIP um 93,4 Prozent, von 16 Milliarden auf 31 Milliarden Dollar. Im Zeitraum 2000-2011 stieg das Pro-Kopf-Einkommen um 127 Prozent von 20.155 auf 45.747 Dollar, während das nationale Wachstum im gleichen Zeitraum nur 37,4 Prozent betrug.

Das Geheimnis seines Erfolgs liegt in seiner Staatsbank. Der Auftrag der Bank besteht darin, Finanzdienstleistungen zur Unterstützung von Landwirtschaft, Handel und Industrie zu erbringen. Laut Gesetz muss der Staat seine gesamten Mittel bei der Bank hinterlegen, die einen wettbewerbsfähigen Zinssatz zahlt.

Die Bank führt ihre gesamten Gewinne an den Staat ab, die sich 2011 auf 60 Mio. USD beliefen. In den letzten 11 Jahren wurden mehr als 460 Millionen Dollar an den Staat gezahlt. Die meisten dieser Mittel werden zum Ausgleich von Steuersenkungen verwendet. Die Bank bietet auch einen Sekundärmarkt für Immobiliendarlehen, Bürgschaften für neue Unternehmen und Darlehen an Landwirte zu einem Zinssatz von 1% pro Jahr. North Dakota hat weder eine Kreditklemme noch eine Kreditsperre erlebt, weil die Bank dem Staat einen eigenen Kredit zur Verfügung stellt. Durch den Aufbau einer eigenen wirtschaftlichen Souveränität ist North Dakota zum wohlhabendsten und finanziell lebenswertesten Bundesstaat der Vereinigten Staaten geworden.

Selbst wenn das staatliche Bankwesen die finanzielle

Stagnation auf nationaler Ebene nicht überwinden kann, hat das staatliche Bankwesen in den USA das Potenzial, den Staat in Form von Haushaltsüberschüssen, beträchtlichen Steuersenkungen, geringerer Arbeitslosigkeit und einem hohen Wohlstandsniveau erheblich zu entlasten. Im Juni 2014 zogen 25 Staaten eine Gesetzgebung in Erwägung, die die Gründung einer staatlichen Bank ermöglichen würde.[287]

Die Staaten von Guernsey

1815, als die napoleonischen Kriege zu Ende gingen, befand sich Guernsey in einer prekären Lage. Die Straßen waren baufällig, die Deiche und die Wirtschaft waren zusammengebrochen. Die Insel konnte sich kein Geld leihen, weil sie nicht genug Steuern erheben konnte, um die erforderlichen Zinsen zu zahlen.

Um öffentliche Bauvorhaben und einen neuen Markt zu finanzieren, schlug der Ausschuss der Staaten von Guernsey 1816 eine neue Lösung vor. Sie gab 6.000 Pfund in Form von 1-Pfund-Noten aus, ohne Schulden oder Zinsen. Innerhalb von zwei Jahren wurden alle Arbeiten abgeschlossen, ohne dass sich die Staatsverschuldung erhöhte.[288]

---

[287] http://publicbankinginstitute.org/

[288] Die Grubiaks sind ein interessantes Beispiel dafür, wie der Zinseszins eine Gemeinschaft versklaven kann. Im Jahr 1817 wurde der Obstmarkt von Glasgow mit einem verzinslichen Darlehen von 60.000 Pfund finanziert. Erst 139 Jahre später, im Jahr 1956, wurde sie endgültig zurückgezahlt. Die Höhe der Zinseszinsen zwischen 1816 und 1910 ist nicht bekannt, aber zwischen 1910 und 1956 wurden 267.886 £ gezahlt.

Für den Wiederaufbau des von Königin Elisabeth I. 1563 gegründeten Elizabeth College und der Gemeindeschule wurde eine neue Ausgabe von 5.000 Pfund getätigt, die diesmal auch Fünf-Pfund-Noten enthielt. Im Jahr 1837 waren 55.000 Pfund im Umlauf. Die Insel erlebte einen sprunghaften Anstieg des Tourismus und einen noch nie dagewesenen Wohlstand.

Der alte Marktplatz von St. Peter Port wurde 1816 durch die Ausgabe von zinslosen Anleihen in Höhe von 6.000 Pfund finanziert.

Im Jahr 1914 erreichte die Ausgabe des Staates 142.000 Pfund. Im Jahr 1937 waren es 175.000 £. Die Kosten für den Druck dieser Banknoten beliefen sich auf 450 Pfund, während der jährliche Zinsdienst 11.383 Pfund (6,5%) hätte betragen müssen. Im Jahr 1958 waren 542.765 Pfund im Umlauf. Heute befinden sich 43,8 Millionen Pfund im Umlauf.[289] Heute hat Guernsey 65.400 Einwohner und genießt einen der höchsten Lebensstandards der Welt. Der derzeitige Einkommensteuersatz beträgt 20%, unabhängig von der

---

[289] Ministerium für Finanzen und Ressourcen, Guernsey, 16. November 2012.

Quelle, ist aber auf 220.000 £ pro Jahr begrenzt. Es gibt keine Körperschaftssteuer, mit Ausnahme einer 10%igen Steuer auf bestimmte Bankgeschäfte, keine Kapitalertragssteuer, keine Erbschaftssteuer, keine Vermögenssteuer, keine Mehrwertsteuer und keine Stempelsteuer. Guernsey hat keine Staatsschulden.

Die Zentralbank von Libyen

Von 1551 bis 1911 stand Libyen unter der Herrschaft des Osmanischen Reiches, von 1911 bis 1943 unter der Herrschaft Italiens und von 1943 bis 1951 unter der militärischen Doppelhoheit Großbritanniens und Frankreichs. Die libysche Zentralbank wurde 1956 gegründet und funktionierte bis zum[290] unblutigen *Staatsstreich vom* 1. September 1969 wie eine typische Zentralbank.

Im Jahr 1959 wurde ein Öl von außergewöhnlicher Qualität entdeckt. König Idris al-Mahdi as-Sanusi versäumte es jedoch, diesen Geldsegen zum Wohle seines Volkes zu nutzen, und der größte Teil der Ölgewinne wurde auf die Konten der Ölgesellschaften umgeleitet.

Nach seiner Machtübernahme im Jahr 1969 übernahm Muammar Gaddafi die Kontrolle über die wirtschaftlichen Aktivitäten des Landes, einschließlich der Zentralbank, die in jeder Hinsicht als Staatsbank fungierte. Sie diente als Superbank für lokale Banken, und ausländische Banken durften dort nicht tätig werden. Die staatliche Infrastruktur wurde nicht durch *Riba*

---

[290] N.D.N.: auf Französisch im Text.

(Zinsen) finanziert, und Libyen hatte keine Staatsschulden oder ausländische Kredite. Die Devisenreserven des Landes belaufen sich auf über 54 Mrd. USD, was mit den Reserven von Industrieländern wie dem Vereinigten Königreich und Kanada vergleichbar ist, die 2010 über 50 Mrd. USD bzw. 40 Mrd. USD verfügten. Das BIP-Wachstum betrug im Zeitraum 2000-2010 jährlich 4,32% und die offizielle Inflationsrate lag bei -0,27%.[291]

Oberst Gaddafi[292] wurde in den Medien als "schrecklicher Diktator und blutsaugendes Monster" dargestellt, aber in Wirklichkeit hatte er die Unterstützung von 90% der Bevölkerung, außer in und um Benghazi,[293] aber in Wirklichkeit hatte er die Unterstützung von 90% der Bevölkerung, außer in und um Benghazi.[294]

Die folgenden Vorteile Gaddafis erklären die Gründe für seine Popularität:

- Der Schulbesuch ist kostenlos.

- Die Studenten erhielten den Durchschnittslohn in ihrem Studienfach.

- Studenten im Ausland erhielten eine Unterkunft,

---

[291] www.theglobaleconomy.ca

[292] Sein tatsächlicher Rang war der eines Leutnants.

[293] http://embassy-finder.com/libya_in_kuwait_kuwait

[294] Trotz der unerbittlichen Bombardierung durch die NATO versammelten sich im 1 de Juli 2011 eine Million Einwohner von Tripolis (bei einer Bevölkerung von 2,2 Millionen) zu einer Demonstration zur Unterstützung ihres Bruders Gaddafi.

ein Auto und 2.500 Euro pro Jahr.

- Kostenloser Strom.
- Kostenlose medizinische Versorgung.
- Kostenloser Wohnraum (Hypotheken waren verboten).
- Die Frischvermählten erhielten 60.000 Dinar (50.000 Dollar)[295] als Geschenk der Regierung.
- Die Fahrzeuge wurden zu Preisen ab Werk und ohne Zinsen vermarktet.
- Darlehen an Privatpersonen wurden zinslos gewährt.
- Ein Laib Brot kostete 15 Cents.
- Benzin kostete 12 Cent pro Liter.
- Ein Teil der Erlöse aus dem Verkauf von Kohlenwasserstoffen wurde direkt auf die Bankkonten der Bürger eingezahlt.
- Die Landwirte erhielten kostenlos Land, Saatgut und Vieh.
- Vollbeschäftigung, bei der die vorübergehend Arbeitslosen den Gegenwert ihres vollen Lohns erhalten.

---

[295] 1 Dollar = 1,20 Libysche Dinar.

Muammar Mohammed Gaddafi - Er war ein strenger Anhänger des Heiligen Koran, der alle Formen des Wuchers abschaffte und die libysche Zentralbank in den Dienst des libyschen Volkes stellte.

Die Dschamahirija von Gaddafis "Volksstaat" sorgte dafür, dass der Reichtum dieses Landes mit 5,79 Millionen Einwohnern gerecht auf die gesamte Bevölkerung verteilt wurde. Es gab keine Bettler oder Mittellosen, die Lebenserwartung war mit 75 Jahren die höchste in Afrika und lag 10% über dem Weltdurchschnitt. Die Alphabetisierungsrate lag bei 82 Prozent. Was die Menschenrechte betrifft, so belegt Libyen auf dem internationalen Index der Inhaftierungen den 61. Je niedriger die Punktzahl, desto höher die Rate. Der erste Platz wird derzeit von den Vereinigten Staaten gehalten.[296]

Eine weitere große Leistung Gaddafis ist die

---

[296] S. Goodson, *Die Wahrheit über Libyen*, 4. April 2011, http://rense.com/general/93/truth.htm

Umwandlung des Nubischen Beckens in einen großen künstlichen Fluss, der die Städte Tripolis, Sirte und Benghazi mit täglich 6.500.000 m³ Trinkwasser versorgt. Das extrahierte Wasser ist zehnmal billiger als entsalztes Wasser. Die Gesamtkosten des Projekts, die auf 25 Milliarden Dollar geschätzt werden, wurden ohne einen einzigen ausländischen Kredit finanziert.

Während die Zentralbanken von Weißrussland, Birma, Kuba, Iran, Nordkorea, Nord-Sudan und Syrien nicht direkt unter der Kontrolle des Rothschild-Bankenkartells standen, hatte Libyen die einzige Zentralbank, die im Staatsmodus arbeitete, was zu den klassischen Symptomen von Vollbeschäftigung, Null-Inflation und einem modernen Arbeiterparadies führte.

All dies stellt die Gründe für die Intervention der NATO unter dem Vorwand von fadenscheinigen Menschenrechtsverletzungen, die sie angeblich schützen soll, in Frage. Seit 1971, als die USA mit dem Einverständnis Saudi-Arabiens den Goldstandard für den Petrodollar aufgaben, wurde jeder Versuch, den US-Dollar als dominierende Reservewährung abzulösen, blockiert und heftig bekämpft.

Im November 2000 ordnete Saddam Hussein an, dass alle Transaktionen mit Kohlenwasserstoffen in Euro abgewickelt werden sollten, da er nicht mehr in der "Währung des Feindes" handeln wollte.[297]

Unter ähnlichen Umständen kündigte Gaddafi 2010 die Einführung eines Gold-Dinars an, mit dem alle Auslandsgeschäfte in einer Region mit 200 Millionen Einwohnern bezahlt werden sollten. Zu diesem

---

[297] *Die Zeit,* 13. November 2000.

Zeitpunkt verfügte Libyen über 144 Tonnen Gold. Vorgeschlagen wurde nicht die Rückkehr zum Goldstandard *an sich*, sondern die Einführung einer neuen Maßeinheit für die Ausfuhr von Öl und anderen Ressourcen, die in Golddinar abgerechnet werden sollte.[298] Gaddafi hat die rote Linie überschritten und den höchsten Preis bezahlt.

Seit 2007 verlangt der Iran, dass die Zahlungen in Euro geleistet werden. Seit dem 17. Februar 2008 verwendet die iranische Ölbörse für ihren Öl-, Petrochemie- und Gashandel hauptsächlich den Euro, den iranischen Rial und einen Korb von Nicht-US-Währungen. Die erste Ladung Öl, die nach diesem neuen System gehandelt wurde, wurde im Juli 2011 über diesen Markt verkauft. Diese Entwicklung muss als Ursache für die wiederholten Drohungen Israels und der USA gegen den Iran angesehen werden.

---

[298] The Golden Dinar: Saving the Global Economy with Gaddafi, www. globalresearch.ca, 5. Mai 2011.

GESCHICHTE DER ZENTRALBANKEN

CAPÍTULO VIII

DIE BANKENKRISE UND DIE ENDGÜLTIGER NIEDERGANG DER ZIVILISATION

„Ich fürchte, dass der normale Bürger nicht weiß, dass Banken Geld erschaffen und vernichten können und dies auch tun. Die Menge des vorhandenen Geldes schwankt nur mit dem Anstieg und Fall der Bankeinlagen und Kredite ... und diejenigen, die den Kredit einer Nation kontrollieren, lenken die Politik der Regierung und halten das Schicksal des Volkes in der Hand."[299]

- Reginald McKenna, ehemaliger Schatzkanzler.

Historischer Überblick

Bankenkrisen treten in der Regel in drei Formen auf: (i) Zusammenbruch einer einzelnen Bank aufgrund mangelnden Vertrauens und massiven Abzugs von Einlagen, (ii) Bank-Run, wenn mehrere Banken gleichzeitig zusammenbrechen, und (iii) Implosion des gesamten Systems.

Im 18. Jahrhundert beschränkten sich Bankenkrisen auf Länder, die Zentralbanken hatten und Wucher praktizierten, also England, die Niederlande und Schweden.

Im Jahr 1710 übernahm die Sword Blade Bank in Konkurrenz zur Bank of England einen Teil der

---

[299] Ansprache des Präsidenten an die Aktionäre der Midland Bank, 25. Januar 1924.

Staatsschulden im Tausch gegen Sword Blade-Aktien. Im folgenden Jahr führte die South Sea Company eine ähnliche Operation durch und übernahm 1720 den Rest der Staatsschulden im Austausch gegen ihre überbewerteten Aktien. Die South Sea Company war in der Tat eine leere Hülle und verfügte nicht einmal über wirtschaftliche Vermögenswerte. Am 24. September 1720 ging die Sword Blade Bank in Liquidation und bis zum Ende des Jahres hatten die Aktien der South Sea Company fast 90% ihres Wertes von 1.000 Pfund pro Aktie verloren.

Im Jahr 1763, nach dem Ende des Siebenjährigen Krieges (1756-1763), konnten die vom niederländischen Bankier Leendert Pieter de Neufville ausgegebenen *Wissels* oder Banknoten nicht zurückgezahlt werden und lösten einen Ansturm auf die Banken in den Niederlanden, Deutschland und Schweden aus.

Im Januar 1772 ging das Londoner Bankhaus Neal, James, Fordyce and Down, das in großem Stil mit Leerverkäufen von Aktien der East India Company spekuliert hatte, in Konkurs, nachdem es seine Verluste aufgrund massiver Abhebungen seiner Kunden nicht mehr decken konnte. Zweiundzwanzig Großbanken und fast alle Privatbanken in Schottland wurden abgewickelt. Die Ansteckung war bis nach Amsterdam zu spüren. Viele lokale Banken gerieten in eine Liquiditätskrise, darunter auch Clifford and Sons, das in Konkurs ging.

Nun werden fast alle Bankenkrisen durch das Zentralbankmodell verursacht, das es privaten Banken erlaubt, Geld durch verzinsliche Schulden zu schaffen und es dann zu vernichten, sobald es zurückgezahlt wird. So wurden beispielsweise die ersten beiden Paniken in den Vereinigten Staaten in den Jahren 1792 und 1796-

1797 von der First Bank of the United States ausgelöst, als sie den Zugang zu Krediten absichtlich einschränkte, um einen wirtschaftlichen Zusammenbruch zu verursachen.

Die in Rothschilds Besitz befindliche Second Bank of the United States plante und führte 1819 ein ähnliches Finanzdesaster und eine anschließende Depression durch, während England 1825 und 1847 ebenfalls von einer künstlichen Panik heimgesucht wurde. Während der Panik von 1825 mussten 66 Banken schließen.

Eine weitere Bankenpanik in den Vereinigten Staaten ereignete sich 1857, als eine organisierte Goldknappheit zum Konkurs der Ohio Life Insurance and Trust Company führte. Wie in Kapitel IV erwähnt, begannen, nachdem die Vereinigten Staaten im Januar 1873 gezwungen waren, den Goldstandard einzuführen, immer häufiger und heftiger auftretende Bankenpaniken. Weniger als acht Monate später, im September desselben Jahres, wurden die Vereinigten Staaten in eine vorsätzliche Rezession gestürzt, die vier lange Jahre andauerte.

Die darauf folgenden Paniken von 1884, 1890, 1890-1891, 1893-1894, 1897, 1903 und 1907 wurden absichtlich inszeniert, um das amerikanische Volk in einen Zustand der Verwirrung und Verzweiflung zu stürzen. Nach 40 Jahren geplantem Chaos, Blasen und Börsenkrachern und einer Desinformationskampagne in den Medien kapitulierte die Bevölkerung kleinlaut und der Traum der verschworenen Banker von einer US-Zentralbank wurde am 23. Dezember 1913 Wirklichkeit.

Nach der Großen Depression, die von der Federal

Reserve[300] herbeigeführt wurde, herrschte eine Periode relativer Stabilität bis in die 1990er Jahre, als eine wachsende Zahl von Ländern von Wirtschaftskrisen und finanziellen Schwierigkeiten betroffen war (Finnland, Schweden, Venezuela, Indonesien, Südkorea, Thailand, Russland, Argentinien, Ecuador und Uruguay).

Die Bankenkrise von 2007

Die Saat für die derzeitige Bankenkrise wurde gelegt, als das Glass-Steagall-Gesetz von 1933, das den Banken den Besitz von Finanzinstituten untersagte und die Banken von den Wertpapierfirmen trennte, am 12. November 1999 außer Kraft gesetzt wurde. Bei der Verabschiedung des ursprünglichen Gesetzes sagte Senator Carter-Glass, ein ehemaliger US-Finanzminister und einer der Befürworter des Gesetzes: "Mit einer Waffe kann ein Mann eine Bank ausrauben, aber mit einer Bank kann ein Mann die ganze Welt ausrauben.

Gegen Ende der Clinton-Regierung wurde erklärt, dass jeder das Recht auf ein eigenes Haus habe, und zu diesem Zweck schuf das Ministerium für Wohnungswesen und Entwicklung ein Programm mit der Bezeichnung National Homeownership and American Dream Strategic Partnership. Um möglichst viele Hausbesitzer zu gewinnen, wurden die Kreditanforderungen stark gesenkt, und die Regierung gewährte den Kreditnehmern eine Steuergutschrift von 8.000 Dollar. In den ersten

---

[300] Im Jahr 2002 antwortete Bernanke auf eine Frage von Professor Milton Friedman an Ben Bernanke, damals Mitglied des akademischen Rates der New Yorker Fed, über die Große Depression: "Über die Große Depression. Sie haben Recht, wir waren verantwortlich. Es tut uns sehr leid.

zwei Jahren wurden attraktive Zinssätze angeboten, danach jedoch deutlich höhere.

Senator **Carter-Glass**, dessen Gesetzgebung den Banken den Besitz von Finanzinstituten untersagte und die Banken von den Wertpapierfirmen trennte. Dieses Gesetz wurde 1999 aufgehoben, mit verheerenden Folgen.

Zwischen 1998 und 2006 stiegen die Hauspreise um 124%, aber zwei Jahre später fielen sie um 20%. Im Gegensatz zu den steigenden Preisen war bei der Erschwinglichkeit von Wohnraum ein Abwärtstrend zu verzeichnen. Zwischen 1980 und 2000 lag das Verhältnis zwischen den Kosten für ein durchschnittliches Haus und dem durchschnittlichen Haushaltseinkommen bei 3, aber bis 2006 war es auf 4,6 gestiegen. Credit Default Swaps (CDS), die zur Spekulation mit Kreditrisiken geschaffen wurden, sind zwischen 1998 und 2008 auf 47 Billionen US-Dollar angewachsen und haben einen Nominalwert von 683 Billionen US-Dollar.

Nobelpreisträger **Frederick Soddy**, dessen Ansichten über das Geld- und Bankensystem auf physikalischen Grundlagen beruhen und die Falschheit des immerwährenden Wirtschaftswachstums aufzeigen.

Um die Immobilienblase anzuheizen, wurden innovative Finanzprodukte wie CDOs (Collateralized Debt Obligations) entwickelt. Immobilienkredite mit unterschiedlichem Rückzahlungspotenzial wurden verbrieft und, nachdem sie von Rating-Agenturen als zuverlässig eingestuft worden waren - in betrügerischer Absicht, wie sich später herausstellte - in den meisten Fällen an naive Anleger verkauft.[301]

---

[301] Eines der spektakulärsten Opfer dieses Betrugs war der norwegische Government Petroleum Pension Fund, der zweitgrößte

Um diese Kultur der Gier zu fördern, vermarktete das Schattenbankwesen, einschließlich der Investmentbanken und Hedgefonds, deren Gesamtvermögen sich damals auf mehr als 100 Billionen Dollar belief, diese Produkte aggressiv, obwohl im Juni 2007 39% aller Hypotheken nicht als konventionell ausgegebene Hypotheken qualifiziert waren.

Die Blase platzte, als Lehmann Brothers am 15. September 2008 Konkurs anmeldete. Es wurde eine Rettungsaktion gefordert, und der Kongress stellte 700 Milliarden Dollar für den Paulson-Plan bereit, aber das war nur die Spitze des Eisbergs, denn die Federal Reserve hat seitdem mehr als 16 Billionen Dollar an Hilfen für in- und ausländische Banken bereitgestellt. Laut den Memoiren von Neil Barofsky, dem [302]Generalinspekteur des Paulson-Plans, könnte der endgültige Betrag 24 Billionen Dollar übersteigen. Es ist daher nicht verwunderlich, dass die Bilanz der Federal Reserve zwischen 2008 und 2013 um 500% auf 5 Billionen Dollar angewachsen ist, nur um einen insolventen Bankensektor mit ihrem Ponzi-ähnlichen quantitativen Lockerungsprogramm

---

Staatsfonds der Welt, der 2008 einen Verlust von 90 Milliarden Dollar verzeichnete. Dieser Verlust machte alle Gewinne der vorangegangenen 12 Jahre zunichte. http://news.bbc.co.uk/2/hi/business/7961100.stm

[302] N. Barofsky, *Bailout: An Inside Account of How Washington Abandoned Main Street While Rescuing Wall Street*, Free Press, New York, 2012, S. 288. Im November 2011 schätzte das Levy Economics Institute am Bard College in New York das gesamte Rettungspaket auf 29 Billionen Dollar.

aufrechtzuerhalten[303], während in ähnlicher Weise die Bilanzen der sechs größten westlichen Banken zwischen 2007 und 2012 um 336,4% von 10,7 Billionen auf 14,6 Billionen Dollar gestiegen sind.

Causatum

Inmitten der Nachwirkungen dieser Finanzkrise wurden erste Versuche unternommen, das scheinbar unlösbare Problem zu lösen. Der Dodd-Frank Wall Street Reform and Consumer Protection Act wurde am 21. Juli 2010 in Kraft gesetzt. Sie enthält mehrere regulatorische Anforderungen zur Förderung der Rechenschaftspflicht, der finanziellen Stabilität und der Transparenz. 200 Seiten des Gesetzes sind der Hypothekenreform gewidmet und beinhalten strengere Kreditvergabestandards und Anforderungen an die Kreditsachbearbeiter, um sicherzustellen, dass die Kreditnehmer in der Lage sind, ihre Kredite zurückzuzahlen.

Experten des Basler Ausschusses für Bankenaufsicht haben vorgeschlagen, die Eigenkapital- und Liquiditätsquoten zu erhöhen, in der Hoffnung, dass diese Maßnahmen den Bankensektor stärken werden. Sie sollen alle bis zum 31. März 2019 umgesetzt werden. Sie werden jedoch wahrscheinlich nur das Gegenteil bewirken, nämlich eine weitere Verringerung der Geldmenge und damit eine Verstärkung der Rezession.

Was die meisten Banker und Wirtschaftswissenschaftler nicht verstehen, ist, dass die einzige Möglichkeit, die

---

[303] Charles Ponzi war ein amerikanischer Hochstapler zu Beginn des 20.

Wirtschaft zu erhalten, darin besteht, mehr Kredite (mit Zinsen) aufzunehmen, da das Schuldgeld unser einziges Tauschmittel ist. Daher all die hartnäckigen und lächerlichen Mantras, dass das Wachstum um jeden Preis aufrechterhalten werden muss, denn wenn alle Kredite zurückgezahlt werden müssten, würde die Geldmenge verschwinden und wir würden auf den Tausch von Waren und Dienstleistungen reduziert werden. In der gegenwärtigen Situation wäre ein globaler Schuldenerlass nicht zu viel verlangt, wenn die Geldmenge durch ein staatliches Bankensystem ersetzt werden könnte, das Geld ohne Schulden und Zinsen schafft.

Der eigentliche Grund dafür, dass die Industrieländer, die früher hochwertige langlebige Güter produzierten, sich teilweise deindustrialisiert haben, ist, dass die Länder der Dritten Welt ständig minderwertige Güter produzieren müssen, um das Wachstumssyndrom zu stillen. Dies unterstreicht auch die Absurdität, dass Europa wirtschaftliches Wachstum braucht, während seine einheimische Bevölkerung schrumpft. Diese bewusste Politik der geplanten Überalterung und des erzwungenen Wachstums hat auch schädliche Auswirkungen auf die Umwelt. Wie im letzten Abschnitt dargelegt wird, wird die sinkende Geburtenrate der Frauen in den Industrieländern, die eine direkte Folge der Abnutzung ist, zum Aussterben der Zivilisation führen.

Zusammenfassend lässt sich feststellen, dass das versteckte Hauptziel der gegenwärtigen Bankenkrise darin besteht, ein allgemeines Gefühl der Verzweiflung zu erzeugen und die Gründung einer Weltzentralbank zu bejubeln - eine ähnliche Situation wie in den Vereinigten Staaten im 19. Jahrhundert, als Bankenpaniken künstlich erzeugt wurden, um die Gründung der Federal Reserve vorzubereiten. Wenn die parasitären Banker dieses Ziel erreicht haben, ist es zweifelhaft, dass der Wirt, der sie ernährt, bis dahin verschwunden sein wird.

Die Große Depression des 21. Jahrhunderts

Eine der Hauptursachen für die immer größer werdende Schuldenblase ist die selbstmörderische Politik der Globalisierung und des Freihandels, die zu der bereits erwähnten teilweisen Deindustrialisierung der USA, des Vereinigten Königreichs und Europas geführt hat. Die Verlagerung von Industrien in Länder der Dritten Welt hat zu einer schrumpfenden Produktionsbasis in den Industrieländern, zu dauerhafter struktureller Arbeitslosigkeit und zu einem wachsenden Handelsgefälle geführt. Um den sinkenden Lebensstandard aufrechtzuerhalten, waren die Verbraucher in den betroffenen Ländern gezwungen, sich zunehmend privat zu verschulden. So waren in den USA in den 1980er Jahren 2,37$ private Schulden erforderlich, um 1$ BIP-Wachstum zu erzeugen, in den 1990er Jahren waren es 2,99$, und in den 2000er Jahren kam es zu einem dramatischen Anstieg auf 5,67$ pro 1$ Wirtschaftswachstum, ein Niveau, das bald untragbar werden wird.

Ein noch erschwerenderer Faktor sind die steigenden Kosten der Energiegewinnung, auch bekannt als *Energierendite* (EROEI), die sich rasch einem kritischen Punkt nähert. Dem Bericht von Tullet Prebon zufolge hätten sich[304] die theoretischen Energiekosten im Jahr

---

[304] T.M. Morgan, *Perfect Storm: Energie, Finanzen und das Ende des Wachstums*

1990 auf 2,43% des BIP belaufen[305] und im Jahr 2010 auf 4,7% des BIP fast verdoppelt. Es wird prognostiziert, dass er im Jahr 2020 9,6% und im Jahr 2030 15% des BIP erreichen wird. Dieser Rückgang der Energiegewinne, der zur weitgehenden Schließung ganzer Bergbau- und Industriesektoren führen und die Landwirtschaft beeinträchtigen wird, lässt eine erhebliche Senkung des Lebensstandards erwarten.[306]

Steigende Energiegewinnungskosten sind nicht die einzige Herausforderung, vor der die Menschheit steht. In den letzten 100 Jahren hat sich der Wasserverbrauch vervierfacht und steigt weiter an. Heute sind 1,6 Milliarden Menschen mit Wasserknappheit konfrontiert, und einem jüngsten US-Bericht vom Juni 2014 zufolge wird die weltweite Wassernachfrage das verfügbare Angebot bis 2030 um 40 Prozent übersteigen.[307]

Der Faktor, der all diese makroökonomischen Überlegungen überwiegt, ist jedoch die sinkende Geburtenrate in den Industrieländern. Zu Beginn des 20.

---

www.tullettprebon.com/Documents/strategyinsights/TPSI009Perfect Storm009.pdf

[305] Professor Frederick Soddys so genanntes goldenes Zeitalter, in dem vor der Entropie, was in diesem Fall eine Verknappung relativ knapper Rohstoffe bedeutet.

[306] Im Jahr 1960 wurden praktisch alle landwirtschaftlichen Flächen bewirtschaftet. Zwischen 1950 und 1984 ist die weltweite Getreideproduktion beispielsweise um 280% gestiegen. Der Anstieg der landwirtschaftlichen Produktion war jedoch fast ausschließlich auf den Einsatz von Düngemitteln zurückzuführen. Ein angemessener Energieeinsatz würde die Nahrungsmittelproduktion fast halbieren.

[307] http://theeconomiccollapseblog.com/archives/25-shocking-facts-abouttheearths-dwindling-water-resources

Jahrhunderts lebten weltweit 590 Millionen Weiße, das sind 36% von insgesamt 1,65 Milliarden Menschen. Heute ist ihr Anteil an der Weltbevölkerung auf 15 Prozent gesunken. Zwei unnötige brudermörderische Weltkriege zur Aufrechterhaltung des Wuchersystems haben diesen katastrophalen Niedergang verursacht.

Die nachstehende Grafik zur Fruchtbarkeitsrate[308] zeigt die Unvermeidlichkeit und fast mathematische Gewissheit, dass bis zum Jahr 2100 die meisten weißen Völker und ein großer Teil der asiatischen Völker Nordostasiens verschwunden sein werden.

Nigeria	5.32
Pakistan	3.52
Ägypten	2.89
Bangladesch	2.83
Indien	2.81
Indonesien	2.18
Mexiko	2.21

In der ersten Spalte der obigen Tabelle mit den Fruchtbarkeitsziffern sind alle Länder mit mehr als 100 Millionen Einwohnern aufgeführt, während in der nächsten Tabelle Länder mit überwiegend weißer Bevölkerung und fernöstliche Länder aufgeführt sind.

---

[308] www.en.wikipedia.org/wiki/List-of-sovereign-states-and-dependentterritories-by-fertility-rate

Die Fruchtbarkeitsrate, die erforderlich ist, um die Bevölkerung zu ersetzen, beträgt 2,11.[309] weiße, chinesische und japanische Bevölkerung wird also innerhalb von drei Generationen stark dezimiert sein[310] und, wenn die Geburtenrate nicht deutlich steigt, schließlich aussterben.

USA	2.05
Vereinigtes Königreich	1.94
Brasilien	1.90
Frankreich	1.89
Australien	1.79
Schweden	1.67
China	1.55
Kanada	1.53
Deutschland	1.41
Spanien	1.41
Italien	1.38

---

[309] Die durchschnittliche Fruchtbarkeitsrate in der Welt liegt bei 2,55, aber es ist schwierig festzustellen, ob diese Zahl arithmetisch oder als gewichteter Durchschnitt berechnet wird.

[310] Das Durchschnittsalter, in dem eine Frau ihr erstes Kind zur Welt bringt, liegt heute bei 30 Jahren, während es vor 40 Jahren noch 25 Jahre waren.

Russland	1.34
Japan	1.27
Südafrika	2,64 Die Fruchtbarkeitsrate der Weißen liegt bei 1,5.

Aus der obigen Tabelle geht hervor, dass es 80 bis 100 Jahre dauert, bis sich eine Fruchtbarkeitsrate von 1,3 umkehrt, was fast unmöglich ist; eine Fruchtbarkeitsrate von 1,9 ist hingegen historisch gesehen nie umgekehrt worden. Außerdem wird das Ausmaß des Rückgangs der weißen Bevölkerung dadurch verschleiert, dass in diesen Zahlen ein großer Anteil von Nicht-Weißen mit höheren Geburtenraten enthalten ist.

Der prozentuale Anteil der weißen Bevölkerung in den wichtigsten Ländern ist wie folgt

Brasilien	48
Deutschland	88[311]
Vereinigtes Königreich	86[312]
Australien	85
Frankreich	85
Russland	81
Kanada	80

---

[311] Nach Angaben des Statistischen Bundesamtes (Destasis) sind 15 Millionen oder 19 Prozent der 80,2 Millionen Einwohner Deutschlands nichtdeutscher Herkunft. Die Zählung wurde am 9. Mai 2011 durchgeführt.

[312] *Heritage and Destiny, The Changing Face of a Disunited Kingdom*, Preston, England, März-April 2013, S. 3.

GESCHICHTE DER ZENTRALBANKEN

Vereinigte Staaten 65[313]

Von China wird viel erwartet, um die Weltwirtschaft zu retten, aber die Fruchtbarkeitsziffern in den Nachbargebieten Hongkongs (7 Millionen Einwohner) liegen bei 0,97 für Hongkong und 1,10 für Taiwan (23,3 Millionen Einwohner), was eindeutig einen Abwärtstrend zeigt und darauf hindeutet, dass es nicht mehr lange dauern wird, bis das chinesische Festland diese Fruchtbarkeitsziffern erreicht, da sein Lebensstandard weiter steigt. Dieser Rückgang der Geburtenrate in China wird auch durch die Ein-Kind-Politik der chinesischen Regierung begünstigt, die seit 1979 in Kraft ist. Es wird prognostiziert, dass die Bevölkerung Chinas bis 2025 auf Null zurückgehen wird.

Seit dem Zweiten Weltkrieg sind immer mehr verheiratete Frauen in der westlichen Welt, die von der üblen Propaganda des Feminismus und der Gleichberechtigung der Geschlechter in die Irre geführt wurden, gezwungen, sich eine Arbeit zu suchen, damit ihre Familien die immer höheren Zinsen zahlen können, um über die Runden zu kommen. Die meisten dieser Zinsen werden über Hypotheken erhoben, d. h. auf Geld, das die Banken aus dem Nichts geschaffen haben. Die unmittelbare Folge dieses ungerechten Finanzsystems ist die Zerstörung des normalen Familienlebens und ein dramatischer Rückgang der weiblichen Fruchtbarkeit. Aaron Russo zufolge steckten die Rockefellers hinter diesem teuflischen Plan, der darauf abzielte, Frauen in das Netz der Einkommenssteuer zu locken, die

---

[313] M. Merlin, *Unsere Vision für Amerika*, A2Z Publications LLC, Las Vegas, 2012,ix.

Gesellschaft zu destabilisieren und die Neue Weltordnung zu errichten.[314] Wir können also einen unbestreitbaren Zusammenhang zwischen Wucher und demografischem Rückgang feststellen. Selbst wenn das Wuchersystem in fünf oder zehn Jahren vollständig abgeschafft würde, wären diese Trends kurz- bis mittelfristig nicht ohne weiteres umkehrbar. Bleibt der Wucher bestehen, muss sich die Welt auf eine jahrhundertelange Depression einstellen, ähnlich wie im Mittelalter.

In den vorangegangenen Kapiteln wurde schlüssig dargelegt, dass ein staatliches Bankensystem und die Ausgabe einer souveränen nationalen Währung die einzigen Mittel sind, um eine natürliche Ordnung zu schaffen, die Harmonie, Frieden und Wohlstand auf der Grundlage der ethnischen Unabhängigkeit aller Völker garantiert.

Trotz zahlreicher technologischer Fortschritte hat sich die westeuropäische Zivilisation in den letzten 300 Jahren zunehmend verschlechtert. Die übermäßige Konzentration von Macht und Reichtum, die einzig und allein auf unlauteren Bankmethoden beruht, hat es einer kleinen Clique krimineller Banker ermöglicht, die Medien und das Bildungssystem zu kontrollieren und so eine zersplitterte und unreflektierte Menschheit einer Gehirnwäsche zu unterziehen, die ihr die oberflächlichen Annehmlichkeiten der Demokratie und des Materialismus vorgaukelt, während sie sich in eine Orgie

---

[314] Siehe https://www.youtube.com/watch?v=IdM8UN2aG_E, wo der verstorbene Aaron Russo, ein Freund von Nicholas Rockefeller, Mitglied des Council on Foreign Relations, auch enthüllt, dass Gloria Steinems Zeitschrift *Ms.* von der CIA finanziert wurde.

wilder und unnötiger Kriege stürzt, deren einziger Zweck es ist, dieses Zentralbanksystem aufrechtzuerhalten, das den kulturellen Verfall organisiert, der direkt zu unserem eigenen demografischen Aussterben führt.

ANHANG

*Brief von Präsident Abraham Lincoln
an Oberst E. D. Taylor*

Chicago, Illinois, Dezember 1864

Oberst E. O. Taylor,

Ich habe vor langer Zeit beschlossen, den Ursprung der Greenbacks öffentlich zu machen und der Welt zu erklären, dass sie eine Schöpfung von Dick Taylor sind. Ihr habt mir in den schwierigen Zeiten, die wir durchgemacht haben, immer Freundschaft entgegengebracht, und obwohl meine Schultern breit und bereit sind, war ich geschwächt und von so widrigen Umständen umgeben, dass ich nicht wusste, wohin ich mich wenden sollte. Dann, in einer extremen Situation, sagte ich zu mir selbst: "Lass uns nach Colonel Taylor schicken; er wird wissen, was zu tun ist. Ich glaube, es war im Januar 1862, um den 16. Januar herum, als ich mich dazu entschloss, dies zu tun. Er kam zu mir und ich fragte ihn: "Was können wir tun? Dann sagte er: "Warum geben wir nicht Schatzanweisungen ohne Zinsen aus, gedruckt auf dem besten Bankpapier? Geben Sie genug Geld aus, um die Militärausgaben zu bezahlen, und machen Sie es zum gesetzlichen Zahlungsmittel." Chase hielt es für einen riskanten Schritt, aber wir haben es schließlich getan und den Menschen in dieser Republik den größten Segen von allen gegeben: ihr eigenes Papiergeld, um ihre eigenen Schulden zu bezahlen. Wir sind es Ihnen, dem Vater des heutigen Greenbacks, schuldig, dass die Menschen das wissen, und ich freue mich, es bekannt zu machen. Wie oft habe ich dich ausgelacht, als du mir gesagt hast, ich sei zu faul, um etwas anderes als Anwalt zu sein.

Mit freundlichen Grüßen,

A. Lincoln.

Dieser handschriftliche Brief wurde am 10. Februar 1888 vom 50. Kongress der Vereinigten Staaten geprüft und dokumentiert.

Federal Reserve Note - Plutokratische Währung, die von der privaten Federal Reserve Bank of the United States ausgegeben wird.

Banknote der Vereinigten Staaten - Echte, von der Regierung ausgegebene Währung, die von 1862 bis 1994 im Umlauf war. Am 4. Juni 1963 erließ Präsident John F. Kennedy die Executive Order 11110, mit der das Finanzministerium angewiesen wurde, 2- und 5-Dollar-Noten im Wert von 4 Mrd. Dollar zu drucken, von denen ein Beispiel oben abgebildet ist. Diese durch das Silber in den Tresoren des Finanzministeriums gedeckten Banknoten sollten als Schuldverschreibungen und ohne Zinsen ausgegeben werden; die Seigniorage-Erlöse gingen nicht an die private Federal Reserve, sondern an die US-Regierung. Dies war Teil von Kennedys langfristigem Plan, die Macht der Federal Reserve zu reduzieren. Am 22. November 1963 wurde Kennedy in Dallas, Texas, von Attentätern erschossen, die angeblich von Rothschild gesponsert wurden.

DIE MEINUNG VON MATTHEW JOHNSON

Eines der schwierigsten Dinge, die man amerikanischen College-Studenten erklären kann, ist, dass Kapitalismus und Kommunismus mehr gemeinsam haben, als es scheint. Egal, wie man es erklärt, das alte Klischee, dass die beiden "Gegensätze" sind, hält sich hartnäckig. Schlimmer noch: Schülern und ihren verwirrten Eltern zu erklären, dass das amerikanische Bankensystem und die Industriekonglomerate die Rote Revolution in der Sowjetunion finanziert und den gesamten sowjetischen Industrieapparat aufgebaut haben, ist ebenfalls eine verzweifelte und ärgerliche Übung.

Eine einfache Art, dies zu definieren, wäre zu sagen, dass für moderne Banker die staatliche Kontrolle der gesamten Wirtschaft von einem Ort aus das ist, was sie als Himmel betrachten. Es gibt nur einen Plan, ein Bankensystem und ein Sozialsystem; das bedeutet, dass die Banken einfach dem Geld folgen und darauf warten, dass der Staat, nicht die Wirtschaft als solche, die geforderten Zinsen zurückzahlt. Mit anderen Worten, es ist die Kommandowirtschaft, die das sympathischste Gesicht der Banken zeigt. Es ist nicht notwendig, die Verbindungen zwischen privaten Banken und der staatlichen Wirtschaft herzustellen. Es ist für einen Banker genauso einfach, für die Partei zu arbeiten wie für Goldman-Sachs.

Kapitalismus und Sozialismus beruhen auf Materialismus. Produktion und Nutzen gelten als das Gute, die Effizenz der Methoden als conditio *sine qua non* der ethischen Betrachtung. Beide Systeme sind technologisch orientiert, haben eine lineare Sicht der Geschichte und zielen darauf ab, alle Aspekte des menschlichen Lebens zu mechanisieren. Im Laufe ihrer

Entwicklung verschmelzen das Wirtschaftssystem und der Staat zu einer einzigen Maschine. Der Fehler der Libertären bestand immer darin zu glauben, dass der Staat und das Privatkapital einander entgegengesetzt sind. In Wirklichkeit ist das Gegenteil der Fall. Eine große Kapitalkonzentration ist immer eng mit dem Staat verbunden und nutzt ihn sowohl als Schutz als auch als Regulator, um einen sehr begrenzten Zugang zum Markt zu erhalten. Microsofts Niederlage gegen das Justizministerium in den Jahren 2010-2012 zeigt das Ungleichgewicht der Macht zwischen privatem Kapital und dem Staat. Dieses Thema mag für eine Studie über das Bankensystem ungewöhnlich erscheinen. Für den typischen Professor für politische Ökonomie ist sie das. Doch für diejenigen, die wie Herr Goodson viele Jahre lang dem Vorstand der südafrikanischen Zentralbank angehörten, scheint das akademische Gutachten für sich genommen unsinnig zu sein. Herr Goodson war kein Einzelfall, denn er war Zeuge der weitgehenden Übernahme des Wirtschaftslebens durch riesige Bankenkonglomerate in der ganzen Welt. Er war ein privilegierter Zeuge.

Dieses Buch ist keine Studie über Wirtschaftstechniken. Glücklicherweise handelt es sich um eine historische Studie. Goodson hat erkannt, wozu die meisten Ökonomen nicht in der Lage sind: Um ein wirtschaftliches Phänomen zu verstehen, muss man es als das Ergebnis einer jahrzehntelangen historischen Entwicklung sehen. Jeder Aspekt des Ganzen verstärkt ständig das Gesamtbild, und das Ganze selbst verändert sich wie ein Organismus ständig, wenn die Geschichte neue Herausforderungen, neue Projekte und neue Opfer bringt.

Mit anderen Worten, das geheime Leben der Banken war

nicht nur das Ergebnis einer Gruppe von Männern, die sich auf einer Insel vor der Küste Georgiens trafen. Sie waren selbst Akteure in einer historischen Entwicklung, die bis zu den frühesten mesopotamischen Zivilisationen zurückreicht und in Rom ihren Höhepunkt findet. Die Tatsache, dass alles immer auf denselben Werten beruhte, unabhängig von der Zivilisation, in die es eingebettet war, ist so beeindruckend, dass sie eine weitere Analyse verdient. In Anbetracht der politischen Konsequenzen einer solchen Ehrlichkeit musste Goodson jedoch zurücktreten, da sich nur wenige Institutionen die Mühe machen würden, seine Arbeit zu erwähnen, geschweige denn sie zu unterstützen.

Aus dieser Studie geht eine historische Konstante klar hervor: der wesentliche Unterschied zwischen Monarchie und Republikanismus (im weitesten Sinne) ist wirtschaftlicher Natur. Republiken sind in der Regel Oligarchien oder enthalten zumindest den Keim einer solchen. Monarchien, die sich im ständigen Krieg mit ihrem eigenen Adel befinden, weisen den Verdacht der Oligarchie in der Regel zurück. Ob es sich um die Nationalsozialistische Partei Chinas oder Weißrusslands, die Königliche Bank von St. Petersburg oder die zentralisierte Diktatur der augustinischen Ära handelt, jede Form des starken Etatismus hat einen Krieg gegen das Bankenmonopol geführt. Kein autoritärer Herrscher hat jemals die Rivalität eines allmächtigen Wirtschaftsmediators akzeptiert. Natürlich gibt es auf beiden Seiten Ausnahmen, aber die Geschichte zeigt deutlich, dass starke Staaten, die auf traditioneller Autorität beruhen, die Alchemie des Geldes und den Wucher ablehnen.

Roma

Zu Ciceros Zeiten hatte sich Rom bereits rasch von seiner senatorischen Oligarchie entfernt und sich dem Militärimperium Sullas und seiner Nachfolger zugewandt. Die unmittelbare Auswirkung, nachdem sich der Staub der Bürgerkriege gelegt hatte, war die Kontrolle von Währung und Wucher. Julius Caesar wollte die Zinszahlungen auf 1% pro Monat begrenzen und verbot in einem in der Geschichte selten gesehenen populistischen Akt die Kapitalisierung der Zinsen. Außerdem durften die aufgelaufenen Zinsen niemals das ursprüngliche Kapital übersteigen.

In Byzanz, dem Oströmischen Reich, waren die Zinsen offiziell auf etwa 5% begrenzt, was jedoch nur unter der Herrschaft starker Kaiser aufrechterhalten werden konnte. Basilius II. lehnte zum Beispiel alle Zinsen ab und zwang reiche Grundbesitzer, armen Bauern zu helfen. Seine Macht war zwar weit verbreitet, stieß aber oft auf eine aristokratische Reaktion, die in Konstantinopel Marionettenkaiser einsetzte. Unter diesem System verfügte das östliche Rom jedoch über eine lebendige und beliebte Wirtschaft. Seine Währung diente als allgemeiner Standard bis nach China. Die Bauern waren freie Besitzer und es gab keinen Feudalismus. Es gab auch keine Inflation und ein florierender Handel begünstigte immer das Kapital. Aus diesem Grund finanzierten oligarchische Staaten wie Venedig, Dubrovnik und die normannischen Eindringlinge in Sizilien stets die Feinde Roms.

Nach 1204, als die normannischen Kreuzfahrer Konstantinopel einnahmen, übernahm die Herrschaft der venezianischen Oligarchen die Macht. Nachdem die Kaiser des 14. und 15. Jahrhunderts ihre finanzielle Autonomie angesichts regelmäßiger Geldzuflüsse aus Venedig aufgegeben hatten, verurteilten sie Byzanz zum

Tode. Nachdem Byzanz jegliche wirtschaftliche Unabhängigkeit verloren hatte und der immense Reichtum des Ostens durch Zinszahlungen an Italien aufgezehrt wurde, brach es schließlich 1453 unter einer von Italien finanzierten türkischen Invasion zusammen. Venedig wurde ein fester Verbündeter der Türkei.

Darin liegt kein wirtschaftliches Geheimnis. Wo der Wucher streng kontrolliert wird, gibt es keine ständige Flucht und Hortung von Vermögen in Bankzentren. Durch dieses finanzielle Ausbluten bleibt der Wert dort, wo er hingehört: bei den Kleinunternehmern und kleinen Eigentümern. Ohne die rechnerische Erhöhung des Zinses reichte ein Teil der heutigen Arbeit aus, um die Stabilität des Geldes, die notwendige Versorgung und einen Adel zu erhalten, der dem Staat und nicht sich selbst zu dienen hatte. Mit dem modernen System des Wuchers ist die Zentralisierung unvermeidlich, da der Zinseszins kontinuierlich jeden wirtschaftlichen Mehrwert aufsaugt und in die Kassen der Kabale spült.

England

Das war in England nicht anders. Vor der normannischen Invasion erlebte das angelsächsische England, auch nach den Wikingerüberfällen, eine finanzielle Blütezeit. Auch hier waren kleine Grundbesitzer die Regel, der städtische Handel hielt die Preise niedrig und der Mangel an flüssigem Kapital verhinderte eine Zentralisierung. In einem solchen System könnte der Feudalismus nicht existieren. Unter Offa dem Großen wurde der Wucher in Mercy verboten, und auch Alfreds verzweifelter Versuch, die Macht in Wessex gegen die Dänen zu zentralisieren, führte dazu, dass er die "Dienste" der Bankenkabale ablehnte. Die italienischen Banken waren jedoch sehr an dem von Wilhelm dem Eroberer geplanten Angriff auf die angelsächsische Hochburg und der Beseitigung des skandinavischen Einflusses in England interessiert. Ihm folgte eine kleine Armee von jüdischen Sklavenhändlern, Venezianern und römischen Bankiers. Unter der normannischen Hegemonie war Wucher eine Zeit lang erlaubt. Der alte englische Adel wurde massakriert, und Wilhelm der Eroberer importierte einen neuen Adel mit engen Verbindungen zu Italien. Der Feudalismus hatte somit seinen ersten Auftritt auf englischem Boden. Einige Jahrhunderte später sollte auch Irland von den Vorteilen des normannischen Fortschritts profitieren.

Dieser Fortschritt führte zur Zeit König Stephans zur Schaffung eines Bankensystems, das durchschnittlich 33% Zinsen auf verpfändetes Land und 300% auf Kapital erhob. Innerhalb von zwei Generationen befanden sich mehr als 66% des englischen Bodens in den Händen jüdischer und italienischer Bankiers. Dies mag das ständige Bedürfnis des Plantagenet-Reiches erklären, sich immer mehr französisches Land anzueignen.

Dies war das Schicksal des normannischen Englands bis zur Herrschaft von Edward I. (1307), der den Byzantinern (wo viele Angelsachsen nach 1066 gedient hatten) nacheiferte, indem er die Zinsen und ihre Anhäufung streng begrenzte. Indem er die Bankiers aus dem Land vertrieb, leitete er eine Ära des Wohlstands ein, die leider durch die Pest beendet wurde. Es ist kein Zufall, dass England, nachdem Byzanz seine Souveränität an Venedig im Gegenzug für die Nutzung seiner Flotte abgetreten hatte, den umgekehrten Weg gegen Italien und Rom einschlug.

Von der Herrschaft Edwards I. bis zur Großen Pest war

England wohlhabend. Das Arbeitsjahr umfasste 14 Wochen, lang genug, um das Nötigste zu besorgen. Der kirchliche Kalender West- und Osteuropas verlangte zwischen 100 und 140 freie Tage im Jahr, die Sonntage und die Zeit nach Ostern nicht mitgerechnet. Natürlich musste der Kapitalismus einen regelrechten Krieg gegen die Kirche führen und die protestantische Zustimmung zur Streichung der Feiertage aus dem Kalender einholen. Die Herrschaft der Kleinbauern war zum ersten Mal seit Edward dem Bekenner wieder da. Leider war es nicht das letzte Mal. Die Reformation hatte, nachdem Luthers Einfluss nachgelassen hatte, andere Vorstellungen vom Geld.

Nachdem Heinrich VII. England nach dem Rosenkrieg stabilisiert hatte, war es Zeit für den Aufstieg der Banken. Die Reformation und die Unmoral Heinrichs VIII. lieferten den notwendigen Vorwand. Die Reformation war ein Versuch der Stuarts, die Macht zu zentralisieren, nachdem sich der alte Adel gegenseitig abgeschlachtet hatte. Die klösterlichen Ländereien wurden säkularisiert, ein Bodenmarkt entwickelte sich und die Finanzierung des Fernhandels wurde zur Priorität. Heinrich VII. war der letzte Atemzug eines mächtigen traditionellen Staates. Von Heinrich VIII. über Eduard VI. bis hin zu Elisabeth hatte eine neue Oligarchie, die den Pomp der Monarchie als Schutzschild brauchte, die Macht übernommen. Nachdem sie Vertrauen in ihre Rolle gewonnen hatte, brauchte sie bald die Hilfe von Wilhelm von Oranien, um ihre Existenz zu rechtfertigen.

Nachdem der Islam endgültig zurückgedrängt worden war, versuchte Spanien, die Sephardim, die traditionellen Verbündeten des muslimischen Kalifats, loszuwerden. Der spanische Nationalismus war eine Einheit mit

Kirche und Staat, da er für beide ein Mittel zur Reinigung und Erneuerung war. Mit der Übersiedlung nach Amsterdam bauten die Sephardim ihre Bankenzentrale neu auf und schufen sich eine "Basis" des Einflusses, die auf vier Säulen beruhte: dem baltischen Getreidehandel, den Amsterdamer Banken, Konstantinopel, dem türkischen Markt und vor allem Polen. Dies war der Beginn der Moderne, als die Getreidepreise im Westen in die Höhe schnellten und den Osten zwangen, mehr und mehr zu exportieren.

Während der Regierungszeit von Elisabeth und natürlich während und nach der englischen Revolution war Spanien der Feind. Das katholische Irland suchte spanische Hilfe gegen die Ausplünderung der Gallier durch England, die Cromwell mit völkermörderischer Härte bestrafen sollte. Die spanische Einfuhr von Silber aus der Neuen Welt bedrohte die Vorherrschaft der Banken. Das Bankensystem finanzierte die niederländische Rebellion gegen die Spanier, während die Weltpresse die Anwesenheit der spanischen Armeen in Nordeuropa mit aller Deutlichkeit anprangerte. Die britischen Feinde der Bankenelite suchten auch in Spanien nach Hilfe.

Als Karl I. 1645 besiegt wurde und Cromwell 1653 seine Militärdiktatur über England und Irland errichtete, hatte das Bankensystem seine Feinde bereits vernichtet und seinen Platz gesichert. Die friedliche Besetzung von Winchester durch Wilhelm von Oranien 30 Jahre später bedeutete, dass die Bankiers nun England gegen Frankreich und Spanien einsetzen konnten. Es wird niemanden überraschen, dass die Jakobiten so viel Zeit und Mühe darauf verwandt haben, die Bankenelite anzugreifen, die so vehement die Macht an sich gerissen hatte. Weder Jakob I. noch Jakob II. glaubten an "göttliches Recht", noch wollten sie ihre Diktatur durchsetzen. Nur Cromwell strebte diese Ehre an. Die Jameses wurden jedoch aller möglichen Verbrechen beschuldigt. James trat für religiöse Toleranz ein, nicht für eine "spanische Theokratie", wie die Whigs später behaupten sollten. Die Whig-Partei vertrat das System des Wuchers und war als solche stets die politische Bewegung, die am energischsten den Krieg mit Frankreich, Spanien und schließlich Russland suchte.

Das Parlament, nun ein Instrument des Kapitalismus und des Imperiums, suchte nach einem Vorwand, um sich an Spanien zu rächen. Demokratie" und der "Wille des Volkes" wurden als identisch mit den Interessen von Kaufleuten und Händlern angesehen. England war zu einer Oligarchie geworden. Katholische Herrscher sollten für immer von der Herrschaft in London ausgeschlossen werden, so sehr sich James auch um religiöse Neutralität bemühte. Wilhelms Krieg mit Frankreich wurde vom gesamten Amsterdamer Bankensystem finanziert, was Wilhelm von Oranien selbst klar zugab, als er versuchte, eine Ehe mit einer kinderlosen Stuart zu arrangieren.

Ukraine und Polen

Es ist sicher kein Zufall, dass die Herrschaft Cromwells und der langsame Völkermord an den irischen Widerstandskämpfern und den englischen Jakobiten zur gleichen Zeit stattfanden, als sich am anderen "Pol" des jüdischen "Handelspostens" die Gegenbewegung entwickelte. Das Bevölkerungswachstum im Westen und die fortschreitende Zentralisierung der Staaten führten zu einem Anstieg der Nachfrage nach Getreide. Dies bedeutete unter anderem, dass der Adel seine

Leibeigenschaft gegenüber den Bauern verstärken und einen größeren Teil der Produktion dem Export widmen musste.

Der polnische Adel hatte den Juden ein Monopol auf den Landhandel, das städtische Leben, den Mietmarkt und den Alkohol eingeräumt. Alle offiziellen historischen Quellen zur ukrainischen Geschichte müssen dies zugeben. Die ohnmächtige polnische Monarchie versuchte, wie in anderen Ländern auch, ihre Macht durch ein Bündnis mit den Städten zurückzugewinnen. Die polnischen Adligen sahen darin eine Bedrohung und griffen an, indem sie die chasarischen Juden aufnahmen, die nach dem Fall Italiens Jahrhunderte zuvor eine neue Heimat suchten. Sie fanden es nicht nur, sondern ihre offizielle Macht und ihr Erfolg erreichten ein solches Ausmaß, dass rabbinische Behauptungen, das 17. Jahrhundert sei ein "messianisches" Zeitalter, an der Tagesordnung waren. In der Tat war es ein Paukenschlag, der ankündigte, dass die Zeit des Erlösers gekommen war. Stattdessen erlitten sie den Aufstand des Kosaken-Hetmans Bogdan Chmelnyzky. Der Aufstand von Chmelnyzky war das Gegenteil von Cromwells Aufstand: Die Kosaken kämpften gegen die Kosaken. Die Kosaken kämpften gegen die Kosaken. Die Kosaken kämpften gegen eine seit langem bestehende Oligarchie, während Cromwell versuchte, eine solche zu errichten.

Der Aufstieg Chmelnyzkis im Jahr 1648 war das Ereignis, das den ukrainischen Nationalismus für immer definierte. Nichts war mehr so, wie es einmal war. Polen wäre beinahe zusammengebrochen. Die Juden mussten um ihr Leben fliehen. Den Krimtataren gelang es, sich von der türkischen Herrschaft zu befreien. Rom geriet in Panik, als seine Kirchen, die lange Zeit mit Wucher in Verbindung gebracht wurden, von Kosaken niedergebrannt wurden, weil sie sich daran erinnerten, dass sie ein Jahrhundert zuvor auf den Ruinen orthodoxer Kirchen errichtet worden waren. Noch immer unter der Reformation leidend, stand Rom nun auch im Osten vor der Ausrottung. Der Patriarch von Jerusalem, Paisios, krönte Hetman Khemlnytsky zum "Monarchen von ganz Russland". Russland, Wien, Preußen und Paris waren nun in der Lage, ihre Macht zu zentralisieren und Rom herauszufordern. Russland hegte einen besonderen Groll gegen Rom, da es das Papsttum war, das 1256 einen Kreuzzug gegen Nordrussland ausrief, die mongolische Expansion finanzierte und den polnischen Angriff auf die Ukraine als "heiligen Krieg" bezeichnete. Paris und Wien blieben zwar katholisch, aber es handelte sich um einen nationalen Katholizismus, bei dem die Krone und nicht Rom die Erzbischöfe auswählte. Dies war nicht von Dauer.

Rom gelang es, dem Karmel vorzuschlagen, die orthodoxen Slawen aufzugeben. Der Tod von Herman Chmelnyzky im Jahr 1657 führte zu einer Spaltung des Kosakenheeres zwischen den Hetmanen und den beiden Seiten des Dnjepr. Der Hetman Ivan Vyhovsky und Pavlo Teteria suchten ein Bündnis mit Polen, Briukhovetsky im Osten wandte sich an Moskau und Doroshenko wandte sich in seiner Verzweiflung an die Türken. Im Jahr 1708 wandte sich Hetman Ivan Mazepa an die Schweden. Es folgte eine Katastrophe, die unter ukrainischen Historikern als "Ruin" bekannt ist.

Als Russland sich dem Dnjepr näherte, wurde Wien durch die mögliche Russifizierung des größten Teils Osteuropas (einschließlich des Balkans) alarmiert und mobilisierte seine Kräfte dagegen. Mit einem gewissen Handlungsspielraum gewann Polen seine frühere Stabilität zurück und der Adel kehrte in seine Heimat zurück. Ein Jahrhundert später führte der Aufstand der Haidaimak-Kosaken zu dem Undenkbaren: dem Vertrag der "ewigen Freundschaft" (d. h. dem Waffenstillstand von Androussowo, 1667) zwischen Polen und Russland, der die Ukraine in zwei getrennte Reiche aufteilte. Der Aufstand Haidaimaks wurde durch eine gemeinsame Anstrengung Moskaus und Krakaus niedergeschlagen, und alles wurde wieder so, wie es vor 1648 war.

Wie in England war die Gesellschaft unter der Herrschaft der Kosaken in Bezirke unterteilt, die von einer lokalen Demokratie verwaltet wurden, die den Wucher völlig außer Acht ließ. Die Ergebnisse waren typisch: Die traditionellen slawischen Gemeinschaften entstanden wieder und es kam zu politischer und wirtschaftlicher Stabilität. Die langsame Unterstützung der Kosakenaristokratie, die von St. Petersburg finanziert wurde, führte zur Einführung einer Oligarchie, die es Katharina II. in der Mitte des 18.

Vereinigte Staaten

Die dezentralen Kolonien Amerikas waren im Allgemeinen wohlhabend. Reichlich Land, hervorragende Häfen und ein starker Pioniergeist schufen aus dem Nichts eine fortschrittliche Welt. Auf die Frage nach all diesen Phänomenen machte Benjamin Franklin seine berühmte Bemerkung:

> "Es ist ganz einfach. In den Kolonien geben wir unsere eigene Währung aus. Man nennt sie Kolonialscheine. Wir geben sie entsprechend der Nachfrage von Industrie und Handel aus, um den Transfer der Produkte von den Erzeugern zu den Verbrauchern zu erleichtern. Indem wir unser eigenes Papiergeld selbst schaffen, kontrollieren

wir dessen Kaufkraft, ohne jemandem Zinsen zahlen zu müssen. (Benjamin Franklin, London, 1763)

Mit Ausnahme des abscheulichen Alexander Hamilton waren sich die Väter Amerikas, obwohl sie in fast allen anderen Fragen uneins waren, in der Frage der Banken einig. Es war ein verhasstes Feld. Der Wert des Dollars blieb bis 1917 stabil. Die Blasen- und Krisenzyklen seit dem Bürgerkrieg, der enorme Anstieg der föderalen Macht, der Erste Weltkrieg und die Gründung des amerikanischen Imperiums haben jedoch dazu beigetragen, den Weg für die Gründung der privaten Federal Reserve-Kabale in den Vereinigten Staaten zu ebnen (der Begriff "föderal" ist in diesem Fall ähnlich zu verstehen wie "Federal Express").

Tatsächlich waren die Befürchtungen der Anti-Föderalisten durchaus begründet: Die amerikanische Regierung in Washington war extrem mächtig, arrogant und völlig abgehoben vom amerikanischen Volk geworden. Es stand schon lange unter der Herrschaft einer embryonalen Oligarchie, die bald die Form der Fed, des Rockefeller-Imperiums, des Carnegie-Kults und des im Spanisch-Amerikanischen Krieg und in den letzten Monaten des Ersten Weltkriegs erprobten Kriegsführungsstaates annahm. Die US-Regierung in Washington war extrem mächtig, arrogant und den Amerikanern völlig entfremdet.

Von 1914 bis 1920 stiegen die Preise um 125%, wie Goodson zu Recht berichtet. Der Dollar hat innerhalb von sechs Jahren fast 60% seines Wertes verloren. Gleichzeitig sank der Wert der Bundesschatzbriefe um 20%, was die alten Banknoten verteuerte. Die Banken verlangten jedoch die Rückgabe der neuen, billigeren

Banknoten, was natürlich bedeutete, dass das Geld kündbar war.

Die Instabilität nahm zu, als die Preise für die Bahn und andere Verkehrsmittel in die Höhe schnellten. Kleine Farmen, die einst das Rückgrat des amerikanischen Wohlstands bildeten, wurden allmählich unrentabel und verschwanden schließlich ganz. Dies bedeutete in der Praxis einen massiven Transfer von Wohlstand vom Land in die Städte. Die landwirtschaftliche Produktion brach um 50% ein. Der Krieg gegen das ländliche Amerika wurde erklärt und war noch nicht vorbei. Das Defizit wurde bald durch die Agrarindustrie gedeckt, dank einer Zentralisierung der Kreditvergabe, die darauf abzielte, die größeren Konglomerate zu finanzieren, die als sicherer galten als die kleineren.

Im Jahr 1927 senkte die Federal Reserve die Zinssätze und erhöhte damit die Geldmenge. Aber das war die Zeit der "Roaring Twenties", die Anfänge einer überdimensionalen Oligarchie, als selbstbewusstes Gebilde ohne jede ernsthafte Opposition. Dies bedeutete, dass Geld als ein Wert an sich angesehen wurde, der von der realen Produktion getrennt war. Das Geld floss in den Aktienmarkt, verzehnfachte die Nachfrage und trieb die Preise in die Höhe. Die Margen wurden durch die Verschuldung erhöht, und das Preis-Einkommens-Verhältnis stieg auf 50:1, d.h. der Preis der Aktien war viel höher als die Produktionskapazität des eingesetzten Kapitals. Anders ausgedrückt: Der Preis des Eigenkapitals stand in keinem Zusammenhang mit der finanziellen Gesundheit der beteiligten Unternehmen, der Produktivität von Kapital oder Arbeit oder der daraus resultierenden Wertschöpfung.

Im Jahr 1927 war der US-Aktienmarkt also ein

Schwindel. In den Preisen spiegelten sich spekulative Investitionen, leicht verdientes Geld und die immer noch von der Psychiatrie vermittelte Vorstellung wider, dass dieses falsche Wachstum ewig anhalten würde. Die finanzielle Lebensfähigkeit der Unternehmen spielte keine Rolle. Im Jahr 1929 erhöhte die Fed die Zinssätze auf 6%. Das Signal war eindeutig: Der gesamte Aktienmarkt stieg um 83%. 10.000 Banken scheiterten, und Börsenmakler, die mit Schuldenblasen arbeiteten, gingen in Konkurs.

Russland

Der Wohlstand und das Wirtschaftswachstum Russlands begannen mit der Befreiung der Leibeigenen durch Alexander II. im Jahr 1861. Die Leibeigenen, die unter der direkten Kontrolle des Staates standen, waren bereits von Zar Nikolaus I. befreit worden. Wie so oft hatten nur die autokratischsten Monarchen den Mut, die Eliten zu umgehen und Gesetze zugunsten der Bauern durchzusetzen. Im Gegensatz zur Emanzipation der österreichischen Leibeigenen einige Jahre zuvor und zur Befreiung der Sklaven in den Südstaaten durch Lincoln erhielten die russischen Leibeigenen mit ihrer Freiheit auch Land. Der Staat bezahlte den Adel, und schließlich waren die Bauern in der Lage, den Staat zu bezahlen. Die Zahlungen waren sehr gering, und Zar Nikolaus II. hob sie 1905 vollständig auf. Dies war ein weiterer Sargnagel für den Adel.

Die russischen Leibeigenen waren nie Sklaven gewesen. Die Leibeigenschaft, eine Reaktion auf die polnischen und schwedischen Invasionen des 17. Jahrhunderts, hatte nur die Bauern in den Schwarzerdegebieten Südrusslands betroffen. Im Norden und in Sibirien hatte es sie nie gegeben. In Zentralrussland betraf sie nur Leibeigene, die als Gegenleistung für erbrachte Dienstleistungen oder Konsumgüter bestimmte Aufgaben zu erfüllen hatten. Doch ab 1840 zahlten die meisten Bauern Pacht, so dass sie nicht mehr Leibeigene waren. Die Leibeigenschaft in Russland bedeutete, dass einem Bauern das Land, das er zum Überleben brauchte, und gleichzeitig ein stabiles Einkommen garantiert wurde, da er dem Staat direkt diente und sogar Militärarbeit leistete. Da sich jeder in den Dienst des anderen stellte, war das System ausgeglichen. Unter Zar Paul und seiner Mutter Katharina II. wurden die Adligen aus dem Staatsdienst entlassen und waren somit ohne politische Macht.

Die Bauern verwalteten sich selbst in Gemeinden, in denen alle Ämter durch Wahlen besetzt wurden. Der *Wolost*, die Bezirksregierung, wurde ebenfalls gewählt, wobei alle Gesellschaftsschichten gleichermaßen vertreten waren. Das Rechtssystem auf der Ebene der *Wolosts* und der Gemeinden basierte auf der Ausübung der reinen Bauerndemokratie. Die Gemeinderichter gehörten ausschließlich der Bauernschaft an, und die *Wolostgerichte* bestanden aus zwei Adligen und zwei Bauernvertretern. Der russische Adel war im Allgemeinen schlechter gestellt als die Bauernschaft, mit Schulden belastet und lange Zeit vom Staatsdienst befreit. Sie hatten nichts anderes zu tun, als westlichen Luxus zu kaufen, der ihre Mittel überstieg. Die Bauerngemeinden hatten das Recht, sich über die Bundesgesetze hinwegzusetzen und waren im Allgemeinen völlig autark. Wenn Russland an etwas leidet, dann ist es ein Übermaß an Demokratie.

1861 wurde der *Wolost* durch den *Zemstvo* ersetzt, ein mächtiges Komitatssystem mit einer unteren Kammer aus Bauern und einer oberen Kammer aus meist armen Adligen. Der *Zemstvo war für das* Bildungswesen, die öffentliche Infrastruktur, das kirchliche Leben, die Steuererhebung und die Polizei zuständig. Es gab keinen Bereich des bäuerlichen Lebens, der nicht auf lokaler Demokratie beruhte. Ein "Landhauptmann", in der Regel ein armer Adliger, wurde gewählt, um bei Konflikten zwischen Bauern und Adligen zu vermitteln, und manchmal wandten sich die Bauern an den Hauptmann, wenn sie eine Beschwerde gegen die Behörden der Gemeinde oder *des Zemstvo* hatten. Ab 1850 wurden die Adligen politisch machtlos.

Die Emanzipation der Leibeigenen, die Schaffung einer freien Presse, der *Zemstvo* und eine Reihe von Bildungsreformen beendeten den revolutionären Prozess, der fast vollständig von Großbritannien finanziert wurde. Die anonyme Hand, die dies unerträglich fand, ließ Alexander II. 1881 ermorden. Sein Sohn, Alexander III., setzte das Reformprogramm seines Vaters fort und war ein starker und entschlossener Mann, der die revolutionäre Bewegung bis zu seinem Tod 1894 unterdrückte.

Zar Alexander III. gründete Anfang der 1880er Jahre die Bauernlandbank, die den Bauern zinslose Darlehen gewährte und versuchte, Investitionen in die Verbesserung der landwirtschaftlichen Bedingungen zu lenken. Zar Alexander und sein Finanzminister Nikolai Bunge entwarfen und implementierten das umfassendste Arbeitsgesetz der europäischen Geschichte. Sein Sohn, Nikolaus II., baute es bis zum Ausbruch des Ersten Weltkriegs kontinuierlich aus.

"Die Russen waren Pioniere im Arbeitsrecht. Die Kinderarbeit wurde mehr als 100 Jahre früher als in

Großbritannien abgeschafft, nämlich im Jahr 1867. Russland war das erste Industrieland, das Gesetze zur Begrenzung der Arbeitszeiten in Fabriken und Bergwerken erließ. Streiks, die in der Sowjetunion verboten sind, waren zu Zeiten des Zarismus zwar erlaubt, aber nicht üblich. Die Gewerkschaftsrechte wurden 1906 anerkannt, und eine Arbeitsaufsichtsbehörde kontrollierte die Arbeitsbedingungen in den Fabriken streng. Die Sozialversicherung wurde im Jahr 1912 eingeführt. Die Arbeitsgesetzgebung war so fortschrittlich und human, dass US-Präsident William Taft erklärte: "Der Kaiser von Russland hat eine Arbeitsgesetzgebung erlassen, die der Perfektion näher kommt als die jedes anderen demokratischen Landes. Die Völker der verschiedenen Rassen, die im Russischen Reich lebten, genossen eine in der modernen Welt beispiellose Gleichheit von Status und Chancen. Seine kaiserliche Majestät, Zar Nikolaus II. (1894-1917) und seine Staatsbank schufen ein Arbeiterparadies, das in der Geschichte der Menschheit seinesgleichen sucht". (Goodson)

Hier gibt es kein Geheimnis. Der ebenso autokratische deutsche Kaiser erließ ähnliche Gesetze. In beiden Fällen lag das Wirtschaftswachstum in der Landwirtschaft und der Industrie bei durchschnittlich 15%. Die Bevölkerungszahlen stiegen sprunghaft an, und im Falle Russlands erhielten die Bauern kostenloses Land und neue Werkzeuge in Südsibirien (nicht im eisigen Norden), um diesen riesigen leeren Raum zu besiedeln, der doppelt so groß war wie die Vereinigten Staaten. Im Jahr 1905 waren 90% des russischen Ackerlandes in bäuerlicher Hand. Keine andere industrialisierte Gesellschaft konnte mit diesen Maßnahmen mithalten.

Die Bauern kauften das Land der Adligen in großer Zahl auf, denn Russland war zur gleichen Zeit völlig autark. Der Inlandsmarkt deckte fast 99% der Produktion ab, und das Unternehmen benötigte keine Waren aus dem Ausland. Alles, was sie vom Westen erhielt, war die Revolution....

Weiter südlich suchte Georgien den russischen Schutz als Schutzschild gegen seine muslimischen Nachbarn. Tibets 13. Dalai Lama, Thubten Gyamtso, bat Zar Nikolaus II., sein Land unter russischen Schutz zu stellen, um die buddhistische Monarchie vor dem Ertrinken im britischen Opium zu retten. Mehrere Russen waren Tutoren für tibetische Adlige und den Dalai Lama selbst. Russland wurde als Retter all derer angesehen, die gegen den chinesischen und britischen Imperialismus kämpften.

Zar Nikolaus II. war versucht, mit der Mandschurei in den Krieg zu ziehen, da China seine westliche buddhistische Bevölkerung und die Tibeter unter seinem Joch hielt. Mehrere Millionen Muslime befanden sich ebenfalls unter dem Joch der chinesischen Mandschurei. Russland wurde von den chinesischen Weisen lange Zeit als "weißer Retter" prophezeit. Die Entdeckung von Öl in Baku im heutigen Aserbaidschan, das damals zum Russischen Reich gehörte, verschlimmerte die Lage in den Augen der Briten nur noch. Die Rothschild-Dynastie hatte Russland den Krieg erklärt, russische Revolutionäre finanziert und, was noch wichtiger war, eine antirussische Allianz gefördert.

Die Rothschild-Allianz wurde größtenteils als Vergeltung für den russischen Erfolg geschaffen. Finanziert wurde sie von der Türkei, den Turkstämmen Südrusslands, Persien und, was besonders beunruhigend ist, Japan. Die türkische Besetzung des Balkans wurde von den Rothschilds unterstützt, denn ohne die Türkei würden pro-russische Staaten wie Serbien und Bulgarien das Vakuum füllen. Die britische Presse lobte die Türken dafür, dass sie sich vom "orthodoxen Aberglauben" befreit und die Russen als "Mongolen" betrachtet hatten, deren "Reißzähne" vom Balkan ferngehalten werden sollten.

Russland half bei der Finanzierung Bulgariens und Serbiens und strebte nach dem Fall des Mandschu-Staates die Einigung Chinas an. Mit dem indirekten Protektorat über Tibet und der Eingliederung des gebildeten und urbanisierten georgischen Staates begann sich ein instabiles Machtgleichgewicht zwischen dem Paradies der Banker und dem Paradies der Arbeiter herauszubilden. Leider war Japan eine bessere Wahl als China. Russland unterstützte Afghanistan im Anglo-Afghanischen Krieg von 1879-1880 gegen Großbritannien, doch war dies nicht so effektiv wie Japans Aufrüstung unter der Royal Navy.

Wenn Russland nicht am Ersten Weltkrieg teilgenommen hätte, wie wäre das Ergebnis gewesen? Ein realistisches Szenario wäre folgendes: Die wachsende Bevölkerung Russlands hätte ganz Sibirien und Teile Zentralasiens neu besiedelt. Russland hätte den Balkan und Konstantinopel erobert, wahrscheinlich mit dem Segen Deutschlands. Dies hätte es Russland ermöglicht, den größten Teil des Nahen Ostens zu übernehmen oder zumindest der Beschützer der griechisch-orthodoxen und arabischen Bevölkerung zu werden. Deutschland hätte den Wert eines Bündnisses mit Russland eher erkannt als mit Wien. Die Interessen, ideologischen und politischen Systeme Russlands und Deutschlands waren sehr ähnlich. Das Bündnis

Russlands mit seinem alten Feind, Großbritannien, war für Russland politisch wenig sinnvoll, aber die Kontrolle der deutschen Expansion hatte für London zwischen 1910 und 1913 Priorität. Deutschland war sich bewusst, dass es durch sein Bündnis mit Österreich-Ungarn in einen Konflikt mit Wien hineingezogen werden würde. Dies wäre nicht im Sinne Deutschlands. Die schwache militärische Leistung Österreichs während des Krieges sowie die Instabilität seiner Wirtschaft zwangen Deutschland, seine Streitkräfte auf zwei Fronten aufzuteilen.

Russlands neue und wachsende Ölvorkommen, sein riesiger Bestand an natürlichen Ressourcen, sein Binnenmarkt und sein Industriekapital hätten ein Protektorat über China und sogar über ganz Südostasien finanziert. Der größte Teil Zentralasiens, der unter chinesischer Kontrolle stand, wäre ebenfalls unter russischen Schutz, wenn nicht gar unter russische Besatzung geraten. Im Vergleich zum britischen Kolonialismus war die russische Expansion nie Ausbeutung, sondern Verteidigung.

Dieser Markt, das Wirtschaftswachstum und die stetig wachsende Bevölkerung hätten die anderen Mächte der Welt nach Russland gelockt. Sie hätte militärisch gesehen als uneinnehmbar gegolten. Da sie eher nach Osten als nach Westen ausgerichtet war, hätte sie keine Gefahr für das europäische Gleichgewicht der Kräfte darstellen können. Ein Bündnis mit Deutschland hätte das Schicksal Europas als traditionelle, christliche, monarchische Macht besiegelt. Wien wäre machtlos gewesen und hätte damit begonnen, seine Differenzen mit Deutschland zu lösen, da die Deutschen des Reiches eine Annäherung an Wien suchten und die slawische Bevölkerung sich Russland zuwandte. Ein wütendes, expansionistisches Ungarn hätte niemals entstehen können, da es sich ständig im Krieg mit seinen ebenso wütenden Minderheiten befand.

Die orthodoxe Kirche hätte im deutschen (monarchischen) Luthertum und in der wachsenden altkatholischen Bewegung einen willigen Verbündeten gefunden. Hätten sich Russland und Griechenland, wie geplant, diesem Schisma mit der römischen Kirche angeschlossen, wäre die altkatholische Kirche wesentlich gestärkt worden. Unter konservativen Anglikanern und einigen Lutheranern gab es bereits ein wachsendes Interesse an der orthodoxen Tradition.

Der größte Teil Westkanadas wäre unter russische Kontrolle der alaskischen Bevölkerung gekommen, deren positive Interaktionen mit den Aleuten Russland zu einer willkommenen, nicht-imperialistischen Präsenz gemacht hatten. Russische Unternehmen waren bereits auf Hawaii präsent und hätten die Monarchie geschützt. Die USA finanzierten den Sturz des hawaiianischen Königshauses. Angesichts des guten Ansehens, das Russland in den meisten asiatischen Ländern genießt, gibt es keinen Grund zu der Annahme, dass das hawaiianische Königshaus (und andere pazifische Staaten) nicht auch die Vorteile eines entfernten, aber mächtigen Beschützers in Betracht gezogen hätten.

Der russische Imperialismus war nicht profitorientiert wie der des britischen Empire. Sie war defensiver Natur. Die einheimische Bevölkerung wurde in der Regel gut behandelt und, wie im Falle der Armenier und der asiatischen Muslime, nie gezwungen, zur Orthodoxie zu konvertieren oder Russisch zu sprechen. Sie schworen dem Zaren und dem Koran die Treue. Polen erhielt eine der liberalsten Verfassungen der Welt, und Finnland, eine weitere russische Kolonie, blieb - außer in der Außenpolitik - völlig unabhängig. Es gibt also keinen Grund zu der Behauptung, dass die russische kaiserliche Herrschaft auch nur im Geringsten angefeindet oder gar als "Herrschaft" im eigentlichen Sinne des Wortes angesehen werden könnte.

Heute scheint dies eine kaum vorstellbare Vorstellung zu sein. Aber eine Zeit lang, vor dem Gemetzel des Ersten Weltkriegs, wurde sie in St. Petersburg und London als realisierbar angesehen. Goodson gibt einen Überblick darüber, wie dies möglich gewesen wäre:

> „Am 12. Juni 1860 wurde die Staatsbank des Russischen Reiches mit dem Ziel gegründet, das Handelseinkommen zu steigern und das Geldsystem zu stärken. Bis 1894 war sie nur eine Hilfsinstitution, die direkt dem Finanzministerium unterstellt war. In diesem Jahr wurde sie in eine Bank für Bankiers umgewandelt und wurde zum Instrument der Wirtschaftspolitik der Regierung. Sie prägte und druckte die Münzen und Banknoten des Landes, regulierte die Geldmenge und versorgte über das Netz der Geschäftsbanken Industrie und Handel mit zinsgünstigen Krediten. (Goodson über Alexander II.)"

Die Gegner der Pax Russica haben nicht tatenlos zugesehen. St. Petersburg war trotz aller Probleme ein harter Kern, der durch das Bankensystem nicht gebrochen werden konnte. Wenn Russland seine massive Entwicklung, sein Bevölkerungswachstum und seine Industrialisierung fortsetzte, würde der Wucher vernichtet werden. Der russische Staat plante und lenkte die Investitionen nicht mit privatem Kapital, sondern mit lokalen Mitteln. Die Franzosen waren die einzige größere ausländische Präsenz in der russischen Industrie. Wenn dies durch russisch-deutsche Kooperationsprojekte ersetzt würde, wäre der Wucher ernsthaft gefährdet. Es musste gehandelt werden. Um dem Leser einen Eindruck davon zu vermitteln, wie sie hätten sein können, zitiert Goodson die Rede des Kongressabgeordneten L.T. McFadden im Repräsentantenhaus von 1932:

„Sie [die "europäischen" Bankiers] finanzierten Trotzkis Massenkundgebungen in New York, um Unzufriedenheit und Rebellion zu verbreiten. Sie bezahlten Trotzkis Reise von New York nach Russland, damit er sich an der Zerstörung des russischen Reiches beteiligen konnte. Sie ermutigten und provozierten die russische Revolution und stellten Trotzki beträchtliche Geldsummen in einer ihrer Bankfilialen in Schweden zur Verfügung, damit durch ihn die russischen Haushalte vollständig zerstört und die russischen Kinder von ihren natürlichen Beschützern getrennt würden. Seitdem haben sie ihr Unternehmen begonnen, amerikanische Häuser zu zerstören und amerikanische Kinder zu vertreiben".

McFadden wurde zum Schweigen gebracht. Das war Mr. Goodson auch. Der Autor verlor einen akademischen Posten. Kein Thema ist heikler als der Wucher, denn keine Macht ist so stark wie die des Zinseszinses. Die Linke ist ein Ableger der Banken, ebenso wie der größte Teil der neokonservativen "Rechten". Die Monarchie wurde von diesen Interessen gestürzt und durch eine globale Oligarchie ersetzt, die angeblich bis zu 80% des weltweiten BIP kontrolliert. All dies geschieht natürlich im Namen von Freiheit, Fortschritt und Demokratie.

Wir beginnen diesen langen Essay mit dem Begriff des Wuchers und der Tatsache, dass der westliche Bankensektor sich mit dem linken Statismus sehr wohl fühlt. Wir erklären weiter, warum und wie diese dämonische Allianz zustande kam. Sie ist immer noch in Kraft und wird kaum in Frage gestellt. Es gibt jedoch auch, wenn auch nur vage, Reaktionen gegen die fortschreitende Monopolisierung von Reichtum und Arbeit.

Goodson endet nicht mit einer negativen Bemerkung. Er schließt seine Demonstration mit einer kurzen Zusammenfassung der Situation in North Dakota ab. Als ob der Leser einen weiteren Beweis für die zerstörerischen Tendenzen des Wuchers und des fraktionierten Reservesystems bräuchte. North Dakota hat eine Staatsbank gegründet, in der die Staatseinnahmen deponiert werden. Sie gewährt Landwirten und kleinen Unternehmen Darlehen zu sehr niedrigen Zinssätzen. Alle Gewinne fließen an den Staat zurück. Ohne diese Praxis, den Bürgern Zinseszinsen zu berechnen, war North Dakota von der Immobilienkrise 2007 nicht betroffen. Das BIP des Staates ist seit 1997 um fast 100% gewachsen, während das Haushaltseinkommen um 140% gestiegen ist.

In den Medien wird zwar behauptet, dass der Erfolg North Dakotas ausschließlich auf seine kleine Ölindustrie zurückzuführen ist, doch in Alaska, das über weitaus mehr Kohlenwasserstoffressourcen verfügt als North Dakota, hat es eine solche Entwicklung nicht gegeben. Nigeria ertrinkt im Öl, bleibt aber ein armes Land. Auch Somalia und der Tschad verfügen über Ölflüsse, ebenso wie Indonesien und Birma, aber alle diese Staaten sind gleichermaßen arm. Offensichtlich kommt Öl nur North Dakota und den Liebhabern von

Beverly Hills zugute.[315]

Die größte Stärke von Goodsons Buch ist zweifelsohne seine Aktualität. Er argumentiert, dass eine Wirtschaft floriert, wenn eine staatliche Bank das Finanzuniversum einer Volkswirtschaft leitet. Seine Analyse des Deutschlands der 1930er Jahre, des Italiens des frühen 20. Jahrhunderts und Japans ist gekennzeichnet durch staatlich kontrollierte Banken, niedrige Zinssätze, staatliche Investitionen und eine allgemeine Missachtung des freien Handels. Dieses System hat diesen Ländern dreistellige Wachstumsraten, eine Arbeitslosigkeit von Null und eine Inflation von nahezu Null ermöglicht. Heute sind China, Taiwan und Belarus die besten Beispiele dafür.

Weißrussland begann, wie die Ukraine und Russland, zu verkümmern, als der IWF und die Harvard-Universität diesem mafiösen System bei Privatisierungsgeschäften halfen und schließlich einen der Präsidenten, Alexander Lukaschenko, zwangen, die Privatisierung zu stoppen, die Macht zu zentralisieren und den Finanzsektor zu verstaatlichen. Während die heutige Ukraine 70 Prozent ihrer Industrie verloren hat und 80 Prozent ihrer gebildeten Bevölkerung unterhalb der Armutsgrenze leben, liegt die Arbeitslosenquote in Weißrussland bei 1 Prozent und die Industrie des Landes ist seit dem Jahr 2000 jährlich um 10 Prozent gewachsen. Dasselbe gilt für die beiden Chinesen: Als George Soros die beiden Währungskrisen von 1997 auslöste, waren die einzigen beiden Volkswirtschaften, die nicht betroffen waren, diejenigen mit staatlich kontrollierten Banken, d. h.

---

[315] N.D.T. Anspielung auf eine berühmte Fernsehserie von der anderen Seite des Atlantiks.

Taiwan und China. Ehemalige Großmächte wie Südkorea und Japan sowie Thailand wurden zu offiziellen Handlangern des IWF. Ihr System der lebenslangen Arbeitsplatzgarantie wurde abgeschafft, und ihr Lebensstandard ist drastisch gesunken.

Vor dem Krieg, der ihre jeweiligen Staaten verwüstete, hatten sowohl Libyen als auch Syrien ein zweistelliges jährliches Wachstum, populäre Präsidenten und beide Länder standen kurz davor, den Status von Industrieländern zu erreichen. In beiden Ländern gab es staatlich kontrollierte Banken und staatlich gelenkte produktive Investitionen. Der Staat war ein Partner bei strategischen Investitionen, nicht ein Ableger davon. Der Irak von Saddam Hussein hat genau dasselbe getan, bis die USA den Krieg erklärt haben.

Die birmanische Staatsbank steht unter der Kontrolle des Finanzministeriums, das von Generalmajor Hla Tun geleitet wird, der über einen westlichen Finanzhintergrund verfügt. Sein Stellvertreter ist Oberst Hle Swe. Die Burmesen geben ausländischen Manipulationen ihrer Währung keine Chance. Der öl- und mineralienreiche Boden Birmas, seine Verbindungen zu China und der hohe Bildungsstand seiner Bevölkerung machen das Land zunehmend zur Zielscheibe westlicher Spekulationen und politischer Angriffe. Trotz Bürgerkrieg, westlicher Sanktionen und separatistischer Bewegungen ist es dem Land gelungen, zehn Universitäten und mehrere Dutzend Staudämme zu bauen, die Alphabetisierungsrate um 80 Prozent zu erhöhen und seit 1999 Landbesitz für die Bauern zu erreichen. Wenn der Leser darin ein bestimmtes Wirtschaftsmodell erkannt hat, hat er sicher Recht.

Goodsons Arbeit ist nicht frei von Mängeln. Seine Fehler

sind jedoch geringfügig. Er behauptet, dass Gavrilo Princip Jude war und dass seine Ermordung des Erzherzogs Ferdinand den Ersten Weltkrieg ausgelöst hat. Princip wurde nicht verdächtigt, Jude zu sein, zumal er aus dem tiefsten Westbosnien kam, aus dem armen Bauerndorf Obljaj, einem völlig ländlichen und unzugänglichen Ort. Er war der Sohn von armen Bauern bosnisch-serbischer Herkunft. Der Mädchenname seiner Mutter war der sehr orthodoxe Misic. Weder sein Vater noch seine Mutter trugen jüdische Namen, und die bescheidene Tätigkeit seines Vaters bei der Post verrät nicht wirklich seine Zugehörigkeit zu einem "elitären Bankenumfeld". Princip gehörte der Bewegung "Junges Bosnien" an, die lose mit der Militärgesellschaft "Schwarze Hand", auch bekannt als "Union oder Tod", verbunden war. Es handelte sich um eine nationalistische Organisation mit paramilitärischen Mitgliedern, die keine Verbindung zu den wenigen Juden hatte, die damals in Serbien lebten. Der Nachname seiner Familie lautete Jovicevic und stammte aus Montenegro, wo es nur wenige Juden gab.

Das Attentat auf Ferdinand hat den Ersten Weltkrieg nicht ausgelöst. Serbien hatte sich nach dem Attentat den Forderungen Wiens gebeugt, und auch Deutschland war von Serbiens Friedenswillen beeindruckt. Serbien war durch die Balkankriege völlig erschöpft und wollte nicht weiterkämpfen. Außerdem machte die Wahl des Ziels keinen Sinn; Ferdinand war bei den Südslawen mehr oder weniger beliebt, da er als der pro-serbischste der königlichen Familie galt. Österreich seinerseits suchte seit dem lokalen Aufstand gegen seine Besetzung Bosniens und der künstlichen Schaffung des "albanischen Staates", der dazu diente, Serbien von seiner Küste zu isolieren und von Montenegro zu trennen, einen *casus belli*.

Die Umstände des Besuchs des Großherzogs waren seltsam. Ferdinand besuchte Serbien und Bosnien am serbischen Feiertag *Vidovdan*, als die nationalistische Stimmung auf dem Höhepunkt war. Es war auch der Beginn einiger sehr kriegerischer Militärmanöver. Ferdinand verfügte nicht über die Sicherheitsvorkehrungen eines königlichen Besuchs in feindlichem Gebiet. Ferdinands Konvoiroute wurde auf unerklärliche Weise von seinem eigenen österreichischen Stab umgeleitet, wo Princip und andere warteten. Zum Unglück für Deutschland hatte Wien jedoch bereits den Krieg erklärt, bevor die serbische Antwort auf das österreichische Ultimatum eintraf.

Diese beiden Fehler haben zwar nur geringe Auswirkungen, aber sie sind häufig und verständlich und mussten hervorgehoben werden. Dies schmälert jedoch nicht die enorme Zugänglichkeit und Nützlichkeit seines Buches, das eine weite Verbreitung verdient. Aus all diesen Gründen unterstütze ich die Arbeit von Herrn Goodson von ganzem Herzen.

Matthew Johnson PhD
Fayetteville, Pennsylvania

Die Meinung von Tom Sunic

Im europäischen Volksbewusstsein wurde Geld immer mit etwas Schmutzigem, etwas Kriminellem, etwas des europäischen Menschen Unwürdigem assoziiert, etwas, das nur von einem fremden, fernen und geheimen Stamm geschätzt wird. Von der Antike bis zur Postmoderne wurden unzählige Bücher über den Fluch von verfluchtem Silber und Gold geschrieben. Man denke an König Krösus, an den Fluch von König Midas oder an das große Gemetzel in der mittelalterlichen Sage des Nibelungenliedes, dessen Geschichte sich um das verborgene Gold des Rheins und das Leid dreht, das dieses Gold verursacht.

Wie Goodson in seinem Buch anmerkt, haben die Besessenheit von virtuellem Geld und die Praxis des Wuchers sowie die Rolle des Goldes bis heute nichts von ihrer tödlichen Wirkung verloren. Tatsächlich sind viele moderne Finanztransaktionen und betrügerische globale Wirtschaftspraktiken, die von dieser Gier nach Gold angetrieben werden, sogar noch tödlicher geworden und bedrohen dieses Mal nicht nur das Überleben der westlichen Zivilisation, sondern das der gesamten Menschheit.

Zunächst muss klargestellt werden, dass Goodson weder ein Anhänger von Verschwörungstheorien noch einer jener judenfeindlichen Intellektuellen ist, deren Prosa dem Leser, der etwas über die fiktive Natur des Geldes und seiner weitaus weniger fiktiven Schöpfer erfahren möchte, oft mehr schadet als dass sie ihn wirklich aufklärt. Trotz alledem kann Goodson auf seine unbestrittenen Referenzen zu dem in diesem Buch behandelten Thema verweisen. Er war Mitglied des Verwaltungsrats der südafrikanischen Zentralbank

(SARB) und verfügte über langjährige Erfahrung im Bankensektor, oder, um es weniger vorsichtig auszudrücken, er war ein privilegierter Beobachter von Insider-Finanztransaktionen. Wie ist es möglich, dass in unserer angeblich so schönen neuen demokratischen Welt, einer Welt, die sich der Transparenz und der Freiheit der Justiz rühmt, die meisten Bürger keine Ahnung haben, wer die Aktionäre der großen Zentralbanken wie der Federal Reserve in den Vereinigten Staaten und vieler anderer in der Welt sind? Goodson zeigt anhand von Fakten auf, dass die US-Notenbank nichts mit dem Staat oder irgendeinem Sinn für Demokratie in den Vereinigten Staaten zu tun hat, sondern in Wirklichkeit ganz im Dienste eines anonymen Unternehmens, eines Verbrechersyndikats allmächtiger Finanziers steht. Es ist sicher kein Zufall, dass seit dem Platzen der so genannten Immobilienblase in den Vereinigten Staaten im Jahr 2008 kein einziges großes Bankinstitut, sei es Goldman Sachs oder J.P. Morgan, wegen des Druckens von Falschgeld oder der Vergabe surrealer Kredite zur Rechenschaft gezogen wurde. Sie haben wohl alle ihre Hände in Unschuld gewaschen.

Goodsons Buch verströmt ein bemerkenswertes Wissen über die politischen und sozialen Verhältnisse im alten Rom, in Cromwells England oder im Weimarer Deutschland. Daher kann dieses Buch nicht einfach als vulgäres antisemitisches Geschwätz abgetan werden. Gerade Goodsons sachlicher Ton, der sich durch die verschiedenen historischen Epochen zieht, macht dieses Buch nicht nur zu einem wissenschaftlichen Werk, sondern auch zu einer erfrischenden Lektüre für einen Neuling, der mehr über die Währungsmystik erfahren möchte.

Wucher scheint schon immer im Mittelpunkt von

sozialen Unruhen und Kriegen gestanden zu haben. Das antike Rom hatte mehrfach unter den Folgen zu leiden, was schließlich zu seinem Untergang führte. Goodson schildert die wirtschaftlichen und sozialen Reformen des Staatsmannes Caesar, die Einrichtung des ersten sozialen Wohlfahrtssystems, die Abschaffung der Mieten für viele notleidende römische Bürger und schließlich das Verbot der Erhebung von Zinsen für einen bestehenden Kredit. Das Römische Reich erlebte eine kurze Blütezeit. Doch viele Aristokraten konnten Caesars Großzügigkeit gegenüber den Armen nicht dulden und beschlossen, ihn zu töten. Die Wucherer, zumeist Ausländer jüdischer Abstammung, und ihre unterwürfigen heidnischen Lakaien waren offenbar der Auslöser für diese Korruption und den Verfall der westlichen Zivilisation.

Ein ähnliches Muster von wirtschaftlichem Wachstum und Niedergang zeigt sich bei der Ausarbeitung und Verabschiedung der berühmten Magna Carta im mittelalterlichen England, deren Hauptzweck darin bestand, die frühen jüdischen Geldverleiher zu beschränken und den Wucher abzuschaffen. Tatsächlich folgte einige Jahrzehnte später, im Jahr 1290, die Ausweisung der Juden aus England. Ein aufmerksamer Leser könnte sich fragen, warum so viele klassische Autoren, aber auch viele einfache Analphabeten, die Juden im Laufe der Jahrhunderte für alle sozialen und wirtschaftlichen Missstände verantwortlich gemacht haben und warum die Juden so oft Opfer grausamer Verfolgung waren. Weit davon entfernt, Hassreden zu halten oder Juden zu diffamieren, dokumentiert der Autor genau den unverhältnismäßig hohen Prozentsatz von Juden, die im Geldverleih tätig sind, ein Detail, das historisch zu ihrem tragischen Schicksal beigetragen hat.

Der Autor verschweigt nicht die Macht neuer

theologischer und politischer Strömungen, insbesondere das Aufkommen des Calvinismus und die Geburt einer neuen Mentalität während des 16. und 17. Jahrhunderts in Europa sowie amerikanischer Meinungsmacher und Politiker. Calvins Lehren über die Prädestination und die wichtige soziale Rolle, die er den Kaufleuten zuschrieb, hatten einen enormen Einfluss auf das politische Leben in Europa und im neu entdeckten Amerika. Der Kaufmann und der Wucherer wurden gewissermaßen zu den neuen Vorbildern der Politik und des Finanzwesens, zu Menschen, deren Verhalten von den Nichtjuden nachgeahmt und als Über-Ich benutzt werden sollte. Diese Nachahmung der Juden durch Nichtjuden verbreitete sich über den ursprünglichen Calvinismus und Puritanismus rasch, zunächst im kapitalistischen Amerika und später, vor allem nach dem Zweiten Weltkrieg, in Kontinentaleuropa. Goodson zeigt, wie der fanatische englische calvinistische Revolutionär Olivier Cromwell sich als "Auserwählter" und nicht als gewöhnlicher nichtjüdischer Schabbat betrachtete. Kurz nach der Enthauptung von König Karl I. öffnete Cromwell die Tore Englands erneut, um die Juden aufzunehmen.

Der Autor scheint auch ein interessantes Licht auf den Lebensstandard der einfachen Leute im mittelalterlichen England zu werfen, einem Land, dessen Lebensqualität in vielerlei Hinsicht der unserer modernen Gesellschaften weit überlegen war. Im 14. und 15. Jahrhundert arbeiteten die einfachen Leute weniger als 14 Wochen im Jahr. Wenn wir Lebensqualität und Glück nach der Anzahl der Steckdosen und der Größe unseres Bankkontos beurteilen, können wir die wahre Bedeutung des Glücks nie verstehen. In vielen Fällen erscheinen die so genannten dunklen Zeitalter Englands und

GESCHICHTE DER ZENTRALBANKEN

Kontinentaleuropas jedoch viel heller als unsere eigenen dunklen Zeitalter heute. Ein Großteil der Architektur jener Epoche war ein direkter Ausdruck der Freude des Volkes, wo die Suche nach spiritueller Transzendenz weitaus gefragter war als die flüchtige Glückseligkeit des modernen Systems, in dem die Anhäufung von Geld zu einer neuen weltlichen Religion geworden ist.

Dann kam die schlechte Nachricht. Im Jahr 1694 wurde die Bank of England gegründet, nach deren Vorbild alle anderen Zentralbanken in Europa und später in den Vereinigten Staaten entstanden sind. Bald darauf begann das, was moderne Historiker "Moderne" nennen, was in Wirklichkeit die Versklavung der Menschen bedeutet. Englische Finanziers nahmen es den frühen amerikanischen Kolonien übel, dass sie ihr eigenes Geld ausgaben und der Bank of England feindlich gegenüberstanden. Der Versuch Englands, die amerikanische Währung abzuschaffen, war auch eine der Hauptursachen für die Amerikanische Revolution. Der Wohlstand, den die Vereinigten Staaten im 19. Jahrhundert erlebten, war zu einem großen Teil gerade darauf zurückzuführen, dass es keine Zentralbank gab. Wir sollten nie vergessen, wie der Autor uns daran erinnert, dass Andrew Jacksons Präsidentschaftswahlkampf unter dem Slogan geführt wurde: "Wählt ANDREW JACKSON, NICHT DIE BANK! Das unheilvolle Jahr für die Vereinigten Staaten wie auch für die Welt war die Gründung der Federal Reserve Bank im Jahr 1913, die die westliche Welt indirekt in die beiden folgenden Weltkriege und anschließend in hundert weitere lokale Kriege auf der ganzen Welt stürzte.

Für US-Bürger ist die Situation nicht besser. Obwohl sie seit 1919 zu den beneideten Bürgern einer globalen

Supermacht geworden sind, ist die Staatsverschuldung bis 2014 von 2,6 Billionen Dollar auf 17,5 Billionen gestiegen. Niemand will es zugeben, aber die meisten Amerikaner und westlichen Bürger leben nicht auf Kredit, sondern mühen sich ab und vegetieren vor sich hin, indem sie in monatlichen Raten für ihren eigenen Untergang bezahlen. Die Zeit des großen Zusammenbruchs und des Endes der weißen Rasse ist zweifelsohne nahe.

Der Autor beschreibt ähnliche Fiat-Währungen und verschiedene Formen von Bankpraktiken, die anderswo in Europa in Kraft waren, sowie die Entstehung des bolschewistischen Russlands, das weitgehend von jüdischen Bankiers in New York finanziert wurde. Es ist ein Verdienst des Buches, dass es das Bankenumfeld nicht aus einer rein manichäischen Perspektive betrachtet, sondern stets nach den Nuancen zwischen beiden sucht. Es ist lobenswert, dass Goodson auch den deutschen Ökonomen Gottfried Feder erwähnt, der einer der schärfsten Kritiker von Wucher und Zinseszins im Weimarer Deutschland war. Das Problem mit "Feder" ist, dass dieser renommierte Wirtschaftswissenschaftler eine Zeit lang dem Nationalsozialismus nahestand, was selbst die leidenschaftslosesten Leser von Goodsons Buch zusammenzucken und die Stirn runzeln lässt. Wie kann man heute, in unserem politisch korrekten Umfeld der akademischen Zensur, einem nationalsozialistischen Wissenschaftler etwas Positives abgewinnen? Da der Nationalsozialismus nun offiziell als das Symbol des absolut Bösen dargestellt wird, darf er niemals etwas enthalten, was als relativ gut akzeptiert werden kann, auch nicht in unpolitischen Bereichen wie Sport, Ökologie und schon gar nicht in der Wirtschaft. Feders Forschung basierte auf einer Studie über die

Kriegsreparationen, die dem Weimarer Deutschland von der siegreichen Seite des Ersten Weltkriegs auferlegt wurden. Er kam zu dem Schluss, dass die Zahlung von Zinseszinsen die Bürger verarmen und zu Massenarbeitslosigkeit führen würde. Feders Lehren treffen perfekt auf die heutige Zeit zu, vor allem wenn man über mögliche Lösungen für das Problem der riesigen Staatsschulden aller westlichen Länder nachdenken will.

Etwas weniger pessimistisch erwähnt der Autor den unglaublichen Erfolg des US-Bundesstaates North Dakota, der durch sein Bankwesen zum dynamischsten Staat mit der niedrigsten Arbeitslosenquote in den Vereinigten Staaten geworden ist. Es bleibt abzuwarten, wie North Dakota den kommenden Sturm überstehen wird. Solange die offizielle Akademie und die Medien es vermeiden, die Wurzel des Problems des sich abzeichnenden Finanzchaos zu erwähnen, werden die Vereinigten Staaten und ihre europäischen Satelliten nur von einer Katastrophe in die nächste springen.

Dr. Tomislav Sunic
Zagreb, Kroatien

BIBLIOGRAPHIE[316]

D.J. Amos, *The Story of the Commonwealth Bank*, Veritas Publishing Company Pty Ltd, Bullsbrook, Western Australia, 1986.

A.N. Andreadēs, *History of the Bank of England*, P.S. King & Son Ltd, London, 1935.

H.C. Armstrong, *Grey Steel J.C. Smuts A Study in Arrogance*, Arthur Barkers Ltd, London, 1937.

D. Astle, *The Babylonian Woe*, Omnia Veritas Ltd, 2015.

D. Astle, *The Tallies, A Tangled Tale und The Beginning and the Ending*, Privatausgabe, Toronto, 1997.

P.T. Bauer, *Equality, and the Third World, and Economic Delusion*, Harvard University Press, Cambridge, Massachusetts, 1981.

I. Benson, *The Zionist Factor*, The Noontide Press, Costa Mesa, Kalifornien, 1992.

K. Bolton, *The Banking Swindle - Money Creation and the State*, Black House Publishing Ltd, London, 2013.

W.D. Bowman, *The Story of the Bank of England*, Herbert Jenkins Ltd, London, 1937.

E. H. Brown, *Web of Debt, The Shocking Truth About Our Money System and How We Can Break Free*, Third Millennium Press, Baton Rouge, Louisiana, 2008.

G. Buchanan, *My Mission to Russia and other Diplomatic*

---

[316] Anmerkung der Redaktion: Die meisten der hier zitierten Quellen sind in englischer Sprache, sofern keine deutsche Übersetzung vorliegt.

Memories, Cassell and Company Limited, London, 1923.

H.S. Chamberlain, *The Foundations of the Nineteenth Century*, The Bodley Head, London 1912, Bd. II.

K. Chazan *The Jews of Medieval Western Christendom 1000-1500*, Cambridge University, New York, 2008.

A. Cherep-Spiridovich, *The Secret World Government or "The Hidden Hand"*, The Ant-Bolshevist Publishing Association, New York, 1926.

O.P. Chitwood, *John Tyler Champion of the Old South*, Russell & Russell, 1964.

W.S. Churchill, *Schritt für Schritt, 1936-1939*, Odhams Press, London.

W.S. Churchill, *The Second World War, The Gathering Storm, Vol. I*, Cassell & Co. Ltd, London, 1948.

G.M. Coogan, *Money Makers, Wer schafft Geld und wer sollte es schaffen?* Omni Publications, Hawthorne, Kalifornien, 1963.

I.M. Cumpston, *Lord Bruce of Melbourne*, Longman Cheshire, Melbourne, 1989.

W. Cunningham, *The Growth of English Industry and Commerce during the Early and Middle Ages*, Cambridge University Press, 3. Auflage, 1896.

L. Degrelle, *Hitler né à Versailles*, Bd. I von Siècle d'Hitler, Art Et Histoire De L'Europe (1987).

A.J de Grund, *Fascist Italy and Nazi Germany: The 'Fascist Style of Rule'*, Routledge, London, 2004.

F. W. de Klerk, *Die laaste trek - 'n nuwe begin Die Outobiografie*, Human & Rousseau, Kapstadt, 1998.

A. Del Mar, *The History of Money in America From the Earliest Times to the Establishment of the Constitution*, Omni Publications, Hawthorne, California, 1936.

A. Del Mar, *Money and Civilization: Or a History of the Monetary Laws and Systems of Various States Since the Dark Ages and Their Influence upon Civilization*, Omni Publications, Hawthorne, California, 1975.

E. de Maré, *Eine Frage von Leben oder Schuld*, Humane World Community, Inc, Onalaska, Washington, 1991.

R.E. Elletson, *Monetary Parapometrics: A Case Study of the Third Reich*, Christian International Publications, Wilson, Wyoming, 1982.

S. Fay, *Porträt einer alten Dame*, Penguin, London, 1987.

G. Feder, *Das Programm der NSDAP, Die Nationalsozialistische Deutsche Arbeiterpartei und ihre allgemeinen Auffassungen*, übersetzt von E.T.S. Dugdale, Fritz Eher Verlag, München, 1932.

N. Ferguson, *The House of Rothschild, Money's Prophets 1798-1848*, Bd. 1 und Bd. 2, Penguin Books, London, 1999.

G. Ferrero, *Greatness and Decline of the Roman Empire*, Bd. VI, William Heinemann Ltd, London, 1908.

A.N. Field, *The Truth About The Slump - What The News Never Tells*, privat veröffentlicht, Nelson, Neuseeland, 1935.

A.N. Field, *All These Things*, Omni Publications, Hawthorne, Kalifornien, 1936.

N. G. Finkelstein, *The Holocaust Industry: Reflections on the Exploitation of Jewish Suffering*, La Fabrique 2001.

I.N. Fisher, *Stamp Scrip*, Adelphi Publishers, New York, 1933.

J.K. Galbraith, *The Age of Uncertainty*, Houghton Mifflin, Boston, 1977.

T.H. Goddard, *History of Banking Institutions of Europe and the United States*, H.C. Sleight, New York, 1831.

R. Gollam, *The Commonwealth Bank of Australia: Origins and Early History*, Australian National University Press,

Canberra, 1968.

O. und J. Grubiak, *The Guernsey Experiment*, Distributionist Books, London, 1992.

A. Hitler, *Mein Kampf - Mein Kampf*, Omnia Veritas Ltd.

Hitlers Tischreden, herausgegeben von M. Bormann, Ostera-Verlag, 2012.

Hoek Verslag van Prof. Piet Hoek aan Dr H.F. Verwoerd, 1965.

D.L. Hoggan, *The Forced War: When Peaceful Revision Failed*, Institute for Historical Review, Costa Mesa, California, 1989.

E. Holloway, *How Guernsey Beat The Bankers*, Economic Reform Club & Institute, London, 1958.

R.K. Hoskins, *Kriegszyklen - Friedenszyklen*, The Virginian Publishing Company, Lynchburg, Virginia, 1985.

Unbequeme Geschichte, Band V, 2013, HBB Press, San Ysidro, Kalifornien, 2013.

F.J. Irsigler, *On The Seventh Day They Created Inflation*, Wynberg, Cape, Südafrika, 1980.

D. Irving, *Churchill's War, The Struggle for Power*, Veritas Publishing Company Pty Ltd, Bullsbrook, Western Australia, 1987.

D. Irving, *The War Path: Hitler's Germany 1933-1939*, Macmillan, London, 1978.

D. Irving, *Nürnberg Die letzte Schlacht*, Focal Point Publishers, London, 1996.

Money and Banking in Japan, Economic Research Department of the Bank of Japan, übersetzt von S. Nishimura, herausgegeben von L. S. Presnell, Macmillan, London, 1973.

E.M. Josephson, *The "Federal" Reserve Conspiracy &*

Rockefellers, Chedney Press, New York, 1968.

H.S. Kenan, *The Federal Reserve Bank*, The Noontide Press, Los Angeles, 1968.

A. Kitson, *A Fraudulent Standard*, Omni Publications, Hawthorne, Kalifornien, 1972.

G. Knupffer, *The Struggle for World Power, Revolution and Counter-Revolution*, The Plain-Speaker Publishing Company, London, 1971.

J.M. Landowsky, *Rote Symphonie*, übersetzt von G. Knupffer.

The Red Symphony, Omnia Veritas Ltd, 2015. www. omnia-veritas.com

Die Briefe von T.E. Lawrence, herausgegeben von D. Garnett, Jonathan Cape, London, 1938.

C.A. Lindbergh, *The Economic Pinch (Lindbergh on the Federal Reserve)*, The Noontide Press, Costa Mesa, California, 1989.

F. Leuchter, *The Leuchter Report: The end of a myth, An engineering report on the alleged gas chambers at Auschwitz Birkenau and Majdanek, Poland*, David Clark, 1988.

D. Marsh, *The Bundesbank: The Bank That Rules Europe*, William Heinemann Ltd, London, 1992.

Collective Speeches of Congressman Louis T. McFadden", Omni Publications, Hawthorne, Kalifornien, 1970.

S. McIntyre, *A Concise History of Australia*, Cambridge University Press, Melbourne, 2009.

N. Mühlen, *Hitlers Zauberer: Schacht Das Leben und die Leihgaben von Dr. Hjalmar Schacht*, trans. Dicks, George Routledge & Sons Ltd, London, 1938.

E. Mullins, The *Secrets of the Federal Reserve*, Omnia Veritas Limited, 2019.

C.S. & R.L. Norburn, *A New Monetary System Mankind's Greatest Step*, Omni Publications, Hawthorne, California, 1972.

J. Perkins, *Bekenntnisse eines Finanzmörders*, Alterre, 2005.

E.N. Peterson, *Hjalmar Schacht: For and Against Hitler: A Political Economic Study of Germany, 1923-1945*, The Christopher Publishing House, Boston, 1954.

"Ezra Pound Speaking" Radio Speeches of World War II, herausgegeben von L.W. Doob, Greenwood Press, Westport, Connecticut, 1978. Doob, Greenwood Press, Westport, Connecticut, 1978.

P.J. Pretorius, *Volksverraad, Die Geskiedenis agter die Geskiedenis*, A History of Central Banking Libanon-Uitgewers, Mosselbaai, Western Cape, South Africa, 1996.

Die *Protokolle der Weisen von Zion*, Deterna, 2010.

Mouammar Al Kaddafi, *Das Grüne Buch*.

C. Quigley, *Tragedy and Hope A History of the World in Our Time*, The Macmillan Company, New York, 1966.

A. H. M. Ramsay, *Der unbenannte Krieg - Jüdische Macht gegen die Nationen*, Omnia Veritas Ltd. 2021.

R.V. Remini, *Andrew Jackson*, Twyne Publishers Inc, New York, 1966.

J. Robison, *Proofs of a Conspiracy against all the Religions and Governments of Europe, carried on in the Secret Meetings of Free Masons, Illuminati, and Reading Societies, collected from Good Authorities*, Western Islands, Belmont, Massachusetts, 1967.

J.E.T. Rogers, *The First Nine Years of the Bank of England*, Clarendon Press, Oxford, 1887.

A. Rosenberg, *The Myth of the Twentieth Century*, The Noontide Press, Torrance, California, 1982.

G. Rudolf, *Dissecting the Holocaust: The Growing Critique*

of "Truth" and "Memory" (Holocaust Handbooks Series 1), Theses & Dissertations Press, 2. überarbeitete Auflage, 2003.

J. Ryan-Collins, T. Greenham, R. Werner, A. Jackson, *Where Does Money Come From, A Guide to the UK Monetary and Banking System*, New Foundation, London, 2012.

R.S. Sayers, *Die Bank von England 1891-1944*, Cambridge University Press, 1976.

R.E. Search, *Lincoln Money Martyred*, Omni Publications, Palmdale, Kalifornien, 1989.

W.G. Simpson, *Welchen Weg geht der westliche Mensch?* Yeoman Press, Cooperstown, New York, 1978.

F. Soddy, *Wealth, Virtual Wealth and Debt*, G. Allen & Unwin, London, 1933.

O. Spengler, *Der Untergang des Abendlandes*, Gallimard, Paris, 1948.

H. Strakosch, *The South African Currency and Exchange Problem*, Johannesburg, Central News Agency Limited, 1920.

J.G. Stuart, *The Money Bomb*, William Maclellan (Embryo) Limited, Glasgow, 1984.

A.C. Sutton, *Die Wall Street Trilogie*, Omnia Veritas Limited, 2020.

I. Tarbell, *A Short Life of Napoleon*, S. S. McClure Limited, New York, 1895.

A.J.P. Taylor, *Die Ursprünge des Zweiten Weltkriegs*, Hamish Hamilton, London, 1961.

H.A. Thomas, *Gespeicherte Arbeit: Eine neue Theorie des Geldes*, 1991.

G.M. Trevelyan, *English Social History, A Survey of Six Centuries Chaucer to Queen Victoria*, Longmans Green and Co, London, 1948.

Verheimlichte Dokumente - Was den Deutschen verschwiegen wird, Fz-Verlag, München, 1993.

L. Villari, *Italian Foreign Policy under Mussolini*, Holborn Publishing Ltd, London, 1959.

M. Walsh, *Witness to History*, Historical Review Press, Uckfield, Sussex, 1996.

T.E. Watson, *Sketches from Roman History*, The Barnes Review, Washington, DC, 2011.

N.H. Webster, *The French Revolution*, The Noontide Press, Costa Mesa, Kalifornien, 1982.

J. Weitz, *Hitler's Banker Hjalmar Horace Greely Schacht*, Little, Brown and Company, London, 1999.

R.G. Werner, *Princes of the Yen*, M.E. Sharpe, New York, 2003.

R. McNair Wilson, *Monarchy or Money Power*, Eyre & Spottiswoode, London, 1934, Omnia Veritas Limited, 2016.

F.P. Yockey, *Imperium*, Avatar Publishing, 2008.

GESCHICHTE DER ZENTRALBANKEN

GESCHICHTE DER ZENTRALBANKEN

ANDERE TITEL

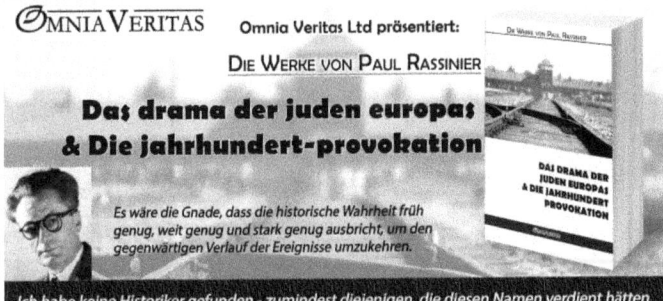

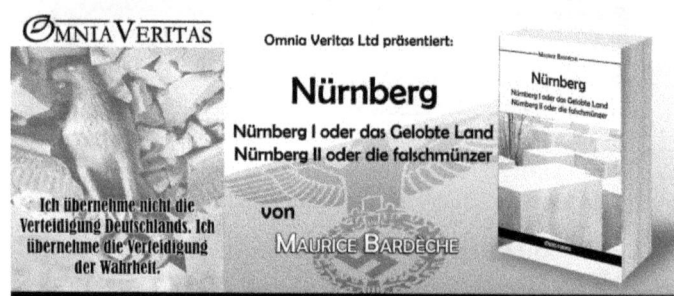

GESCHICHTE DER ZENTRALBANKEN